すぐに使える学習シリーズ

特別支援教育のための

かずの学習

第1集

1～10までの数の理解

福岡特別支援教育研究会●著作

ジアース教育新社

1～10までの数の理解
学習の困難さや遅れのある子どもたちに

算数は系統的に積み上げていく学習です。ですので、10までの数の意味の理解ができていないと、大きな数の理解や計算が難しくなってしまいます。

通常学級での当該学年の学習に取り組むことが困難な子どもにしばしば出会うことがあります。子どもは学年が進むにつれて、わからないことが連続し、遅れは蓄積され、それによって意欲は乏しくなりがちに見えます。

また、知的障害の特別支援学級で学ぶ子どもたちも、数を数えたり、計算したりしていますが、学習内容を積み上げていきにくいというケースがあります。

これらは通常学級において数の基礎的な内容の定着を図る補充学習が十分でなかったり、特別支援学級、特別支援学校において子どもに沿った内容で系統的に学習が進められていなかったりするために生じてくる問題です。

学習の困難さや遅れのある子どもたちには、学習習得のスピードを緩やかに、繰り返し、スモールステップの系統性のある学習を積み上げていく必要があるのです。

まずは子どもがスムーズに学習していくために、子どもの未習と既習を明確にし、スモールステップで子どもに寄り添った学習内容を設定する必要があります。そのために、本書では「学習内容習得状況チェックリスト」を掲載しています。まずはチェックリストで子どもの学習習得状況を把握し、子どもの習得段階に応じた学習計画を設定したうえで、適切な教材を使った指導をすると、効果的な学習が進められます。

子どもたちは最大限に力を発揮しているとき、自分の学びを表現し、他者を受け入れ、いきいきとしてきます。有用感や満足感を得ることこそ、心豊かに成長していく基盤になるのです。

子どもの学びを実現させるために、子どもに寄り添った学習内容を見出し、子ども自身で学習内容を習得していけるような指導が大切です。そのためにも、本書の教材を使い、算数の基礎となる１～10までの数をしっかりと理解し、その先の大きな数の学習へと導いてあげてください。

定着している◎
不確かだが取り組める○
取り組めない●

学習内容習得状況チェックリスト（１～10までの数）

	項　目	チェック欄
数以前	物と物を対応させる。	
	左から順に物と物を対応させる。	
	具体物を並べる。（例：鉛筆を並べる）	
	具体物と半具体物を対応させる。（例：鉛筆と紙に描かれた鉛筆の絵を対応させる）	
	色、形などに着目して集めたり、合わせたりする。	
	間接対応して同等をつくる。（例：具体物に絵カード等を対応させて同等をつくる）	
	サイズに着目して同等をつくる。（例：同じ長さの鉛筆同士を対応させる）	
	花、動物、車等で仲間づくりをする。	
	数唱する。（例：「１、２、３、４」と声に出す）	
	数字に興味を持つ。	
１～５	数唱する。	
	数字を読む。	
	数字が書かれたカードを順に並べる。	
	数字を書く。	
	具体物や半具体物を用いて数の表し方を理解する。 （例：数唱しながら最後の数で数を表わす）	
	具体物の個数を数える。	
	数をまとまりで数える。（例：ビニール袋に入ったおはじきの数を袋から出さずに数える）	
	同等の数を合わせる。	
	数の合成をする。（例：「２と２で４」等の表現をする）	
	数の分解をする。（例：「５は３と２」等の表現をする）	
	数の大小がわかる。	
	数の系列がわかる。 （例：１ずつ数が増えることを意識して、タイルカードで１～５の数階段をつくる）	
	数を用いて、順序や位置を表現する。	
6～10	数唱する。	
	数字を読む。	
	数字が書かれたカードを順に並べる。	
	数字を書く。	
	具体物の個数を数える。	
	数をまとまりで数える。 （例：ビニール袋に入ったおはじきの数を袋から出さずに目で数える）	
	同等の数を合わせる。 （例：６個のみかんのカードと、６個のりんごのカードを同等として合わせる）	
	数の合成をする。（例：「５と３で８」等の表現をする）	
	数の分解をする。（例：「８は５と３」等の表現をする）	
	10の補数をとらえる（例：「９は、あといくつで10」がわかる）	
	数の大小がわかる。	
	数の系列がわかる。 （例：１ずつ数が増えることを意識して、タイルカードで６～10の数階段をつくる）	
	数を用いて、順序や位置を表現する。	

本書の使い方

本書は、知的障害があるために学習の困難さや遅れのある子どもが、数の学びの基本となる１～10までの数を理解することを目的とした教材集です。

本書は、１部と２部で構成しています。

１部は、個別に学習を進める指導の紹介です。スモールステップで内容を焦点化して系統的に設定しているので確かに学習内容を習得していくことができます。

各段階に、

❶　具体物・半具体物を操作しながら数の意味理解を図る算数的活動

❷　言葉や数字につないで意味理解の定着を図るワークシートに取り組む活動を設定しています。

１章には、❶❷の指導の手順をのせています。

２章には、❶で使い方を説明した教材教具を掲載しています。すべての教材は、CD-ROMにデータを収録していますので、パソコンでプリントしてご使用いただけます。また、掲載ページをコピーしてご使用いただくことも可能です。その際、子どもの実態に応じて拡大率を変えて下さい。

３章は、❷で用いるワークシートの一覧を掲載しております。すべてのワークシートは、付録のCD－ROMにデータを収録していますので、パソコンでプリントしてご使用ください。

２部は、共通の学習素材で全体で学習を進める指導の紹介です。

具体物を絵カードやタイルカード等の半具体物、言葉・数字に置き換えながら１～10の数を数える活動を設定しています。

数を具体物から抽象化していくことで数概念を深められるようにしています。１～10の数の習得に応じて子どもの活動を設定できます。

なお、子どもに数の学びを実現するために、教材は、内容と方法において次のことを配慮して作成しました。

内　容

○　操作をしながら簡潔に内容を見いだせる。
○　具体物、半具体物、数、言葉、記号などをつなぎやすい。
○　系統的な内容で配列する。
○　操作していく過程で数概念が深められる。

方　法

○　簡潔な操作で行う。
○　能動的に活動できるように操作の手順を見通せる。
○　自分なりの考えが見いだせるように試行錯誤できる。
○　生活につないでいける素材や場面で学習する。
○　細かな段階で系統的に配列する。

1部について

1部には、個別に学習を進める指導を紹介しています。
1章には、教材を用いた指導方法を、1ページ1段階で紹介しています。2章には、指導に用いる教材と教具を掲載しています。
3章には、指導に用いるワークシートの一覧を紹介しています。

1章　指導の手順

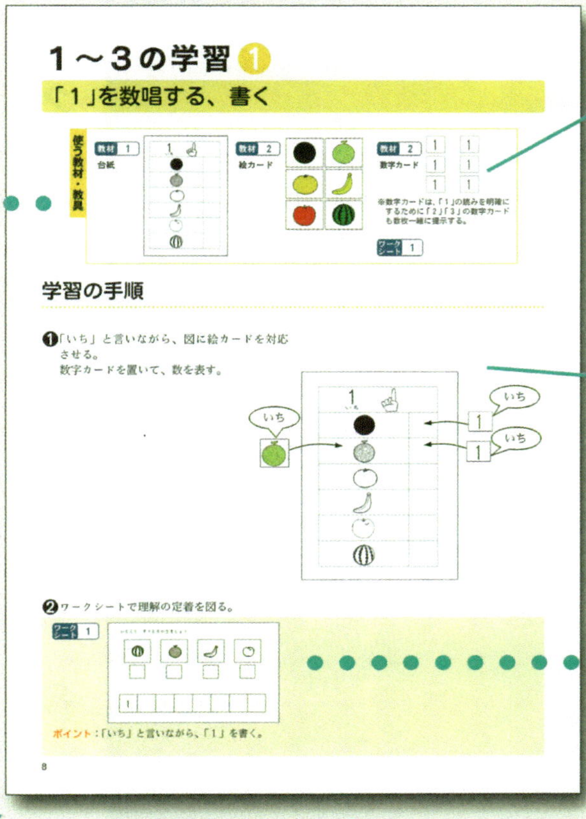
1～3の学習 1

「1」を数唱する、書く

使う教材・教具

教材 1 台紙

教材 2 絵カード

教材 2 数字カード

ワークシート 1

学習の手順

❶「いち」と言いながら、図に絵カードを対応させる。
数字カードを置いて、数を表す。

❷ワークシートで理解の定着を図る。

ポイント：「いち」と言いながら、「1」を書く。

8

使う教材と教具、ワークシート

この段階で用いる教材と教具、ワークシートです。教材、ワークシートともにすべて番号がつけられ、CD-ROMにPDFデータで収録、かつ2章の教材集、3章のワークシート集に掲載されています。

学習の手順

学習の手順とワークシートの指導ポイントを説明します。

❶ 具体物・半具体物を操作しながら数の意味理解を図る算数的活動

❷ 言葉や数字につないで意味理解の定着を図るワークシートに取り組む活動

2章　教材集

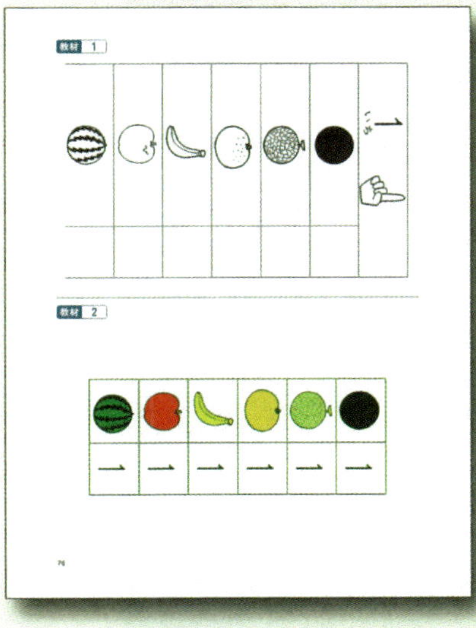

❶で用いる教材が掲載されています。CD-ROMにPDFデータを収録していますので、パソコンでプリントしてご使用いただけます。また、掲載ページをコピーしてご使用いただくことも可能です。その際、子どもの実態に応じて拡大率を変えて下さい。

3章　ワークシート一覧

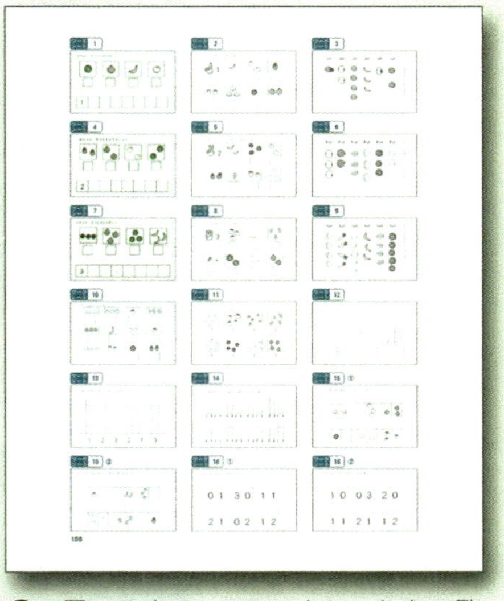

❷で用いるすべてのワークシートを一覧で掲載しています。付録のCD-ROMにPDFデータを収録していますので、パソコンでプリントしてご使用ください。

もくじ

1～10までの数の理解
学習の困難さや遅れのある子どもたちに 2

学習内容習得状況チェックリスト 3

本書の使い方 4

1部

1章　学習の手順 7

1～3の学習 8

4～5の学習 26

6～8の学習 42

9～10の学習 56

2章　教材集 72

3章　ワークシート一覧 155

2部

動物の模型を使った数え学習 163

付録　教材・ワークシートCD-ROM

かずの学習

1部

1~10までの数の理解

1章　学習の手順

1～3の学習 1

「1」を数唱する、書く

使う教材・教具

教材 1
台紙

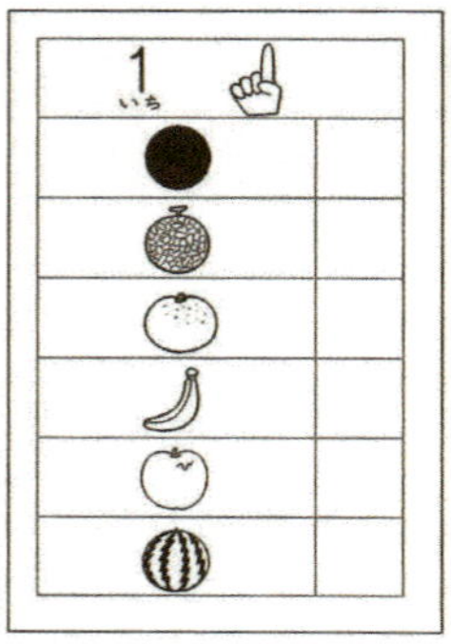

教材 2
絵カード

教材 2
数字カード

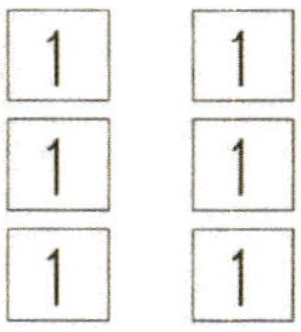

※数字カードは、「1」の読みを明確にするために「2」「3」の数字カードも数枚一緒に提示する。

ワークシート 1

学習の手順

❶「いち」と言いながら、図に絵カードを対応させる。
数字カードを置いて、数を表す。

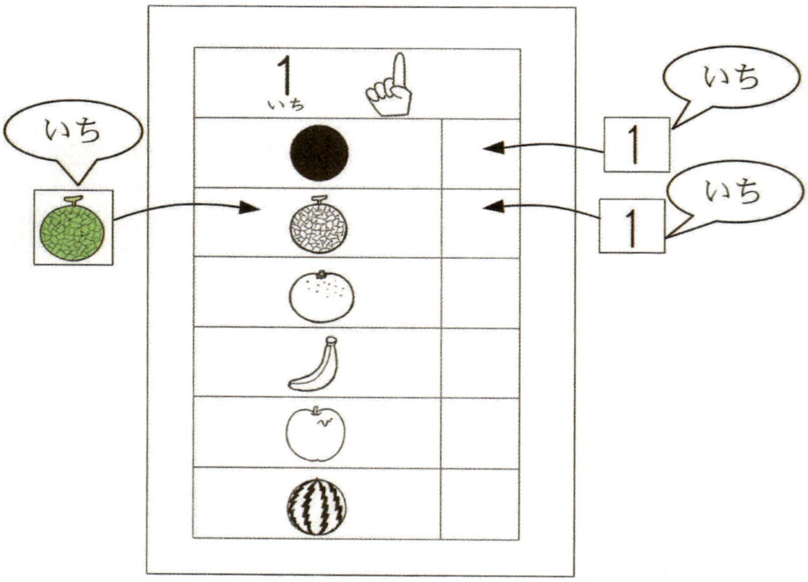

❷ワークシートで理解の定着を図る。

ワークシート 1

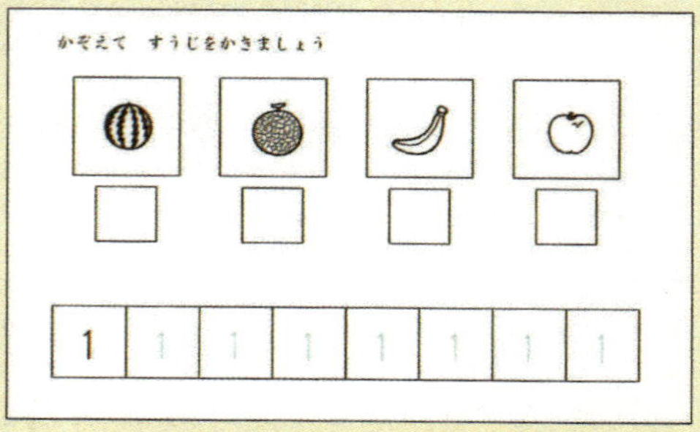

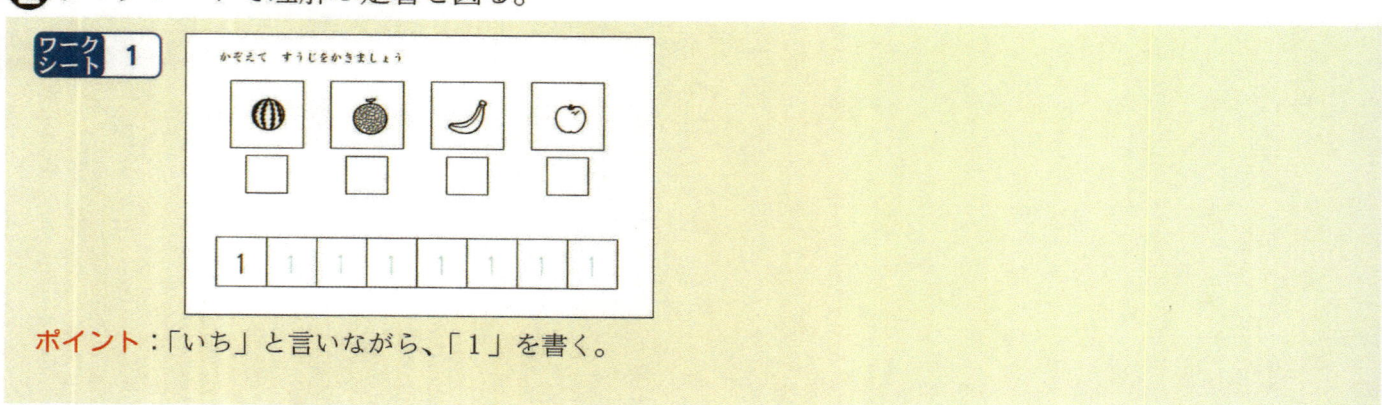

ポイント：「いち」と言いながら、「1」を書く。

1～3の学習 ❷

1つのものを数える

使う教材・教具

教材 3

台紙

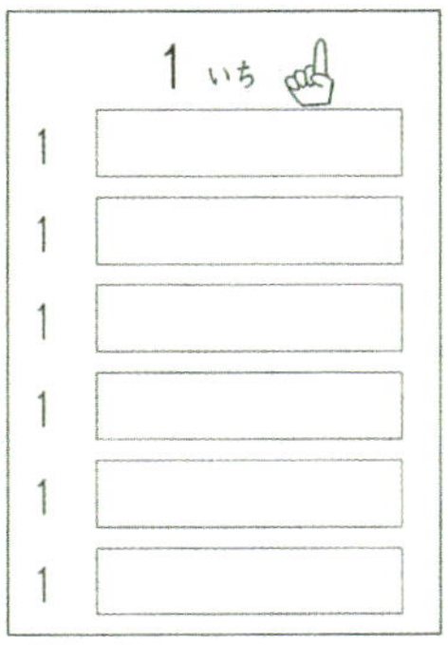

具体物

※具体物（赤や黄のおはじきや数え棒、ご石等）は6種類用意する。

ワークシート 2　ワークシート 3

学習の手順

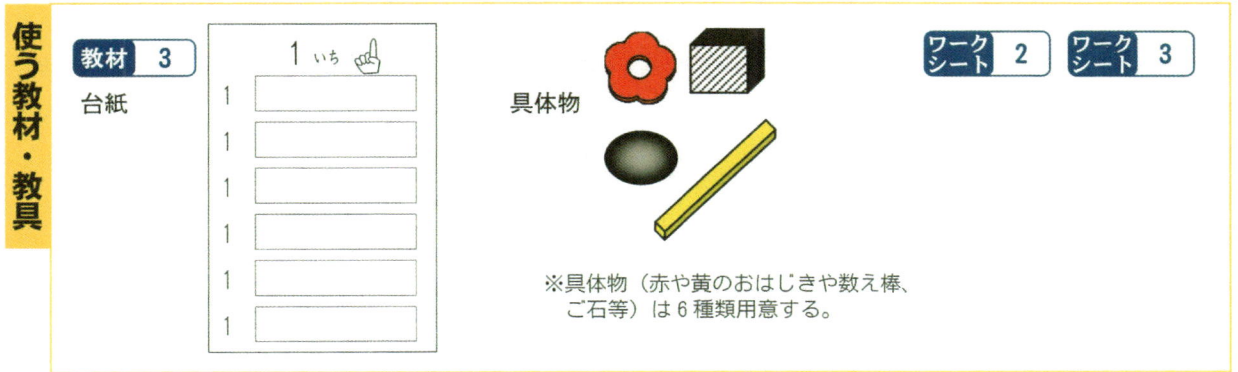

❶おはじきやかぞえ棒などの具体物を、「いち」と言いながら置く。

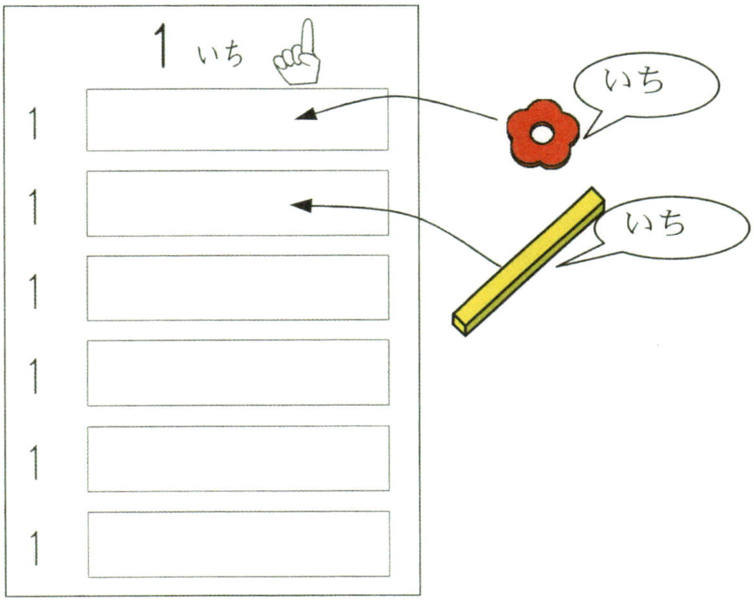

❷ワークシートで理解の定着を図る。

ワークシート 2

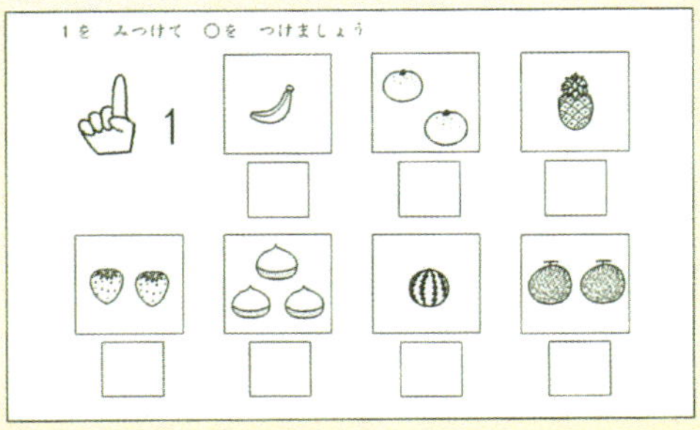

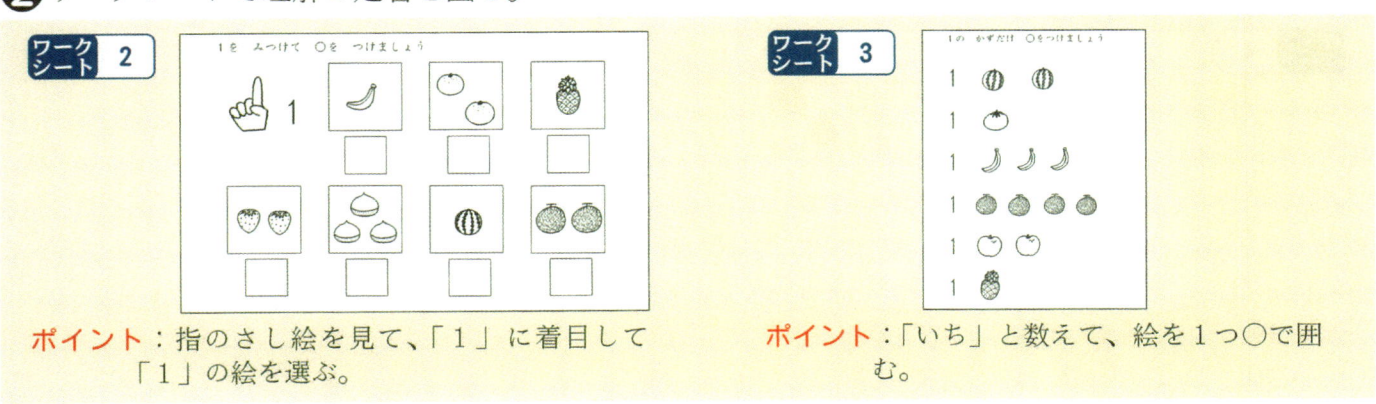

ポイント：指のさし絵を見て、「1」に着目して「1」の絵を選ぶ。

ワークシート 3

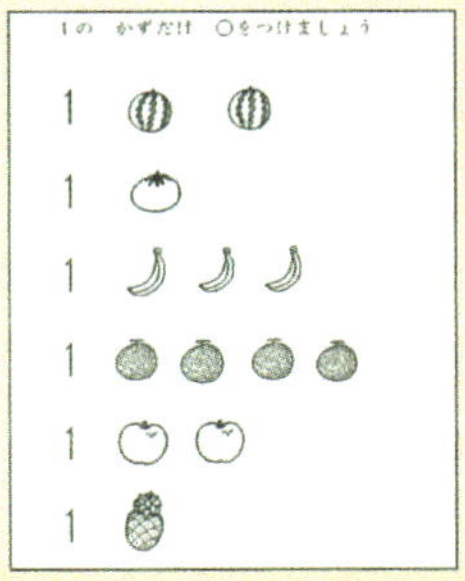

ポイント：「いち」と数えて、絵を1つ○で囲む。

1～3の学習 ③

「1、2」を数唱する、書く

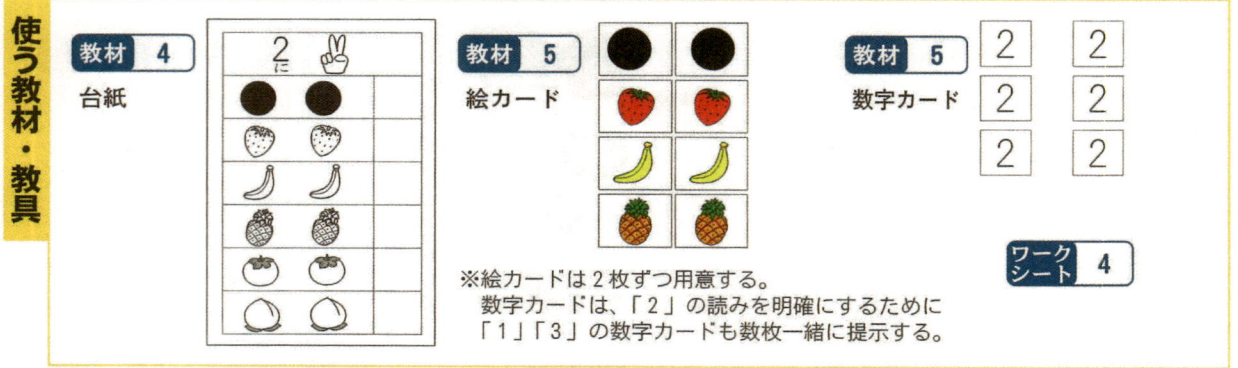

使う教材・教具

教材 4
台紙

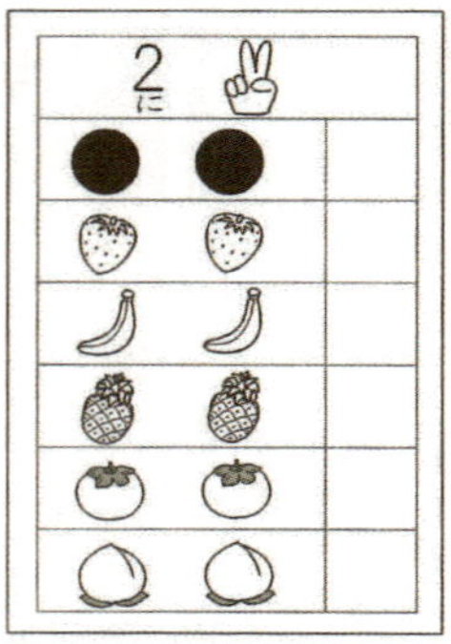

教材 5
絵カード

教材 5
数字カード

※絵カードは２枚ずつ用意する。
数字カードは、「２」の読みを明確にするために「１」「３」の数字カードも数枚一緒に提示する。

ワークシート 4

学習の手順

❶「いち、に」と言いながら、図に絵カードを対応させる。
数字カードを置いて数を表す。

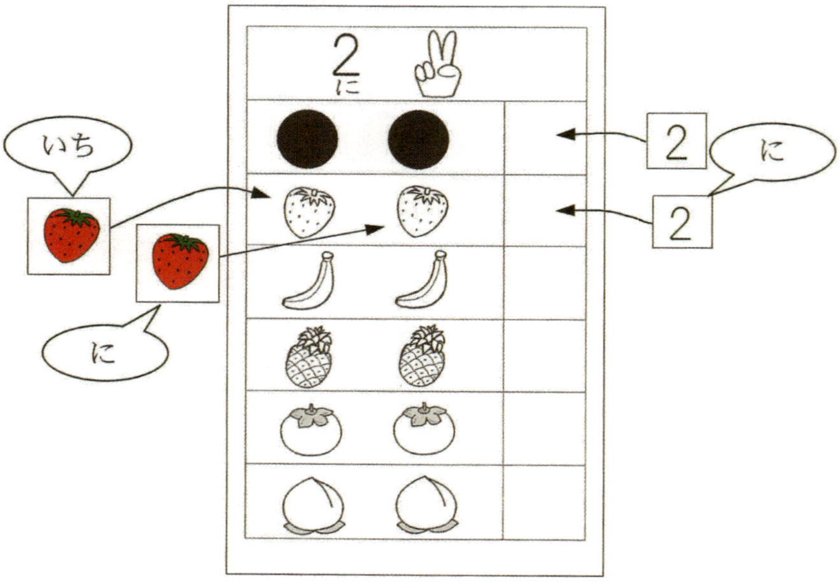

❷ワークシートで理解の定着を図る。

ワークシート 4

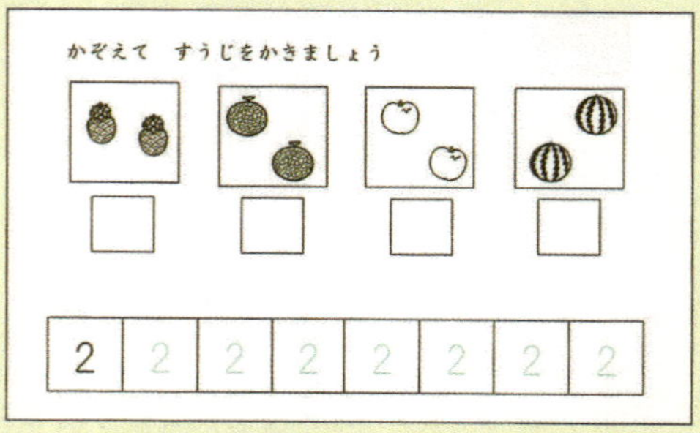

ポイント：「に」と言いながら、「２」を書く。

1～3の学習 4

2つのものを数える

使う教材・教具

教材 6

台紙

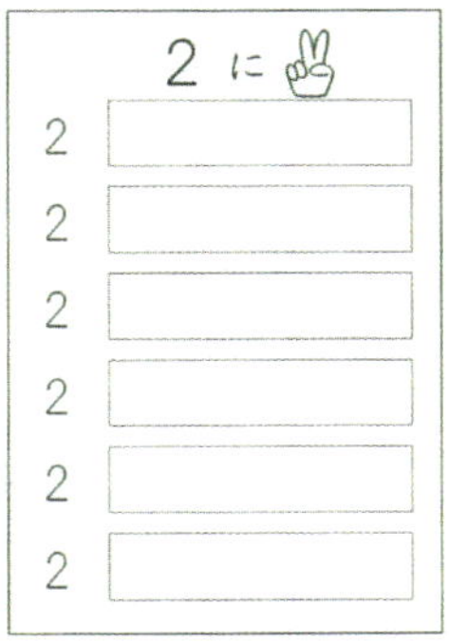

具体物

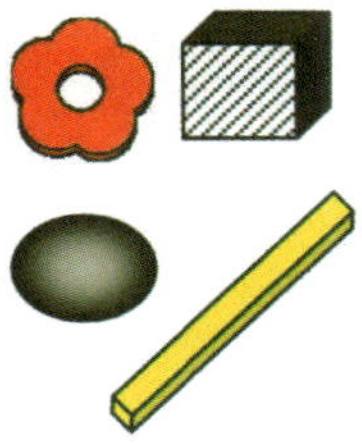

ワークシート 5　ワークシート 6

※具体物（赤や黄のおはじきや数え棒、ご石等）は6種類を2つずつ用意する。

学習の手順

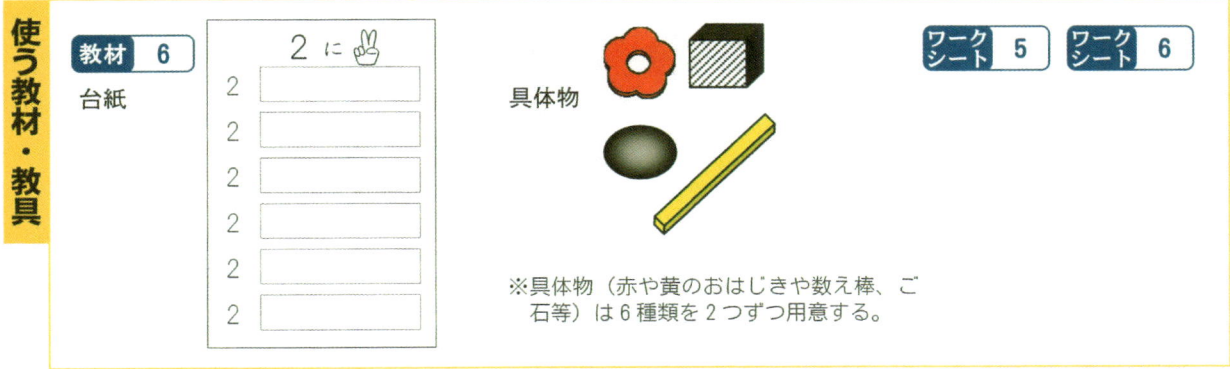

❶おはじきやかぞえ棒などの具体物を、「いち、に」と言いながら置く。

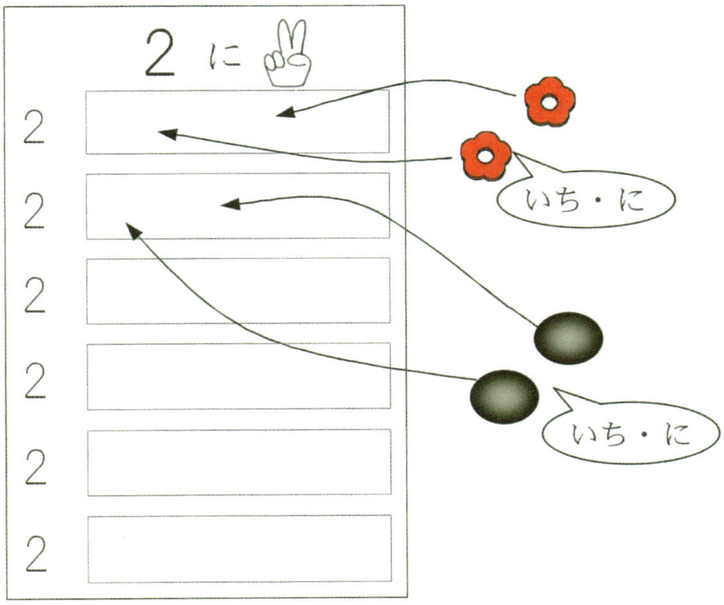

❷ワークシートで理解の定着を図る。

ワークシート 5

ポイント：指のさし絵を見て、「2」に着目して「2」の絵を選ぶ。

ワークシート 6

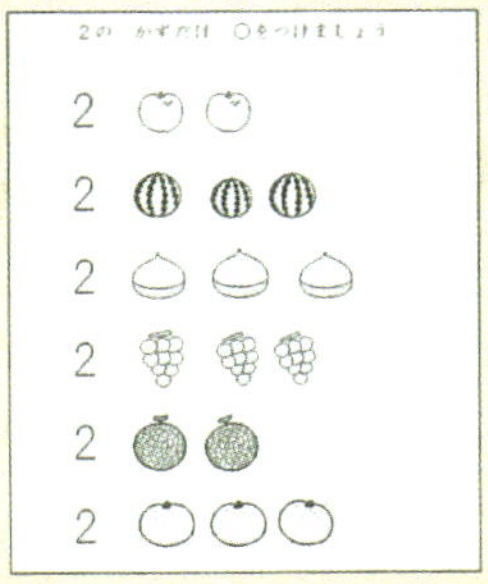

ポイント：「いち・に」と数えて、絵を2つ○で囲む。

1～3の学習 5

「1、2、3」を数唱する、書く

使う教材・教具

教材 7

台紙

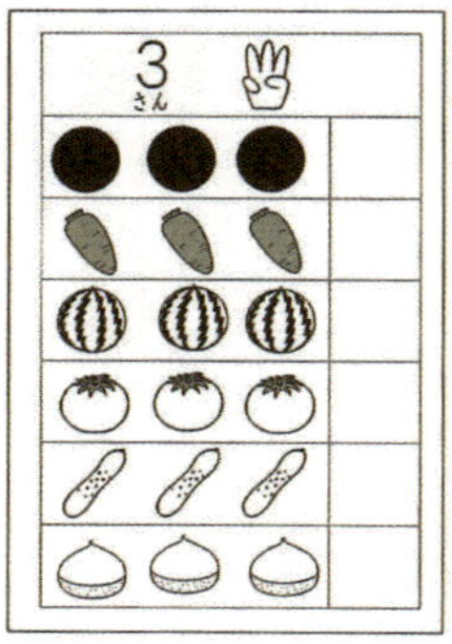

教材 8

絵カード

教材 8

数字カード

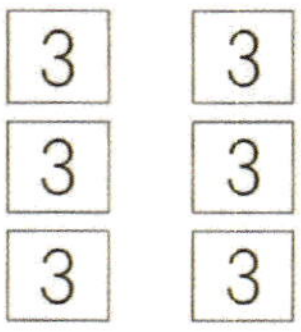

ワークシート 7

※絵カードは3枚ずつ用意する。
　数字カードは、「3」の読みを明確にするために「1」「2」の数字カードも数枚一緒に提示する。

学習の手順

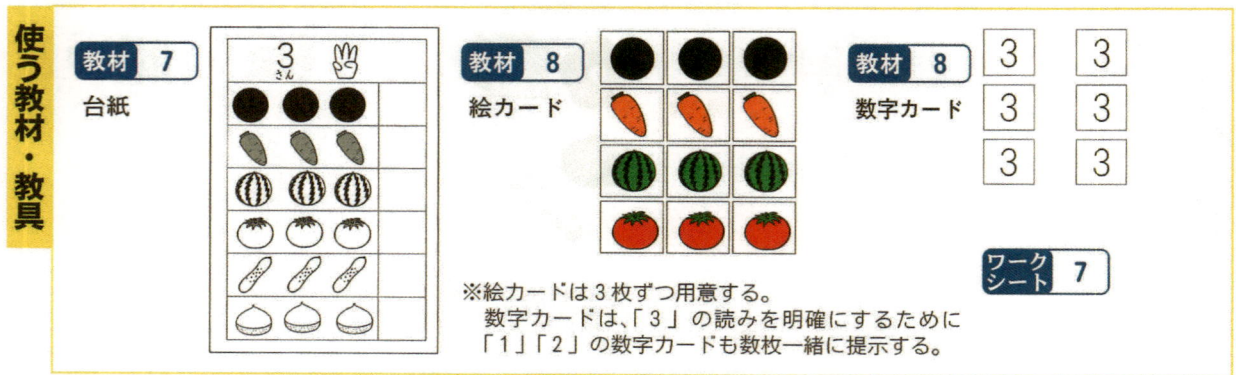

❶「いち、に、さん」と言いながら、図に絵カードを対応させる。
数字カードを置いて、数を表す。

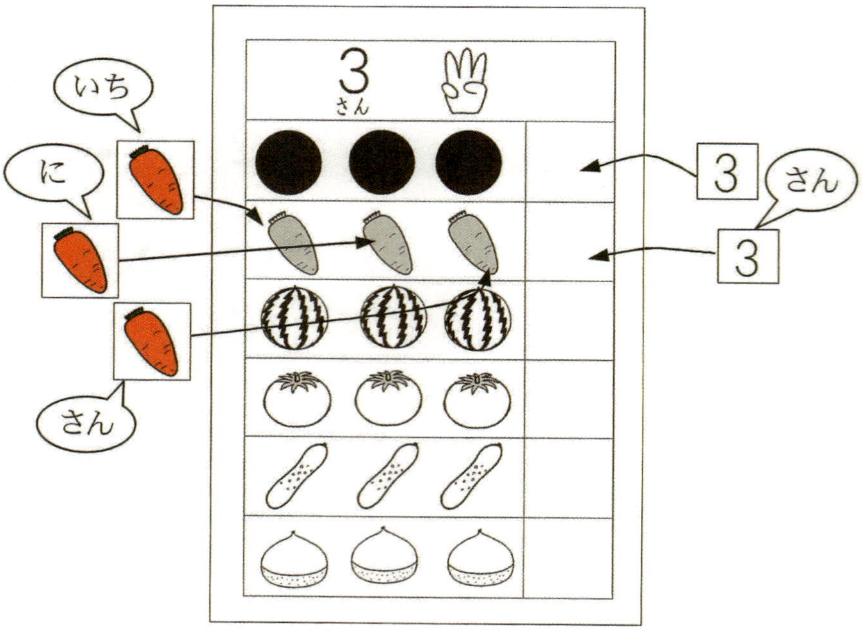

❷ワークシートで理解の定着を図る。

ワークシート 7

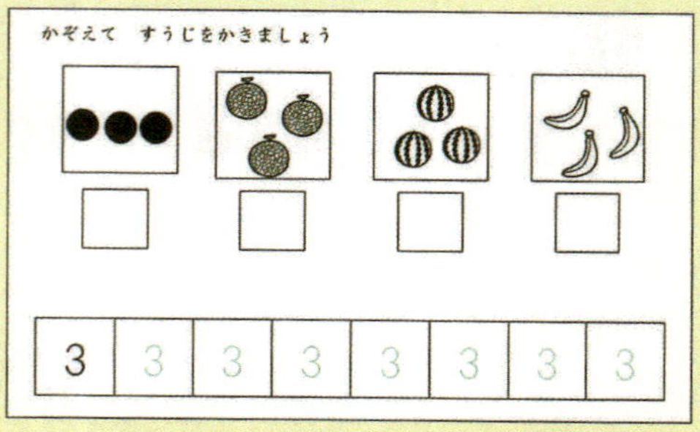

ポイント：「さん」と言いながら、「3」を書く。

1～3の学習 6

3つのものを数える

使う教材・教具

教材 9

台紙

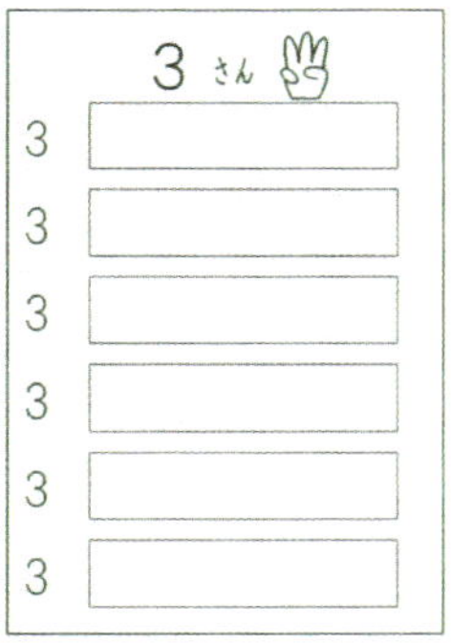

具体物

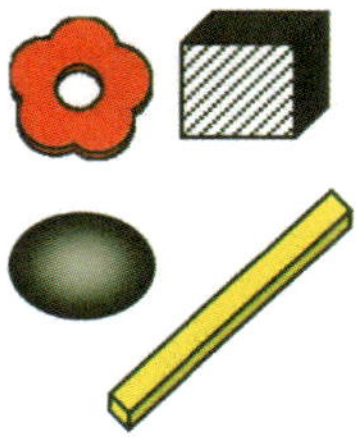

ワークシート 8　ワークシート 9

※具体物（赤や黄のおはじきや数え棒、ご石等）は6種類を3つずつ用意する。

学習の手順

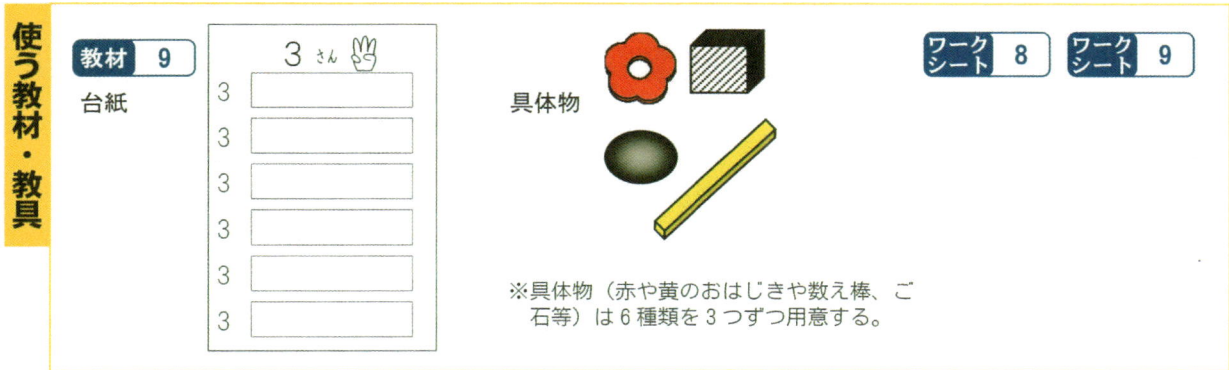

❶おはじきやかぞえ棒などの具体物を、「いち、に、さん」と言いながら置く。

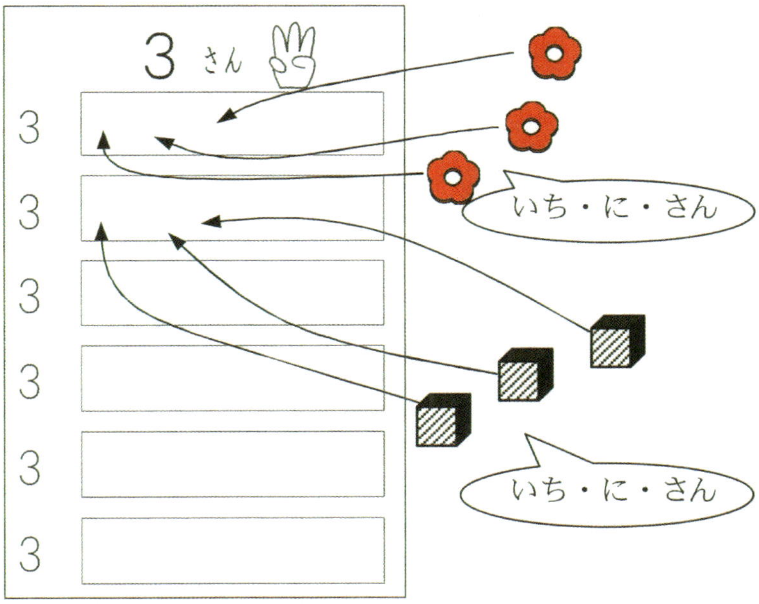

❷ワークシートで理解の定着を図る。

ワークシート 8

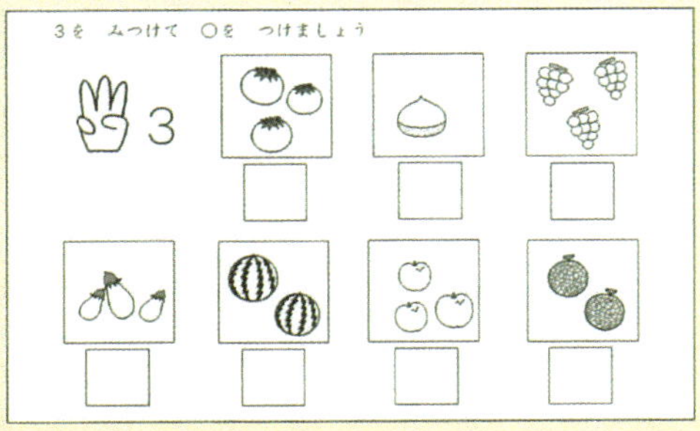

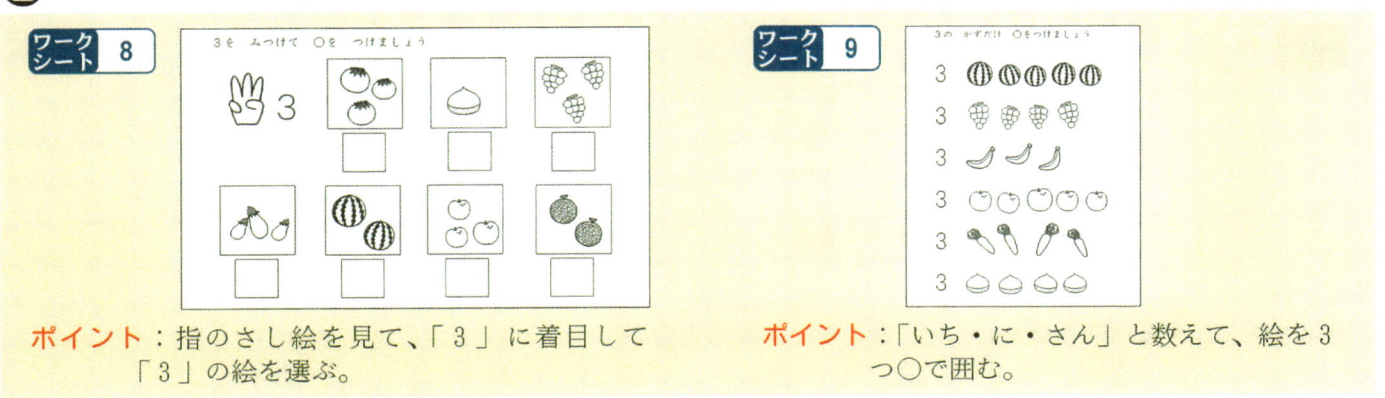

ポイント：指のさし絵を見て、「3」に着目して「3」の絵を選ぶ。

ワークシート 9

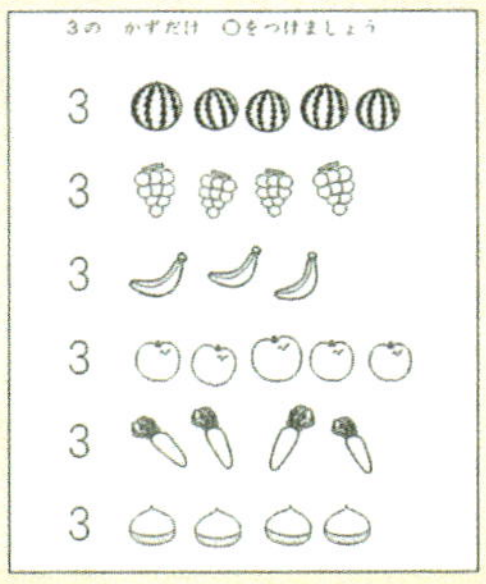

ポイント：「いち・に・さん」と数えて、絵を3つ○で囲む。

1～3の学習 ⑦

絵カードを数と対応させる

使う教材・教具

教材 10
台紙

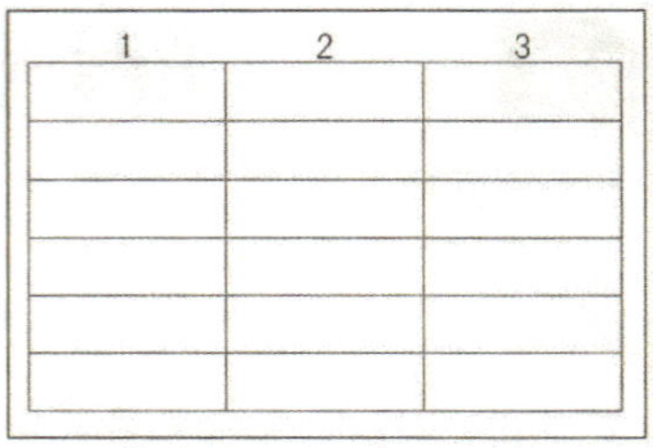

教材 11
①～②
絵カード

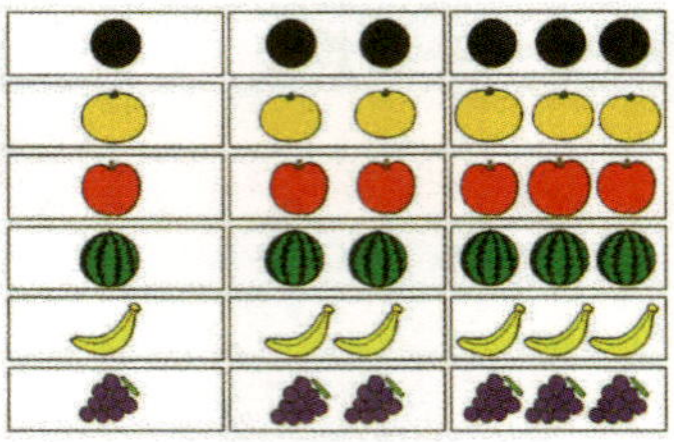

※絵カードは「1～3」の数を6種類ずつ用意する。

ワークシート 10

学習の手順

❶規則的に絵の並んだ絵カードを同数の列に合わせて入れる。

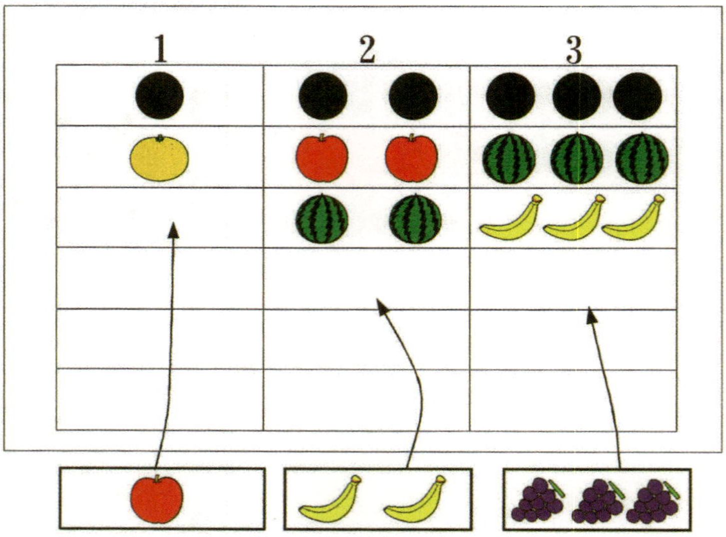

❷ワークシートで理解の定着を図る。

ワークシート 10

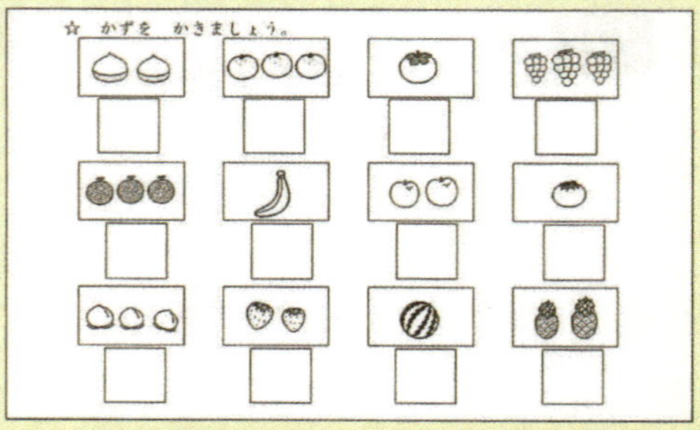

ポイント：目で見て絵の数をとらえ、数を言い、数字を書く。

1～3の学習 8

具体物をまとまりでとらえる

使う教材・教具

入れる箱

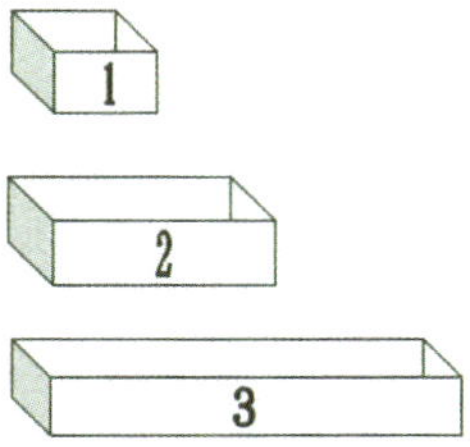

※箱は、高さが 3 cmで、「1」の箱で 4 × 4 cm、「2」の箱で 4 × 8 cm、「3」の箱で 4 ×12cm程度の大きさのもの。

透明の袋に入れた具体物

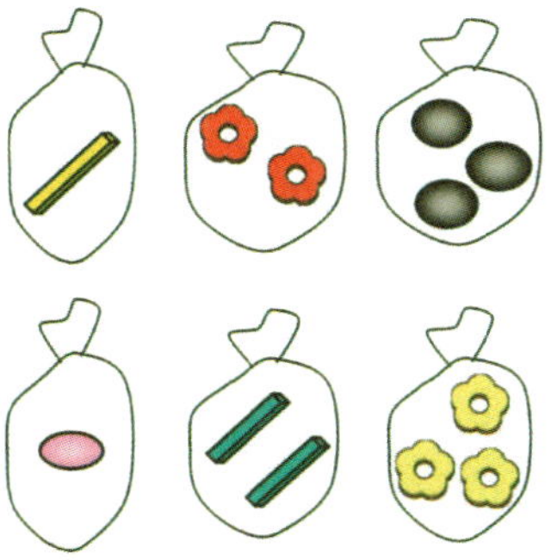

ワークシート 11

学習の手順

❶透明の袋の中にある具体物を目で見て、合致する数の箱に入れる。

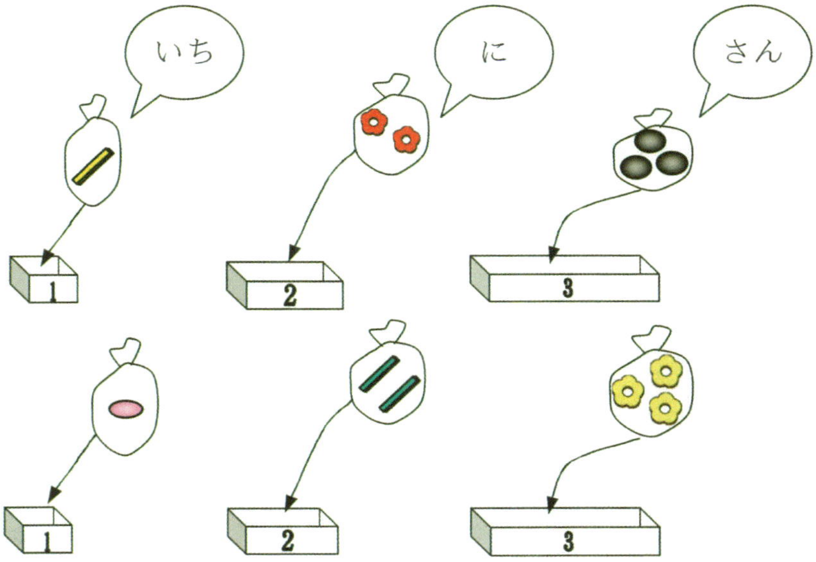

❷ワークシートで理解の定着を図る。

ワークシート 11

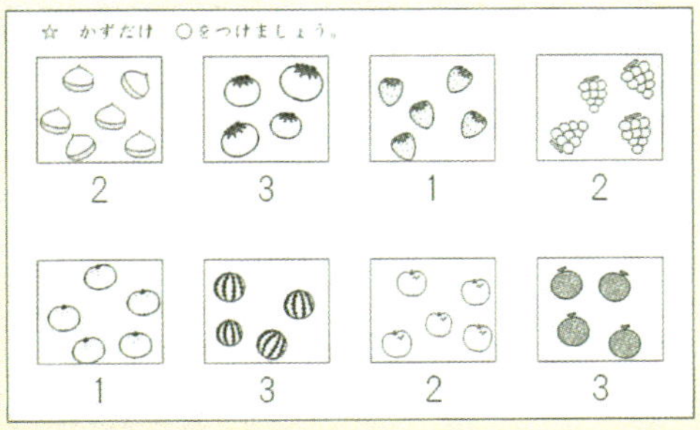

ポイント：数字の数だけ絵をまとまりでとらえ、○で囲む。

1～3の学習 ⑨

タイルカードを並べて1・2・3をつくる

使う教材・教具

教材 12

台紙

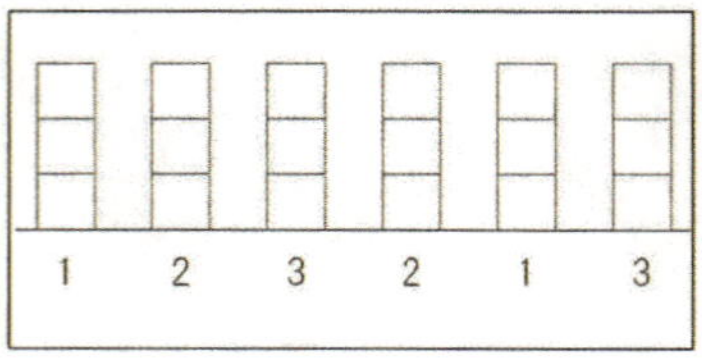

教材 13

タイルカード

※1のタイルカードは12枚用意する。

学習の手順

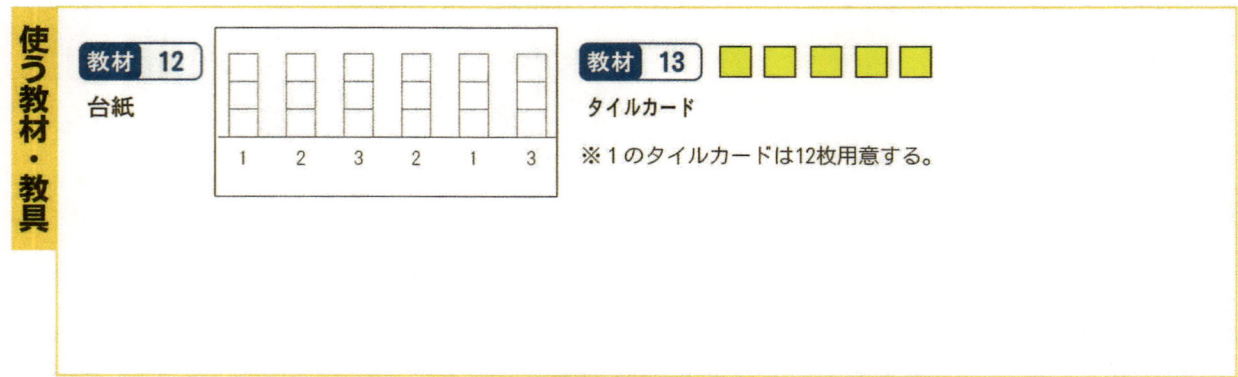

❶タイルカードを、1つずつ枠に入れて、1・2・3をつくる。

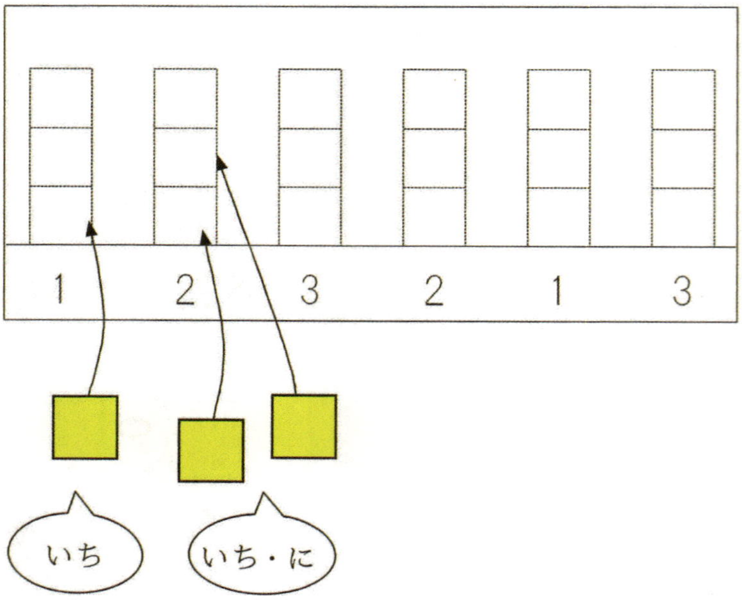

1〜3の学習⑩

まとまったタイルカードで1・2・3をつくる

使う教材・教具

教材 12
台紙

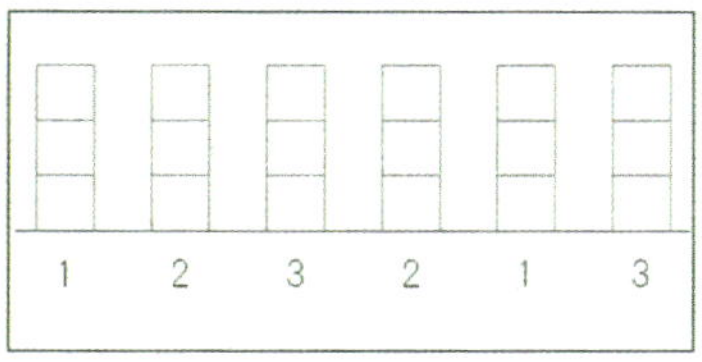

教材 13
タイルカード

※タイルカードは「1」「2」「3」を
2枚ずつ用意する。

ワークシート 12

学習の手順

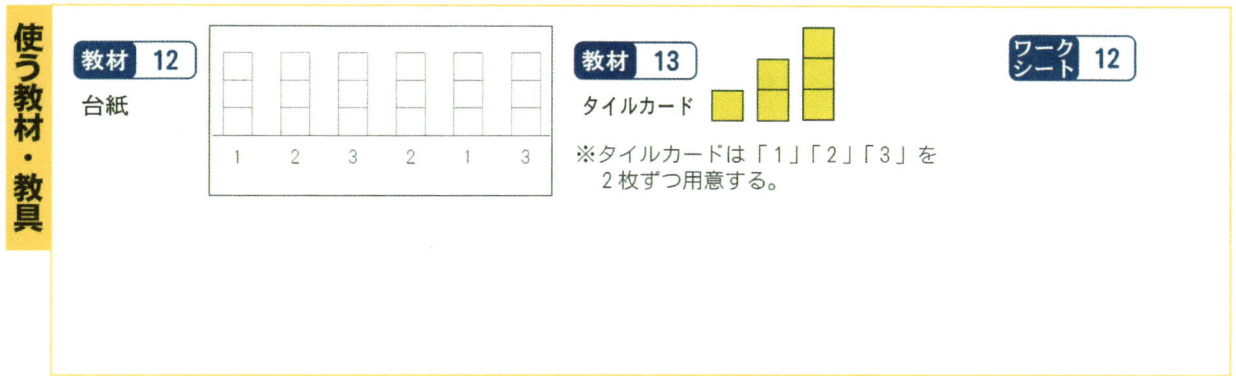

❶ のタイルカードを数えて、
数に対応させて置く。

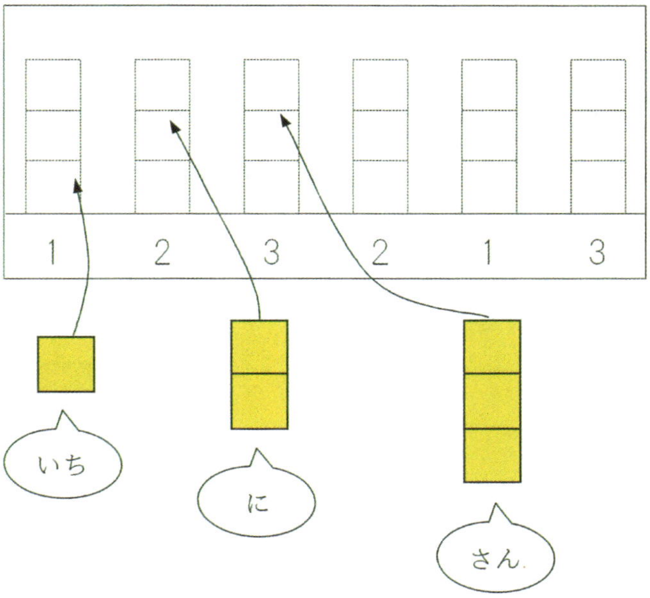

❷ワークシートで理解の定着を図る。

ワークシート 12

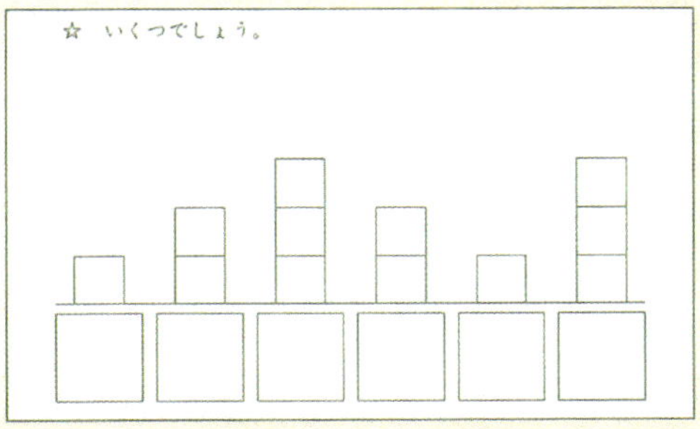

ポイント：タイルの数をまとまりでとらえ、数を言い、数字を書く。

1～3の学習 ⑪

1と2のタイルの組み合わせで1・2・3をつくる

使う教材・教具

教材 12
台紙

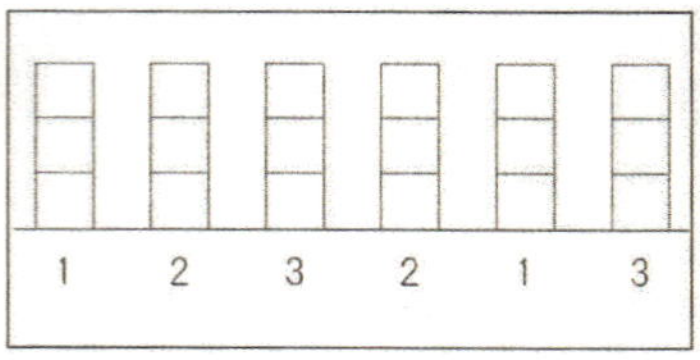

教材 13
タイルカード

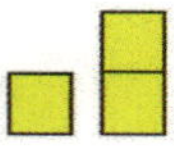

※タイルカードは「1」「2」を
4枚ずつ用意する。

ワークシート 13

ワークシート 14

学習の手順

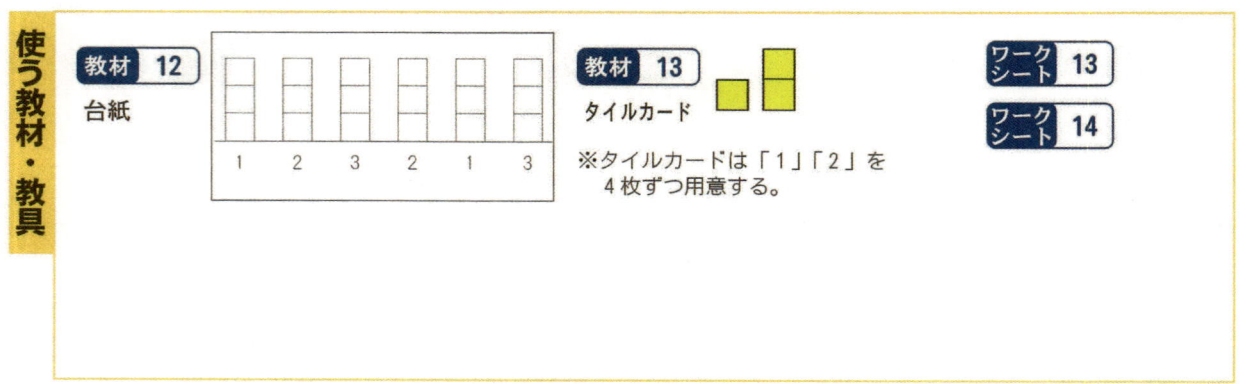

❶□ □□ のタイルカードを数えて、数に対応させて置く。

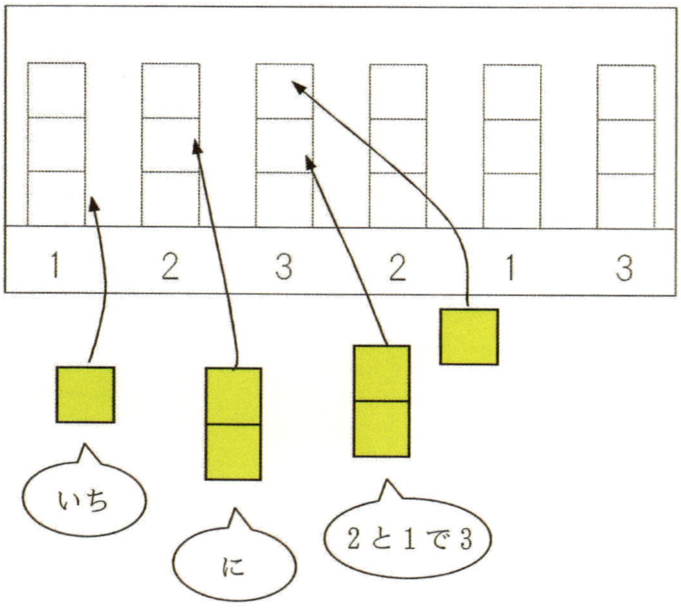

❷ワークシートで理解の定着を図る。

ワークシート 13

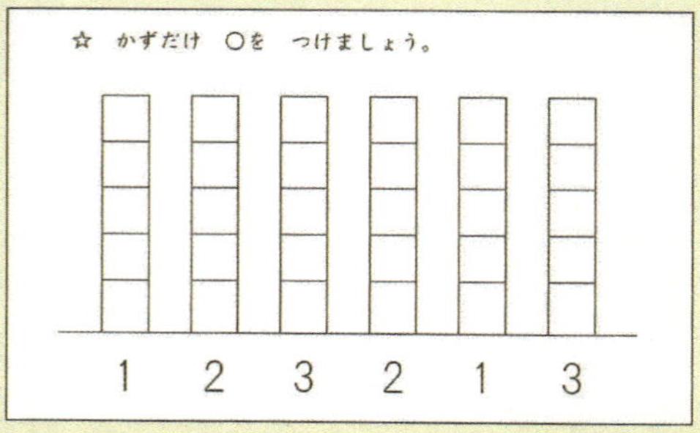

ポイント：数字の数だけまとまりでタイルをとらえ、○で囲む。

ワークシート 14

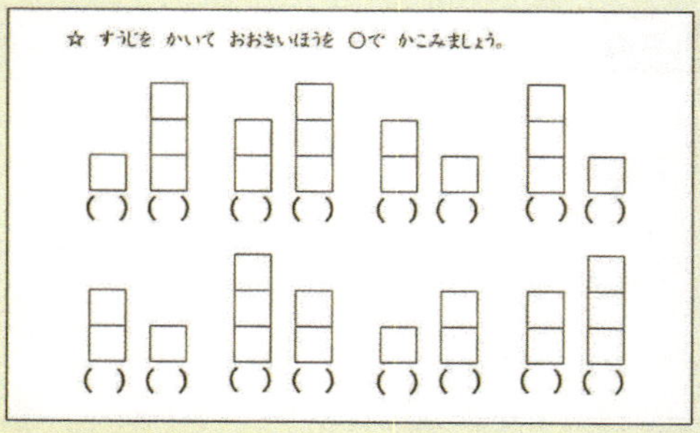

ポイント：タイルの数を書き、「1と3では3が大きい」と言い、大きい方のタイルを○で囲む。

1～3の学習⑫

合わせた数を数える

使う教材・教具

教材 14 ①～②

台紙

教材 15

数字カード

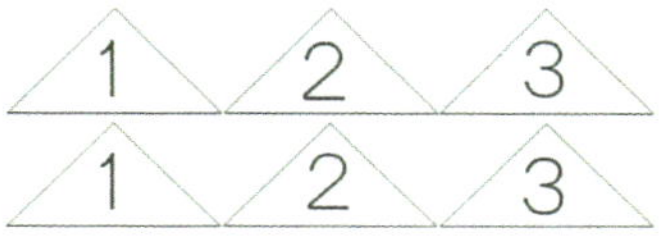

※数字カードは台紙に対応する数を用意する。

ワークシート 15 ①～②

学習の手順

❶目で見取って、「１と０で１」と言いながら数を表す。

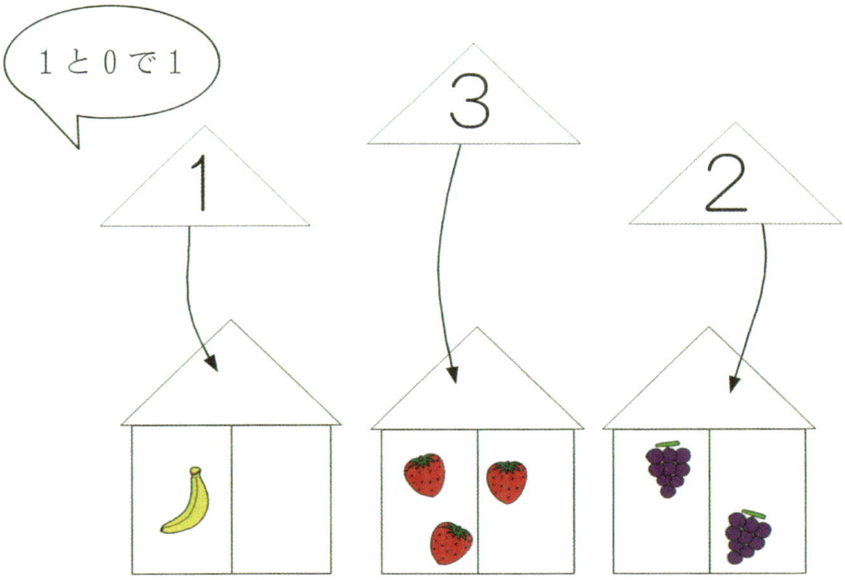

❷ワークシートで理解の定着を図る。

ワークシート 15 ①～②

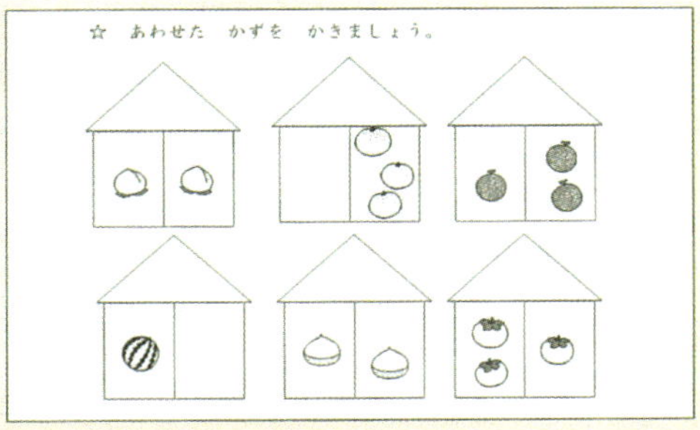

ポイント：絵の数を目で見取り、「１と１で２」と言い、屋根の部分に合わせた数を書く。

1～3の学習 ⑬

数字を合わせて数える

使う教材・教具

教材 16 ①～②

台紙

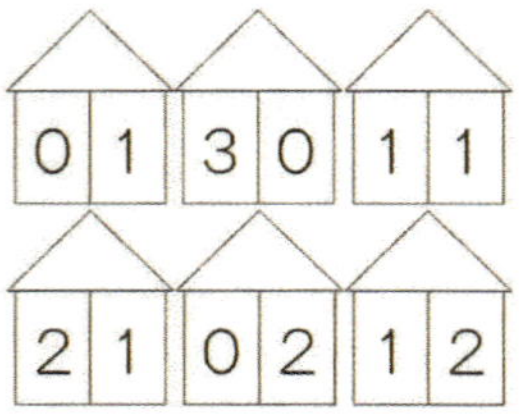

教材 17

数字カード

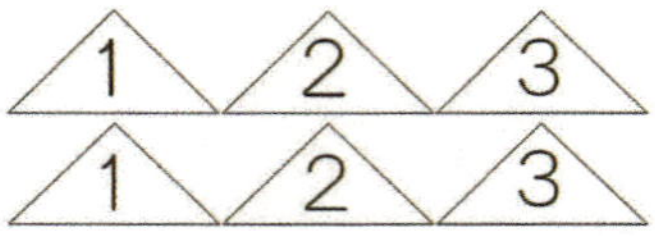

※数字カードは台紙に対応する数を用意する。

ワークシート 16 ①～②

学習の手順

❶左右の指で数えたり、おはじきを並べたりして、「０と１で１」と言いながら表す。

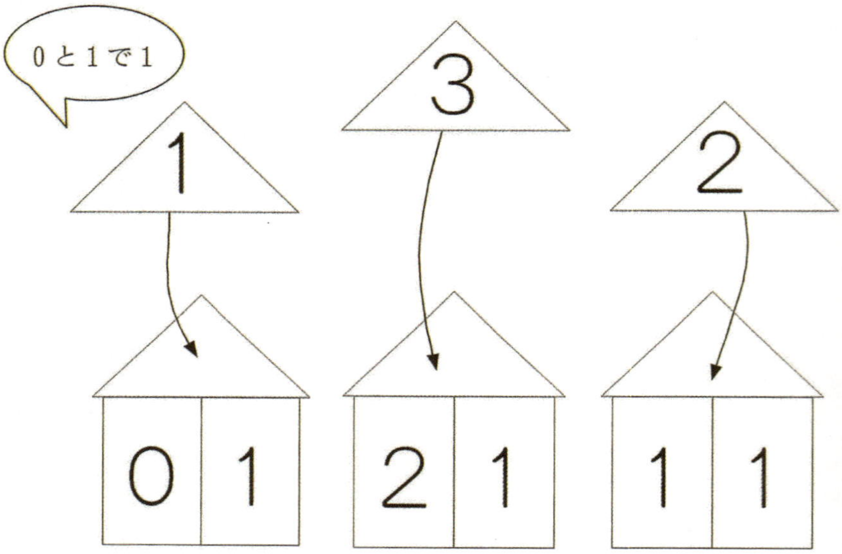

❷ワークシートで理解の定着を図る。

ワークシート 16 ①～②

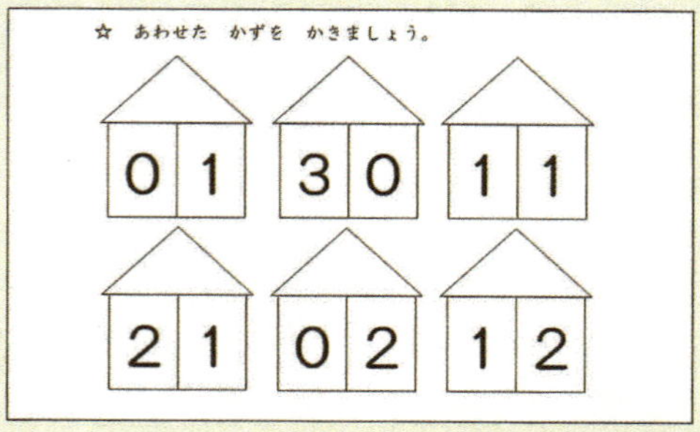

ポイント：「０と１で１」と言い、屋根の部分に合わせた数を書く。

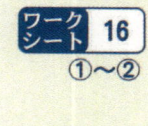

1～3の学習 ⑭

足りないタイルの数を数える

使う教材・教具

教材 18 ①～②

台紙

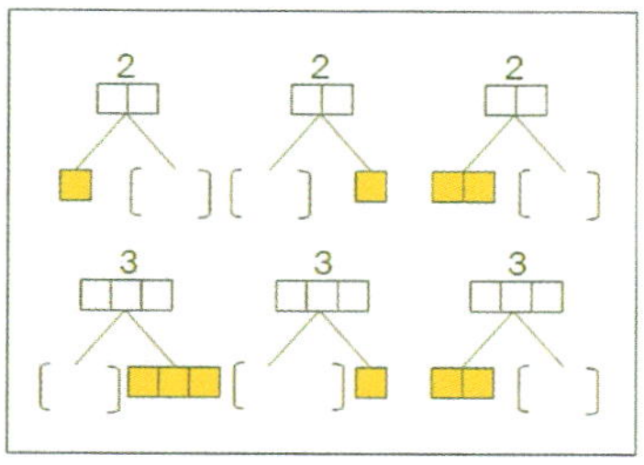

教材 19

タイルカード

※タイルカードは台紙に対応する数用意する。

ワークシート 17

学習の手順

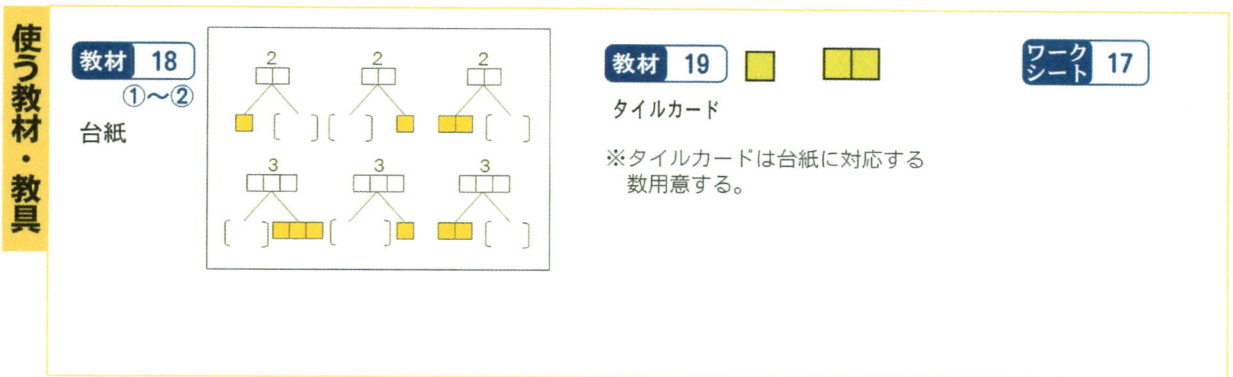

❶表示されていないスペースに、足りない数のタイルカードを置く。

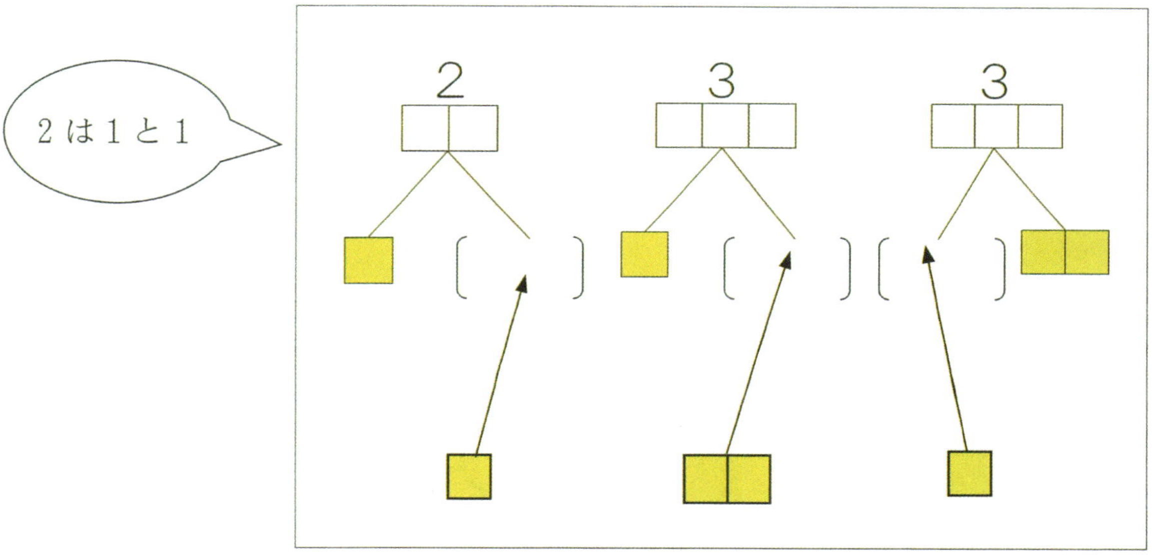

❷ワークシートで理解の定着を図る。

ワークシート 17

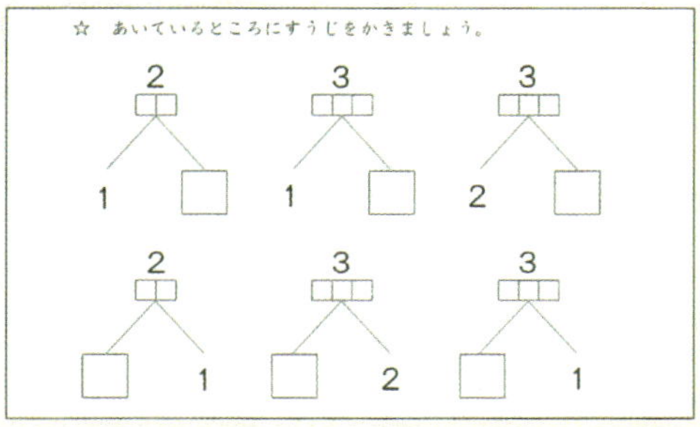

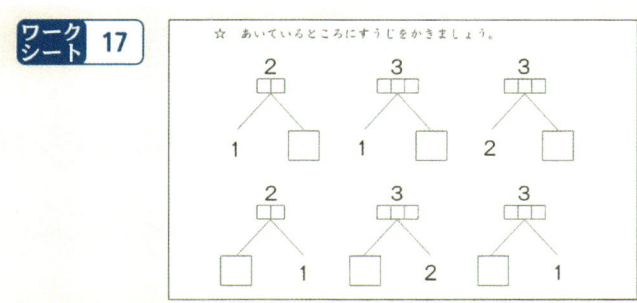

ポイント：タイルを見て、□にあてはまる数字を考え、「2は1と1」と言い、数字を書く。

1〜3の学習 ⑮

絵カードを組み合わせて1・2・3をつくる

使う教材・教具

教材 20 ①〜② 台紙

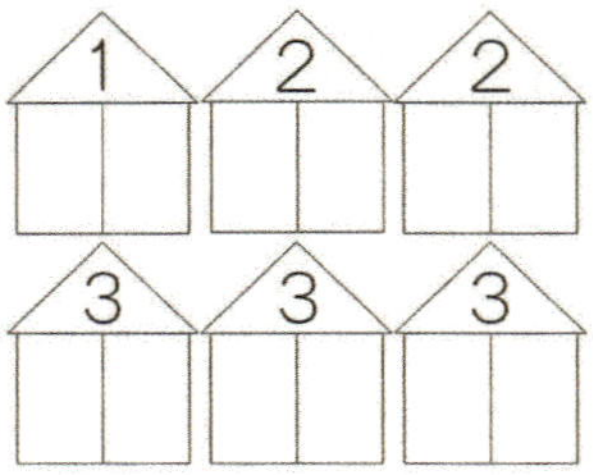

教材 21 ①〜④ 絵カード

※絵カードは台紙に対応する数用意する。

学習の手順

❶ 2枚の絵カードで数をつくる。

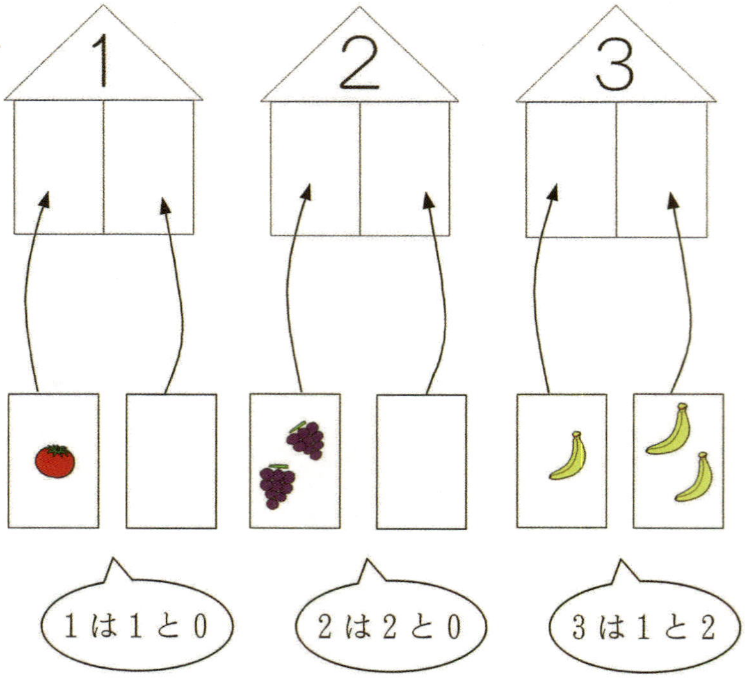

1～3の学習⑯

ドットカードを組み合わせて1・2・3をつくる

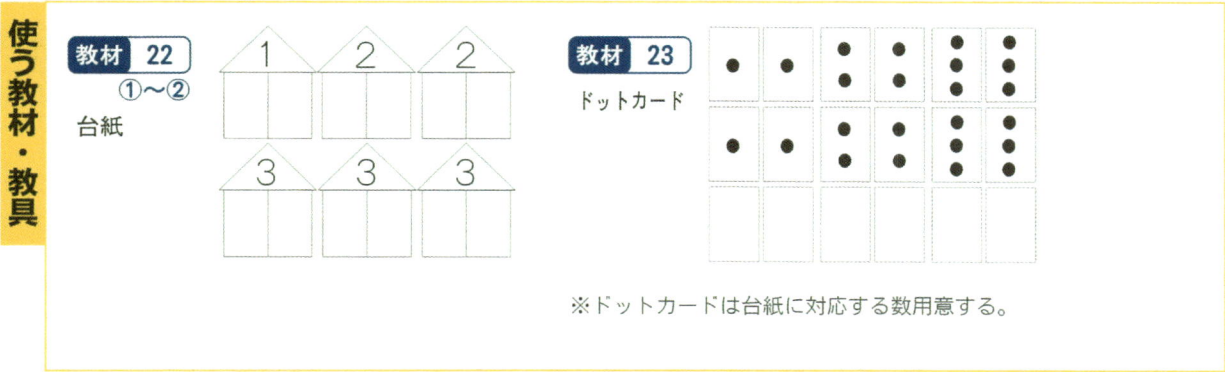

使う教材・教具

教材 22 ①～② 台紙

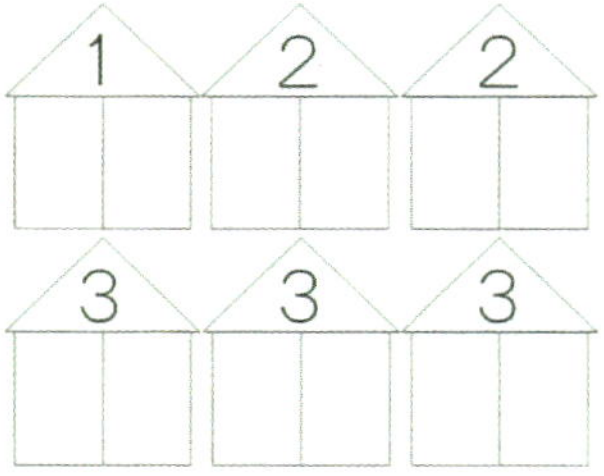

教材 23 ドットカード

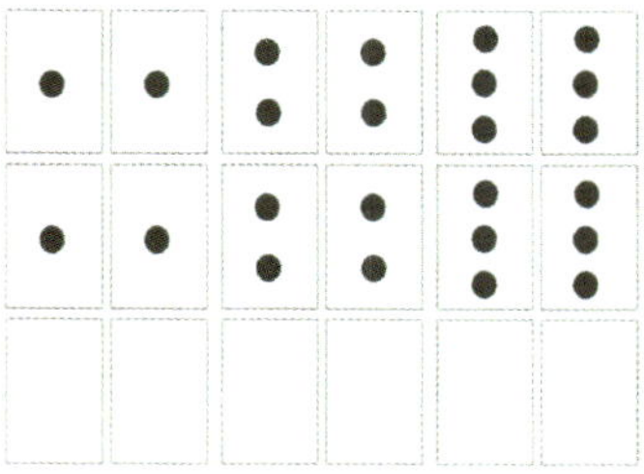

※ドットカードは台紙に対応する数用意する。

学習の手順

❶ 2枚のドットカードで数をつくる。

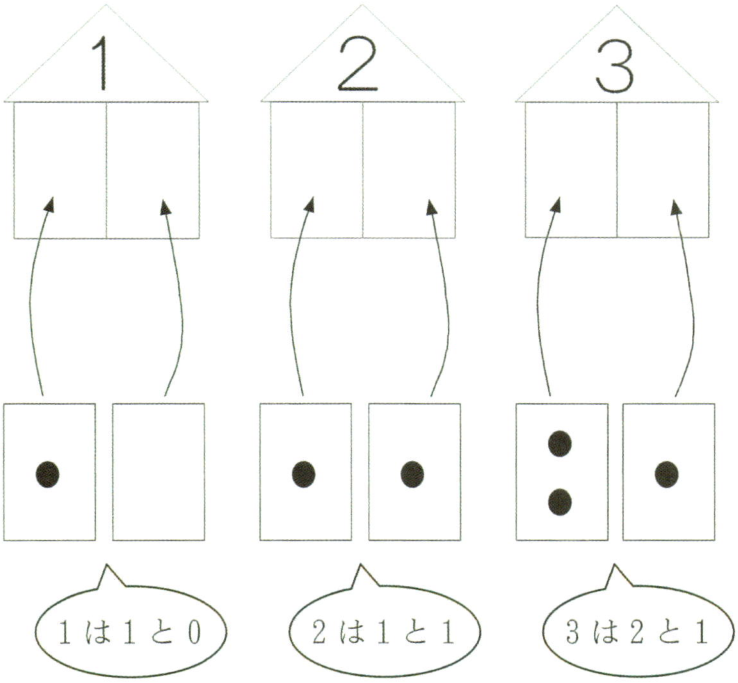

1～3の学習 ⑰

2つの数の組み合わせで1・2・3をつくる

使う教材・教具

教材 24 ①～②

台紙

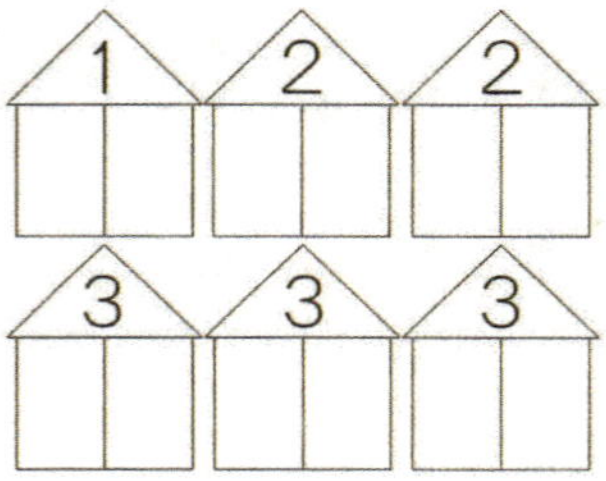

教材 25

数字カード

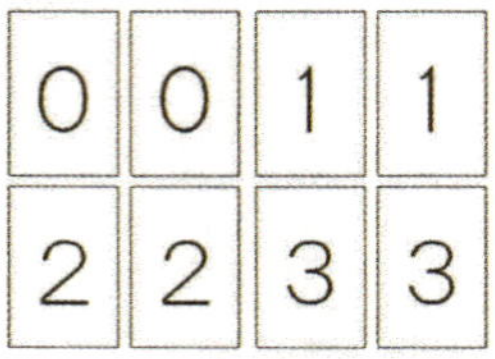

※数字カードは台紙に対応する数用意する。

ワークシート 18 ①～④

学習の手順

❶ 2枚の数字カードで数をつくる。

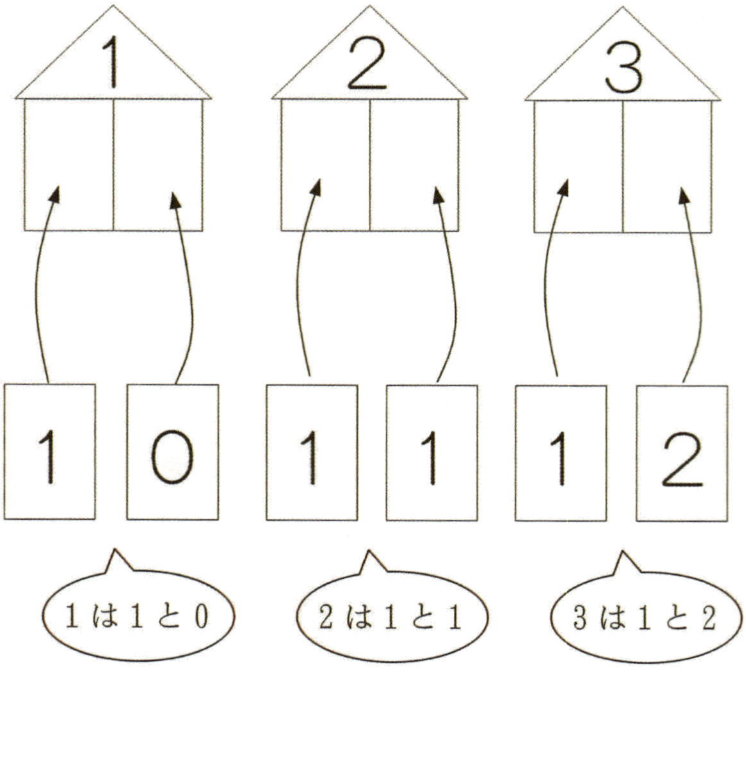

❷ワークシートで理解の定着を図る。

ワークシート 18 ①～④

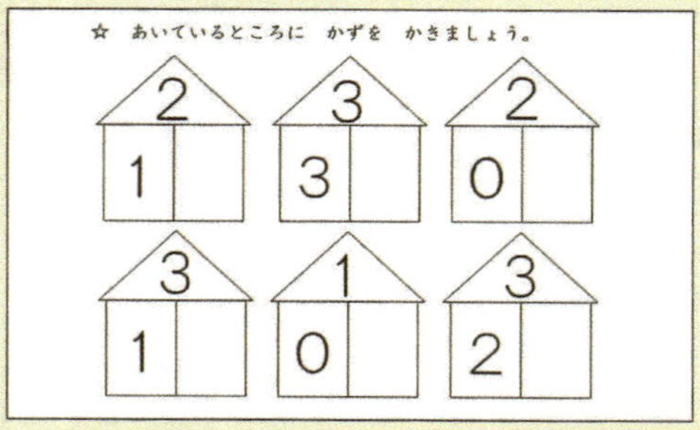

ポイント：「2は1と1」と言い、あいている枠に当てはまる数を考え、数字を書く。

1～3の学習 ⑱

不規則に並んだものの数を数える

使う教材・教具

教材 10
台紙

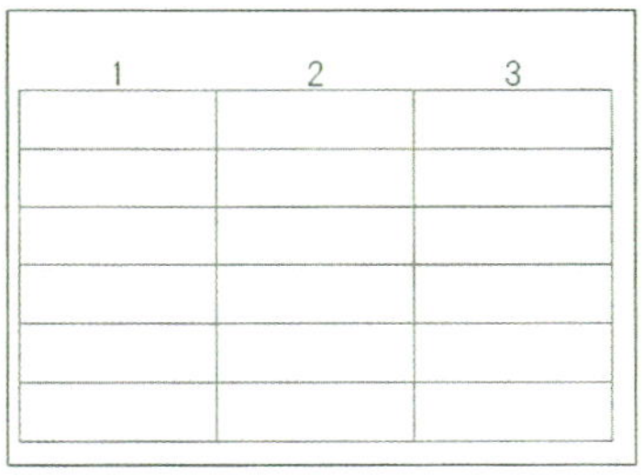

教材 26
絵カード

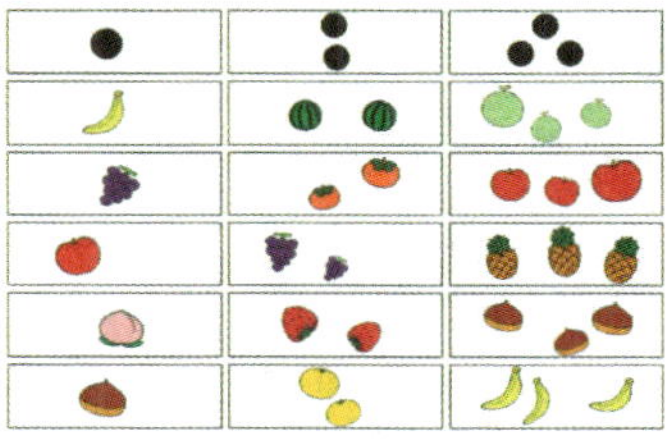

※絵カードは「1～3」の数を6種類ずつ用意する。

ワークシート 19

学習の手順

❶不規則に絵が並んだ絵カードを同数で合わせる。

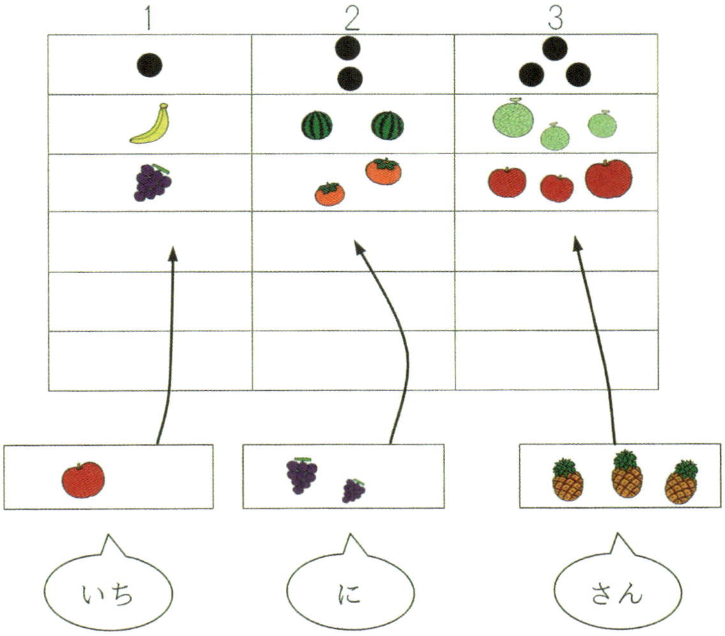

❷ワークシートで理解の定着を図る。

ワークシート 19

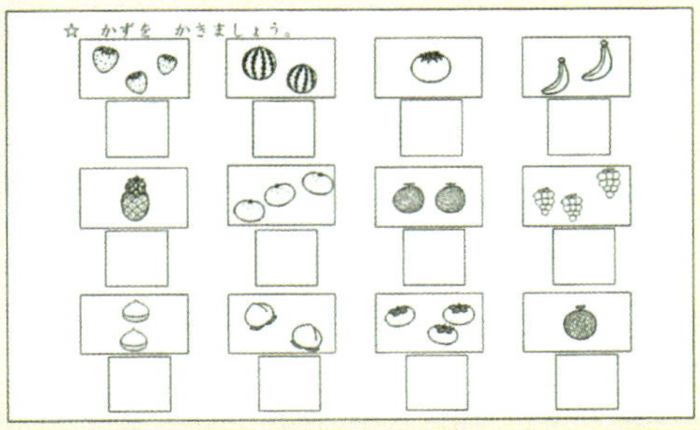

ポイント：目で見て絵の数をとらえ、数を言い、数字を書く。

4～5の学習 ①

「1、2、3、4」を数唱する、書く

使う教材・教具

教材 27
台紙

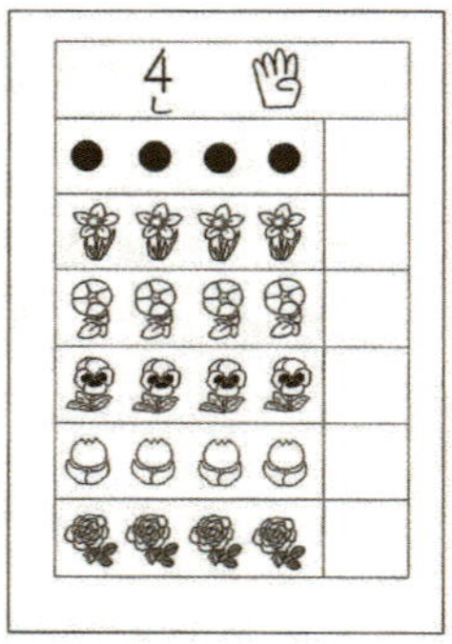

教材 28
①
絵カード

教材 28
②
数字カード

※数字カードは、４枚ずつ用意する。
数字カードは、「４」の読みを明確にするために「１」「２」「３」の数字カードも数枚一緒に提示する。

ワークシート 20

学習の手順

❶「いち、に、さん、し」と言いながら、図に絵カードを対応させる。
数字カードを置いて、数を表す。

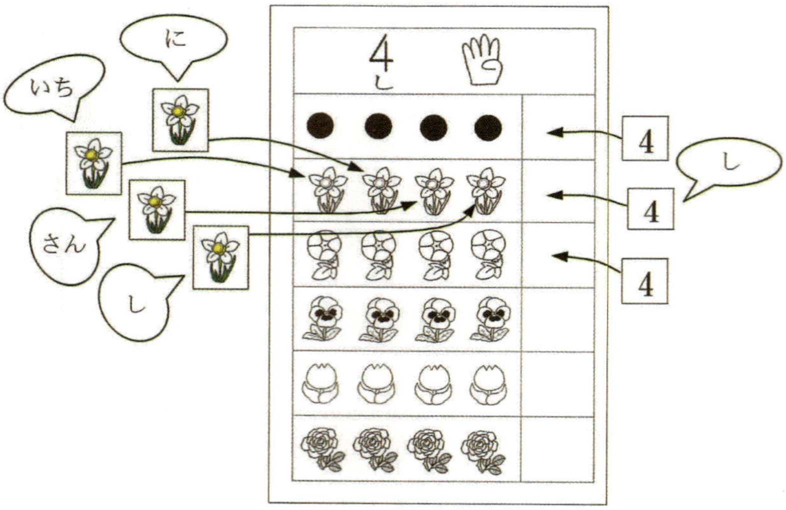

❷ワークシートで理解の定着を図る。

ワークシート 20

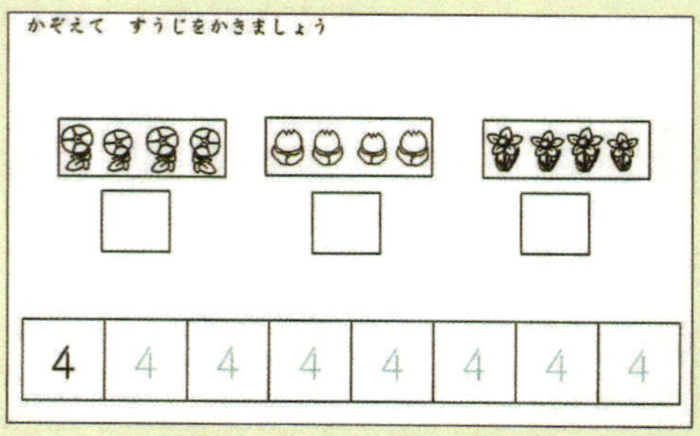

ポイント：「し」と言いながら、「4」を書く。

4～5の学習 ❷

絵カードを組み合わせて 4 をつくる

使う教材・教具

教材 29
台紙

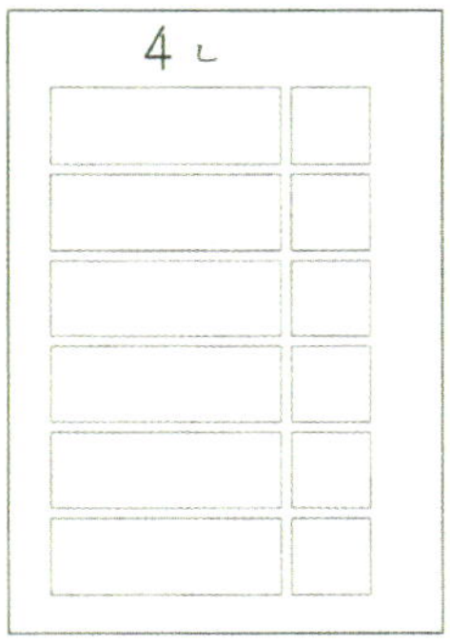

教材 28
①
絵カード

教材 28
②
数字カード

ワークシート 21

※絵カードは各種類「1」「2」「3」のカードを用意する。数字カードは、「4」の読みも明確にするために「1」「2」「3」の数字カードも数枚一緒に提示する。

学習の手順

❶ 3と1の絵カードを組み合わせて、4をつくる。
数字カードを置いて、数を表す。

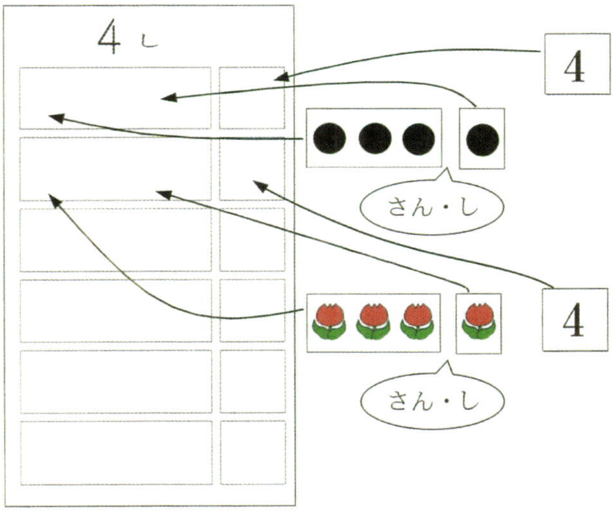

❷ ワークシートで理解の定着を図る。

ワークシート 21

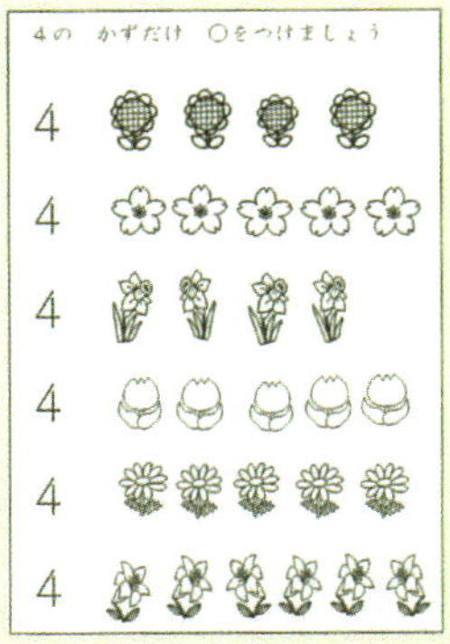

ポイント：3をまとまりでとらえて、「さん・し」と数え、絵を4つ○で囲む。

4～5の学習 ③

「1、2、3、4、5」を数唱する、書く

使う教材・教具

教材 30
台紙

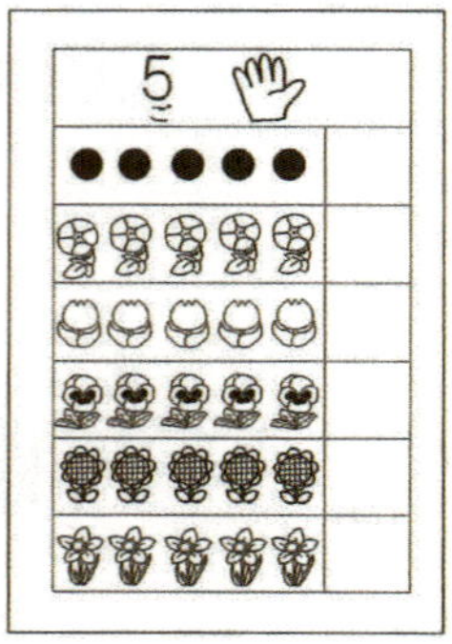

教材 31
①
絵カード

教材 31
②
数字カード

※絵カードは、5枚ずつ用意する。
数字カードは、「5」の読みを明確にするために「1」「2」「3」「4」の数字カードも数枚一緒に提示する。

ワークシート 22

学習の手順

❶「いち、に、さん、し、ご」と言いながら、図に絵カードを対応させる。
数字カードを置いて、数を表す。

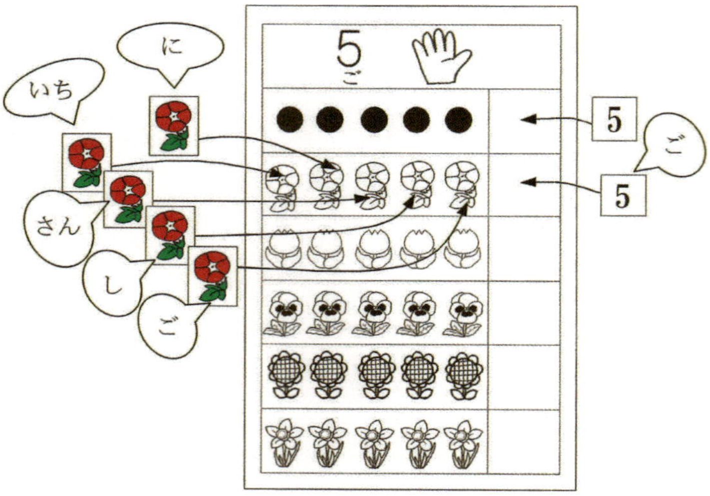

❷ワークシートで理解の定着を図る。

ワークシート 22

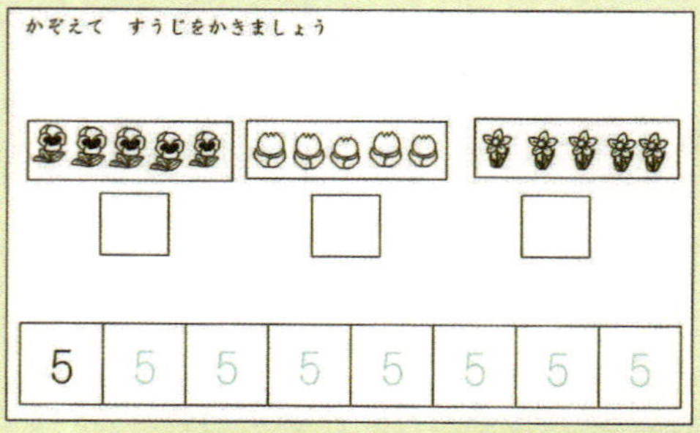

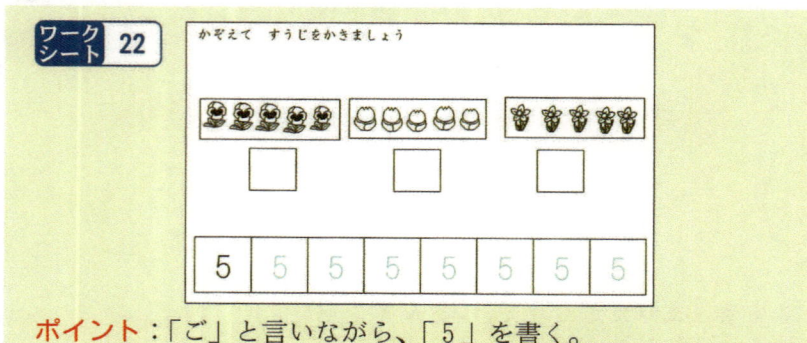

ポイント：「ご」と言いながら、「5」を書く。

4～5の学習 4

絵カードを組み合わせて5をつくる

使う教材・教具

教材 32
台紙

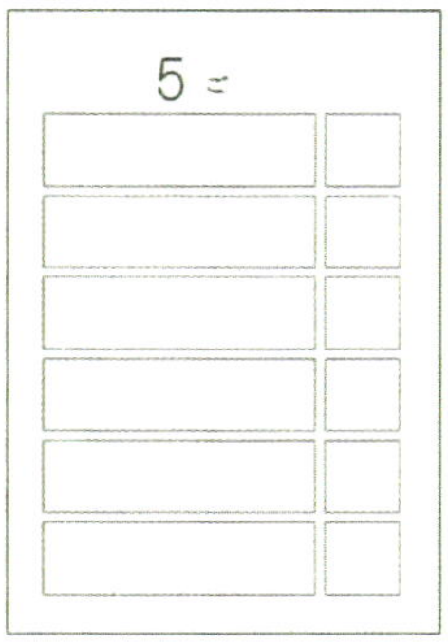

教材 31
① 絵カード

教材 31
② 数字カード

ワークシート 23 ①～②

ワークシート 24

※絵カードは各種類「1」「2」「3」のカードを用意する。
数字カードは、「5」の読みも明確にするために「1」「2」「3」「4」の数字カードも数枚一緒に提示する。

学習の手順

❶ 3と2の絵カードを組み合わせて、5をつくる。
数字カードを置いて、数を表す。

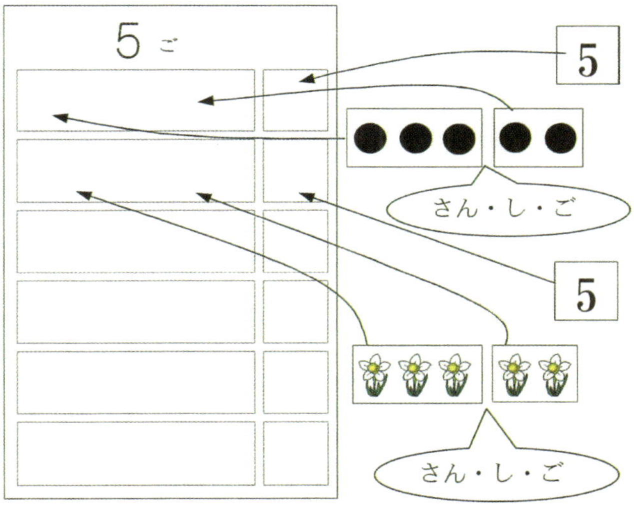

❷ ワークシートで理解の定着を図る。

ワークシート 23 ①～②

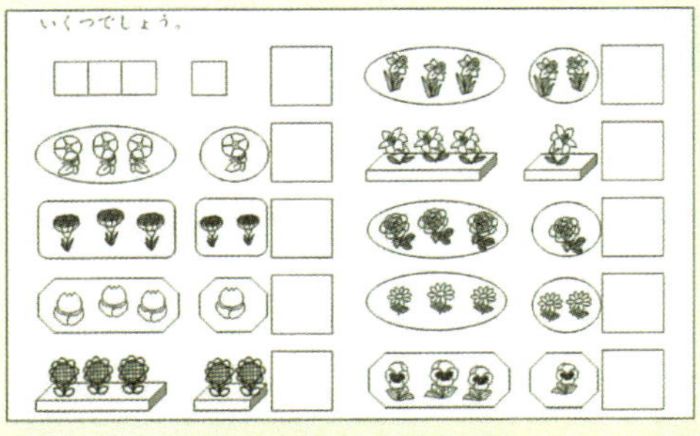

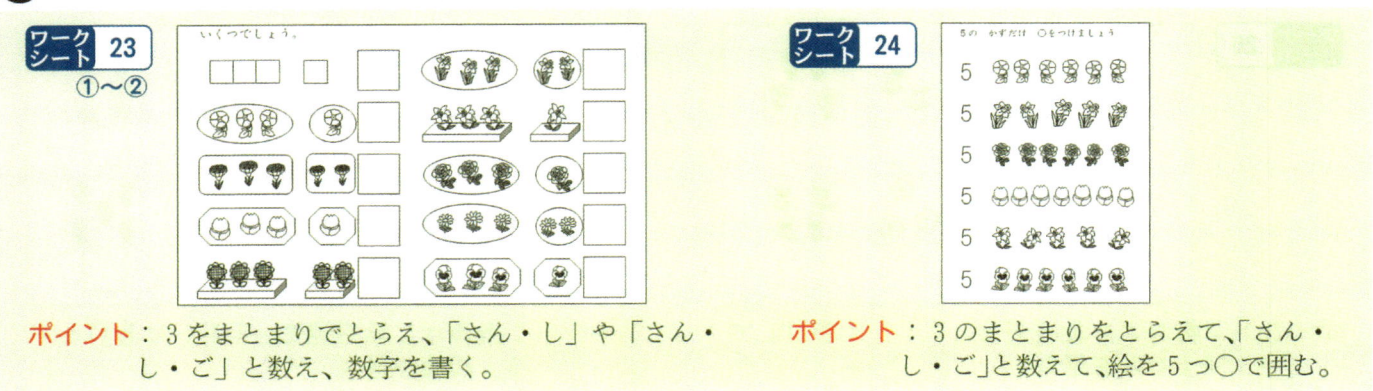

ポイント：3をまとまりでとらえ、「さん・し」や「さん・し・ご」と数え、数字を書く。

ワークシート 24

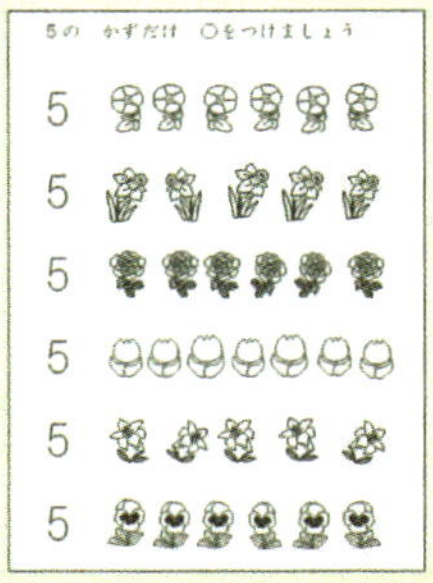

ポイント：3のまとまりをとらえて、「さん・し・ご」と数えて、絵を5つ○で囲む。

4～5の学習 ⑤

具体物の数をまとまりでとらえる

使う教材・教具

教材 33

台紙

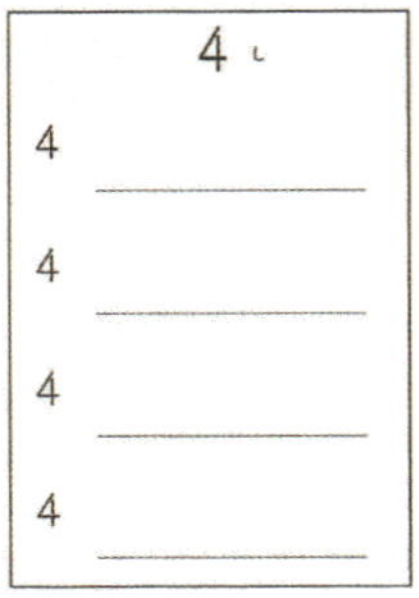

教材 34

台紙

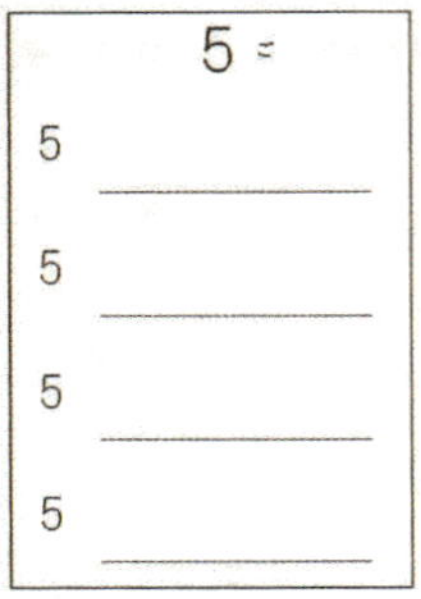

入れる箱

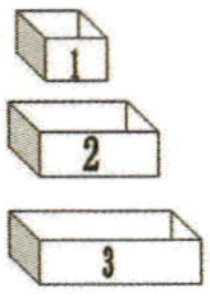

※箱は、高さが3cmで、「1」の箱で4×4cm、「2」の箱で4×8cm、「3」の箱で4×12cm程度の大きさのもの。具体物は「4」「5」を6種類ずつ用意する。

具体物

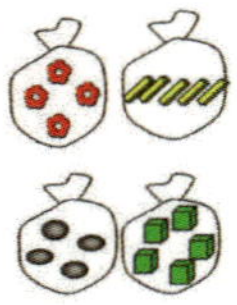

ワークシート 25

ワークシート 26

学習の手順

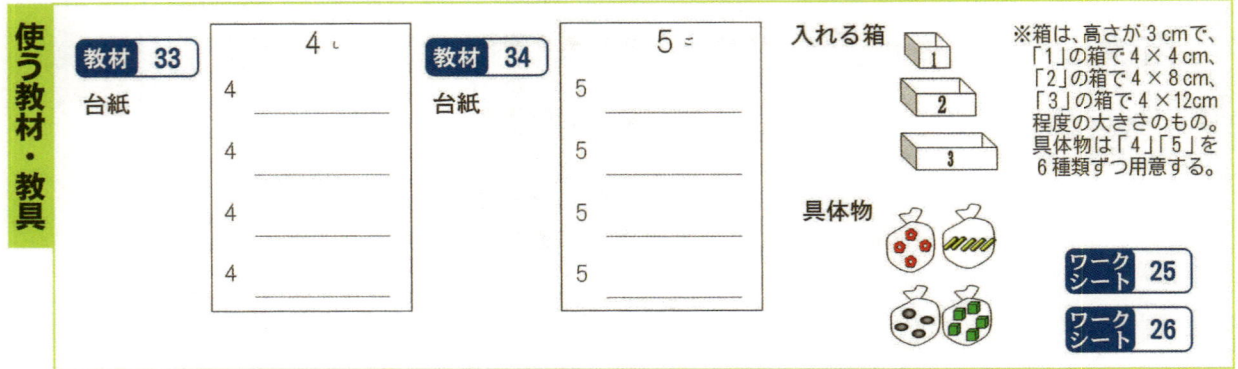

❶ 3の箱と1や2の箱を組み合わせて4・5の箱にする。透明の袋の中にある具体物を、目で見取り、合致する数の箱に入れる。

※具体物を入れたタイル箱は、数字の右に示している線にそって並べる。

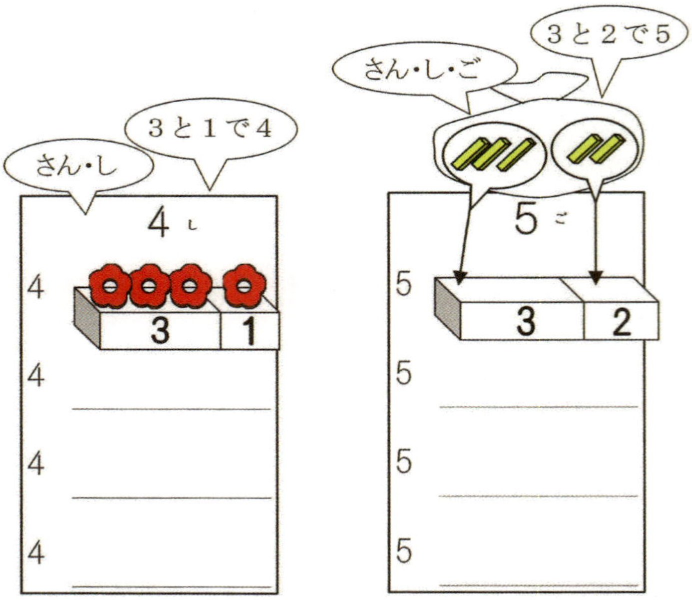

❷ ワークシートで理解の定着を図る。

ワークシート 25

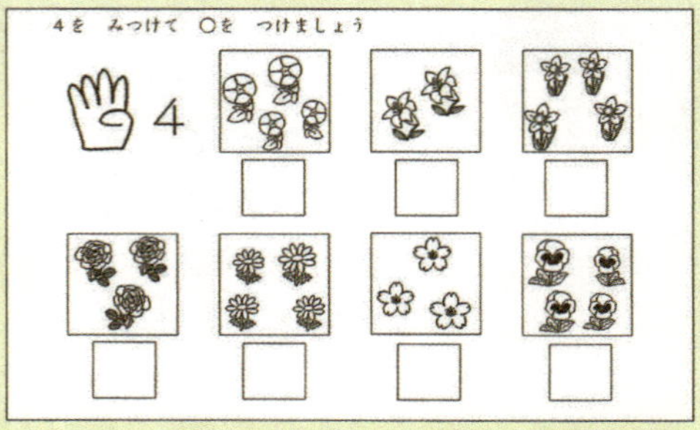

ポイント：指のさし絵を見て、「4」に着目して「4」の絵を選ぶ。

ワークシート 26

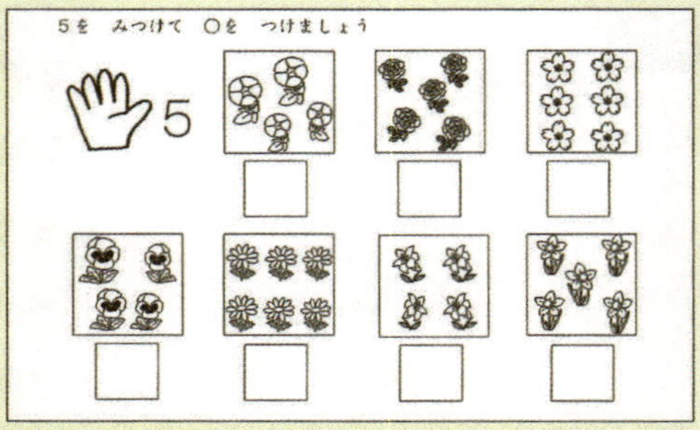

ポイント：指のさし絵を見て、「5」に着目して「5」の絵を選ぶ。

4～5の学習 6

絵の数を数える

使う教材・教具

教材 35 ①～②

台紙

教材 36

数字カード

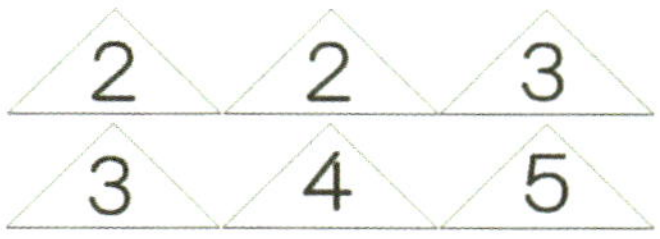

※数字カードは台紙に対応する数用意する。

ワークシート 27 ①～②　ワークシート 28

学習の手順

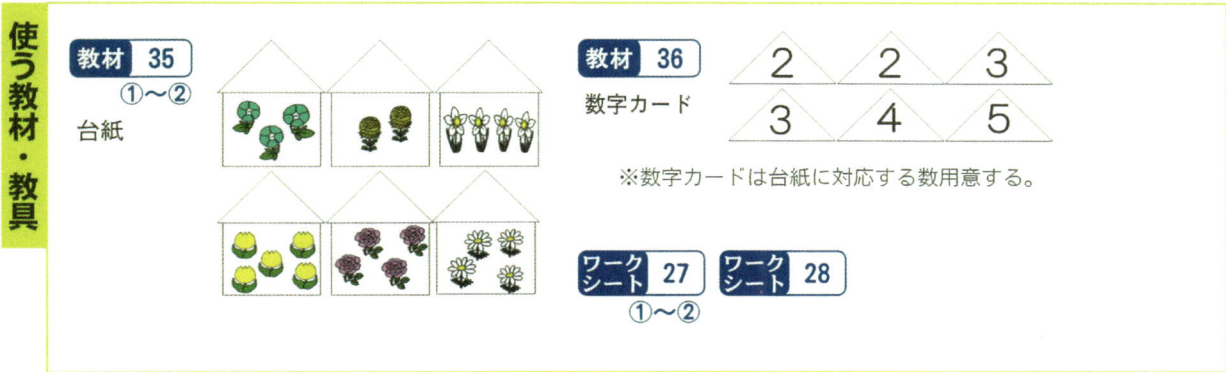

❶ 3までの数をまとまりでとらえ、「いち」「に」「さん」「さん・し」「さん・し・ご」と言いながら対応する数字カードを置く。

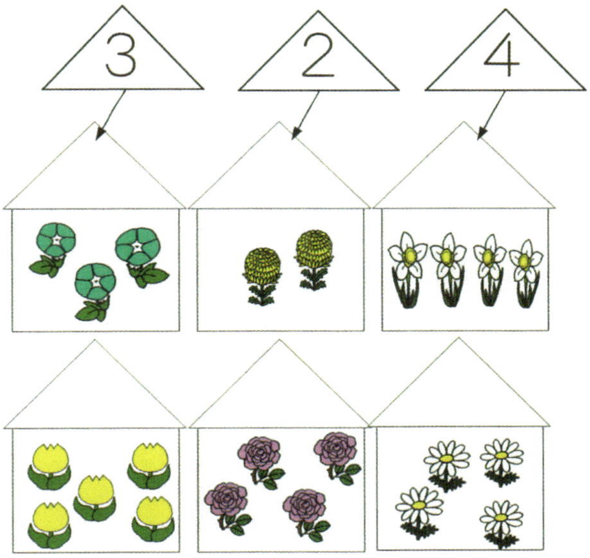

❷ ワークシートで理解の定着を図る。

ワークシート 27 ①～②

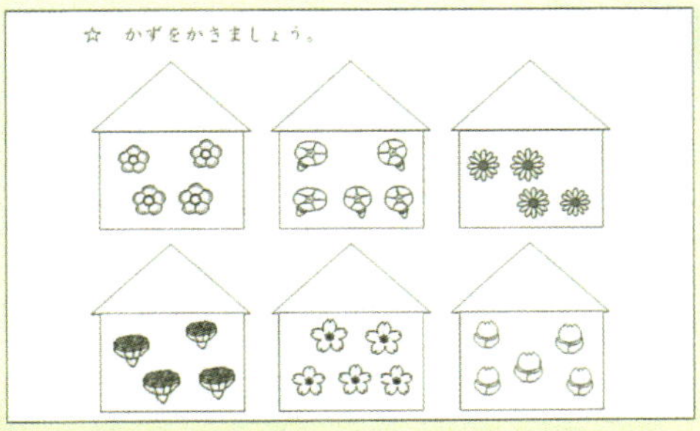

ポイント：3をまとまりで数えて、「さん・し」や「さん・し・ご」と数え、数字を書く。

ワークシート 28

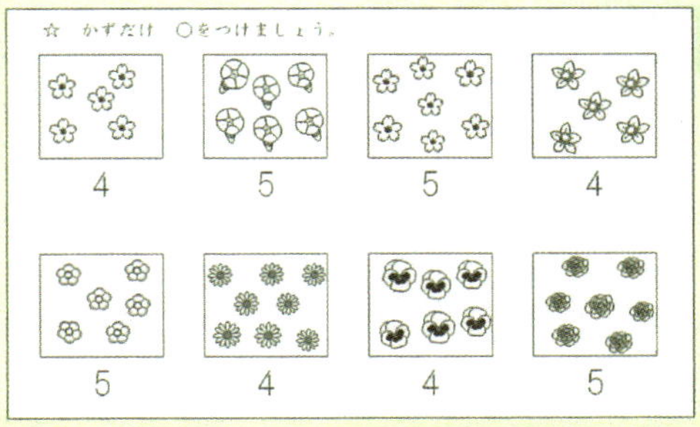

ポイント：3をまとまりでとらえて、「さん・し」「さん・し・ご」と数え、数だけ絵を○で囲む。

4～5の学習 7

タイルカードを数に対応させる

使う教材・教具

教材 37 台紙

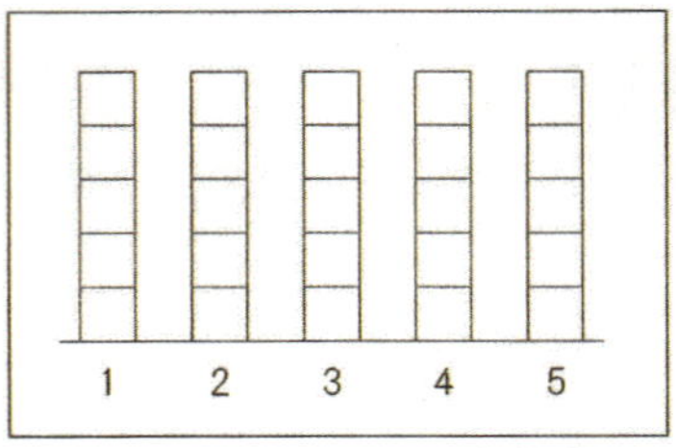

教材 38 タイルカード

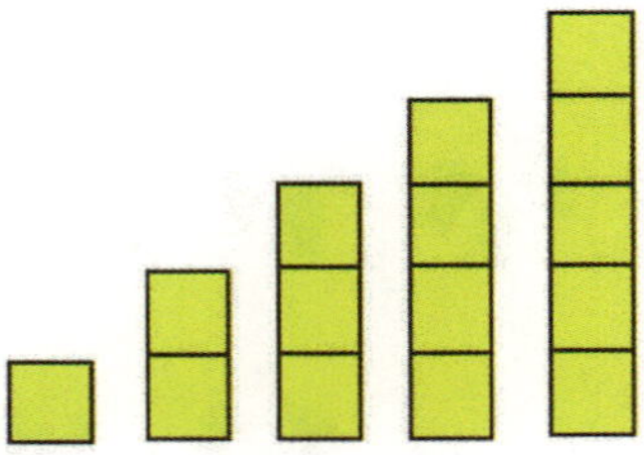

ワークシート 29　ワークシート 30

学習の手順

❶□ □□ □□□ □□□□ □□□□□の
タイルカードを数えて、数に対応させて置く。

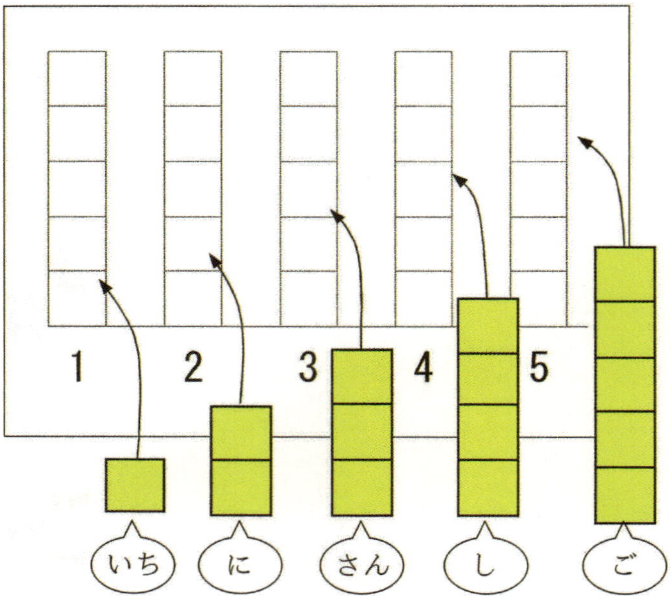

❷ワークシートで理解の定着を図る。

ワークシート 29

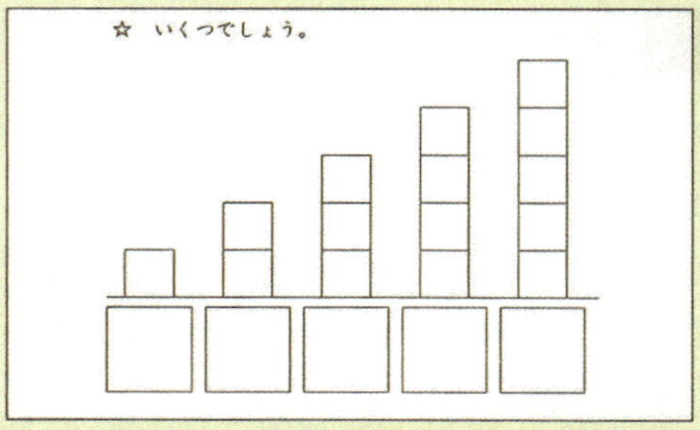

ワークシート 30

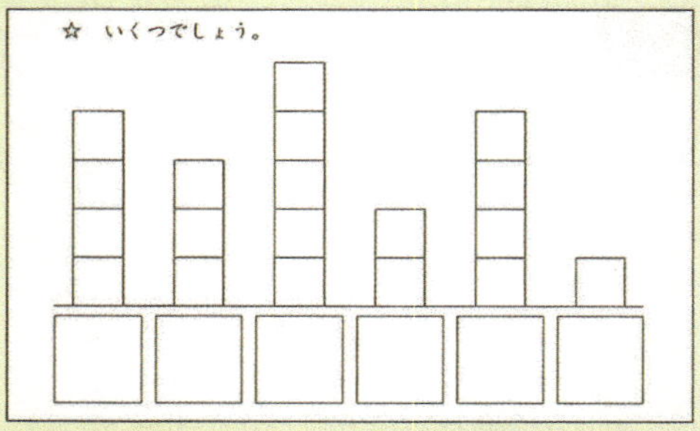

ポイント：タイルの数が１ずつ増えていることに着目する。

ポイント：タイルの数をまとまりでとらえて、数を言い、数字を書く。

4～5の学習 8

1・2・3のタイルの組み合わせで4・5をつくる(1)

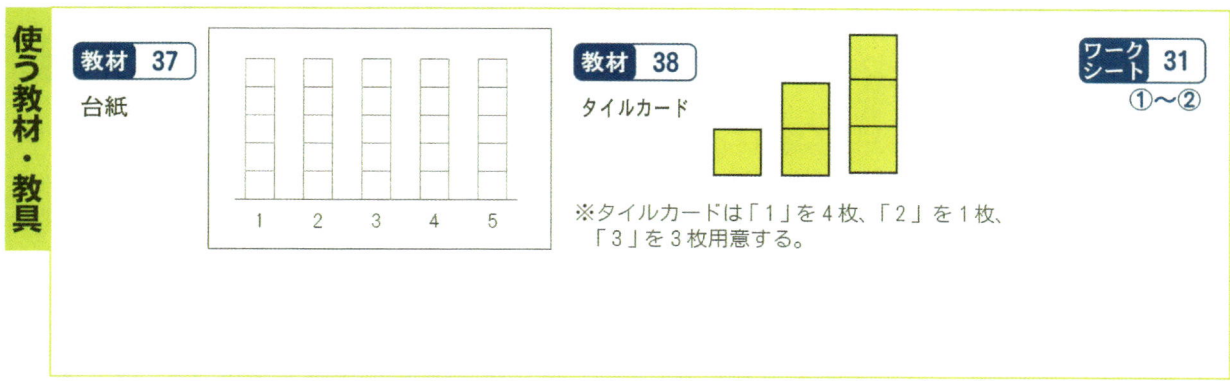

使う教材・教具

教材 37
台紙

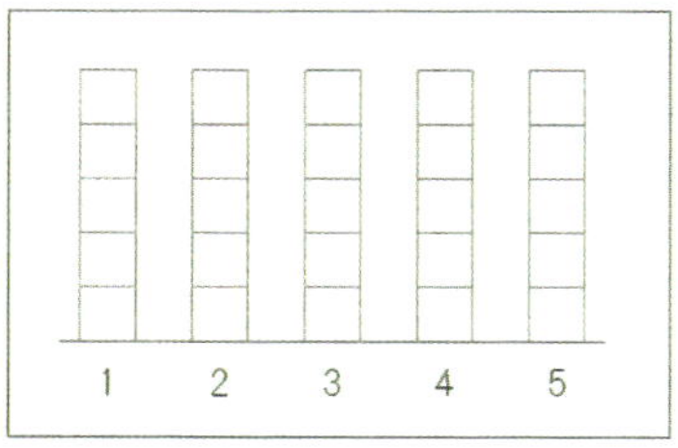

教材 38
タイルカード

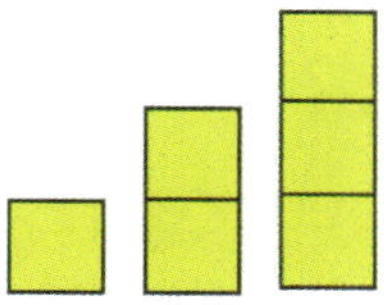

※タイルカードは「1」を4枚、「2」を1枚、「3」を3枚用意する。

ワークシート 31
①～②

学習の手順

❶□ □□ □□□のタイルカードで、1・2・3・4・5をつくる。

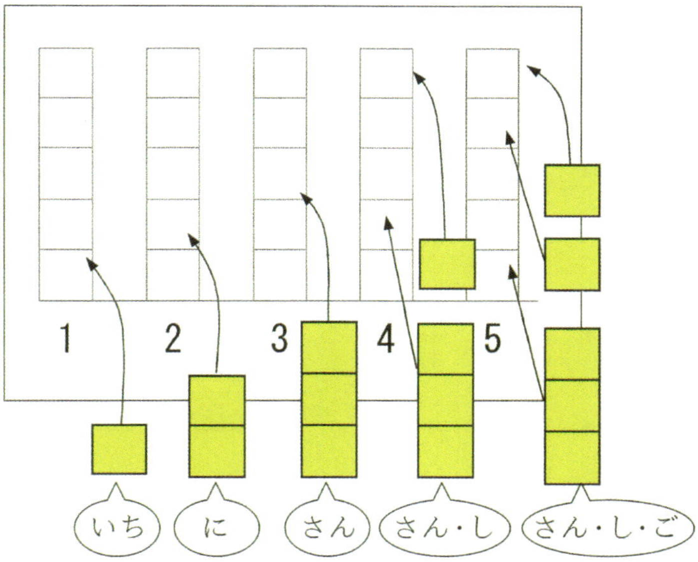

❷ワークシートで理解の定着を図る。

ワークシート 31
①～②

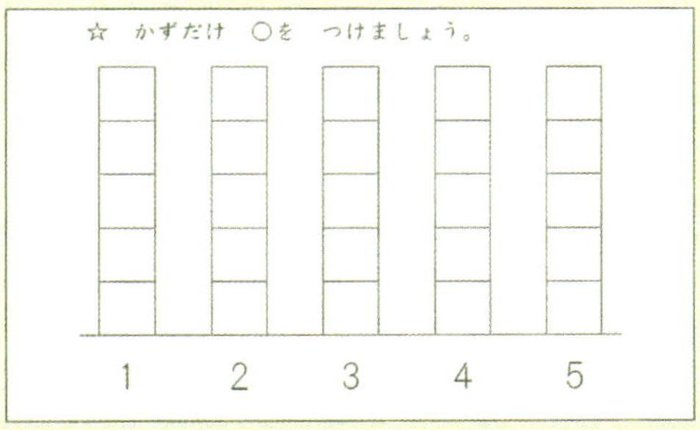

ポイント：数字の数だけまとまりでタイルをとらえ、○で囲む。

4～5の学習 ⑨

1・2・3のタイルの組み合わせで4・5をつくる(2)

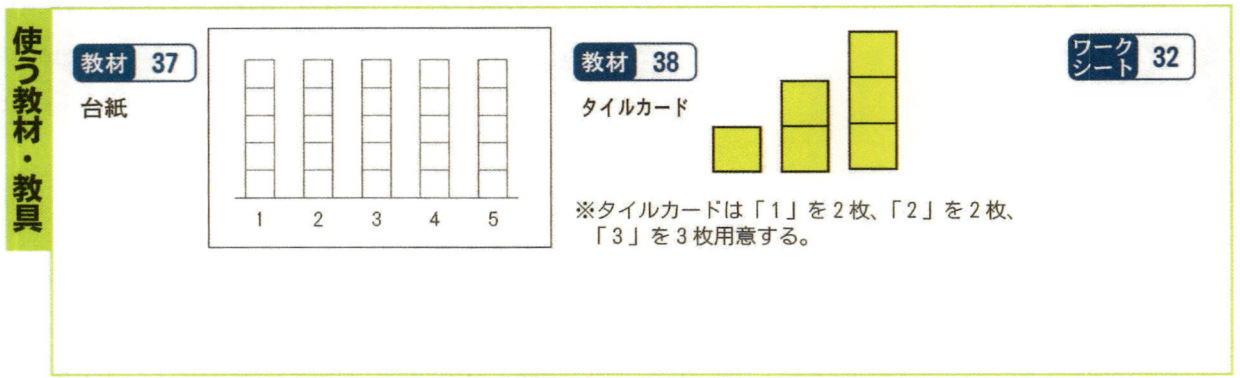

使う教材・教具

教材 37

台紙

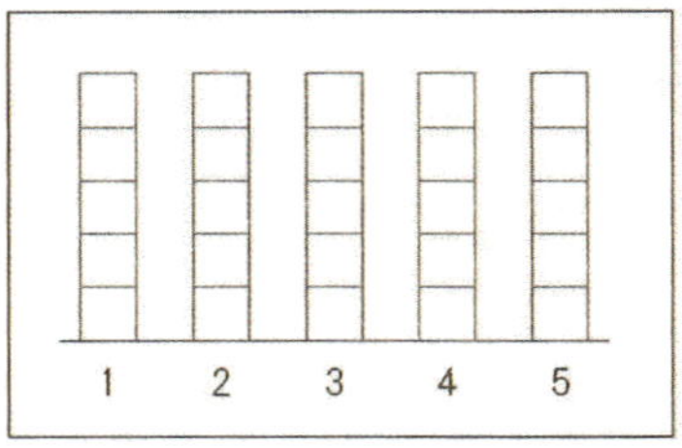

教材 38

タイルカード

※タイルカードは「1」を2枚、「2」を2枚、「3」を3枚用意する。

ワークシート 32

学習の手順

❶□ □□ □□□のタイルカードで、1・2・3・4・5をつくる。

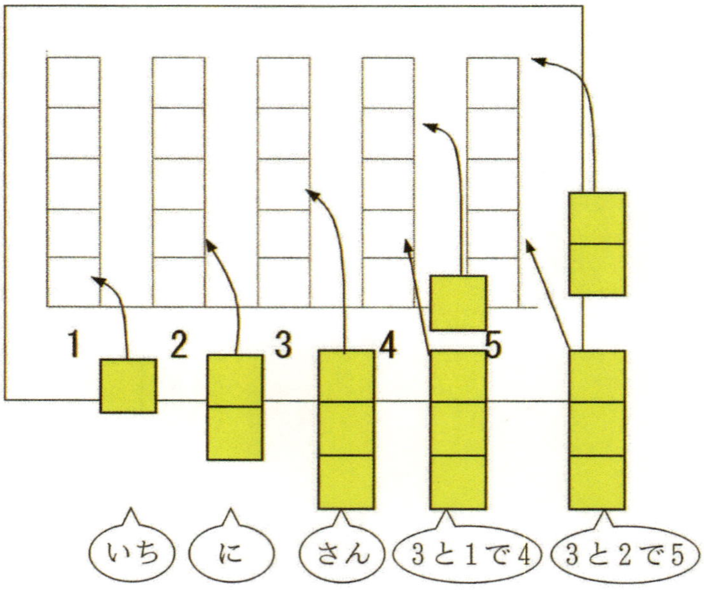

❷ワークシートで理解の定着を図る。

ワークシート 32

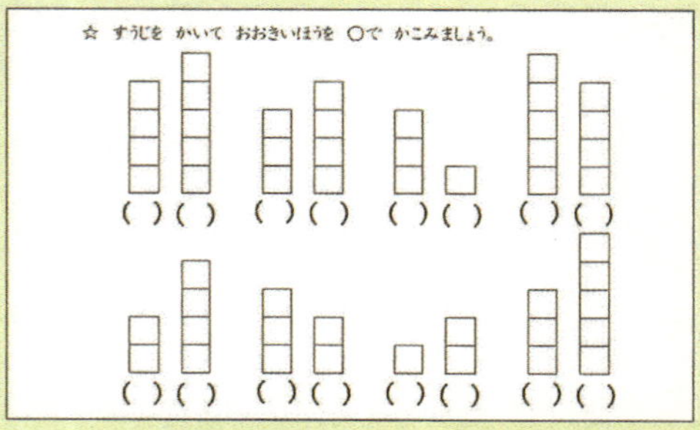

ポイント：タイルの数を書き、「4と5では5が大きい」と言い、大きなタイルを○で囲む。

4～5の学習 ⑩

合わせた数を数える

使う教材・教具

教材 39 ①～②

台紙

教材 40

数字カード

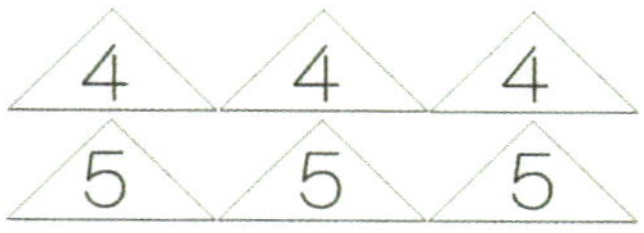

※数字カードは台紙に対応する数用意する。

ワークシート 33 ①～②

学習の手順

❶目で見取って、「3と1で4」と言いながら数を表す。

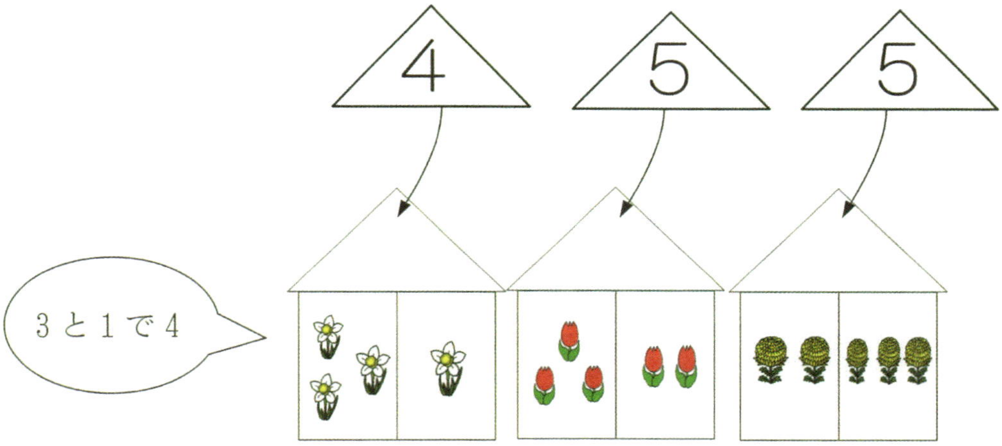
4
5
5
3と1で4

❷ワークシートで理解の定着を図る。

ワークシート 33 ①～②

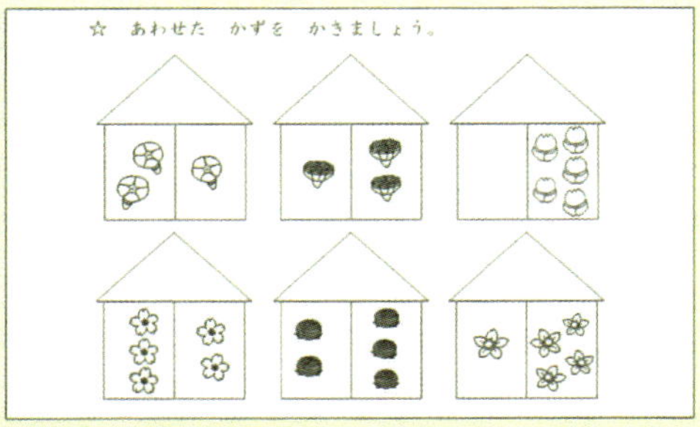
☆ あわせた かずを かきましょう。

ポイント：絵の数を目で見取り、「2と1で3」と言い、屋根の部分に合わせた数を書く。

4～5の学習⑪

数字を合わせて数える

使う教材・教具

教材 41 ①～②

台紙

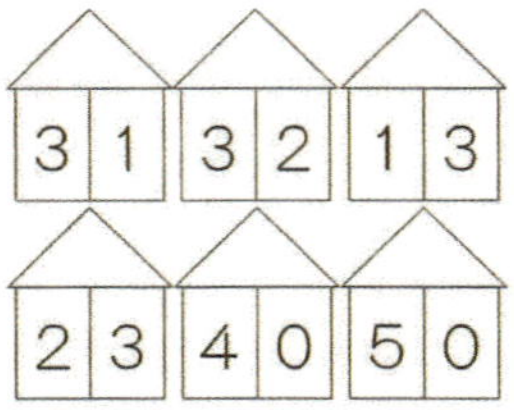

教材 42

数字カード

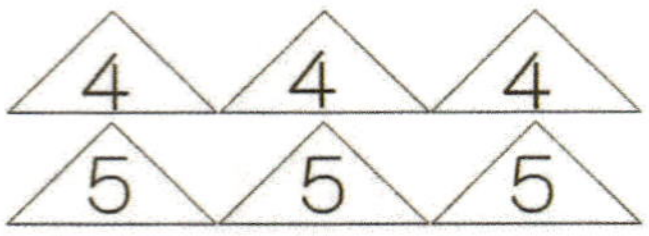

※数字カードは台紙に対応する数用意する。

ワークシート 34 ①～②

学習の手順

❶左右の指で数えたり、おはじきを並べたりして、「3と1で4」と言いながら表す。

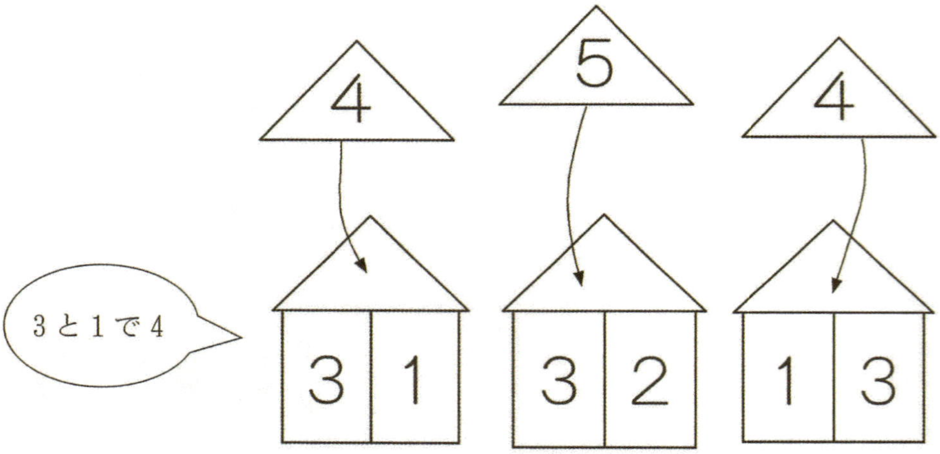

❷ワークシートで理解の定着を図る。

ワークシート 34 ①～②

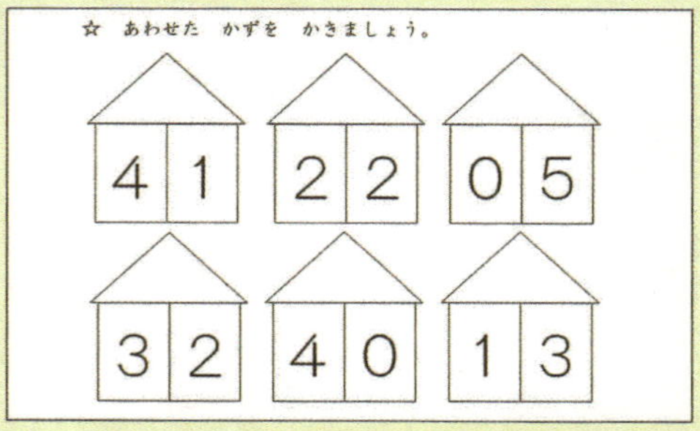

ポイント：「4と1で5」と言い、屋根の部分に合わせた数を書く。

4～5の学習⑫

足りないタイルの数を数える

使う教材・教具

教材 43 ①～④
台紙

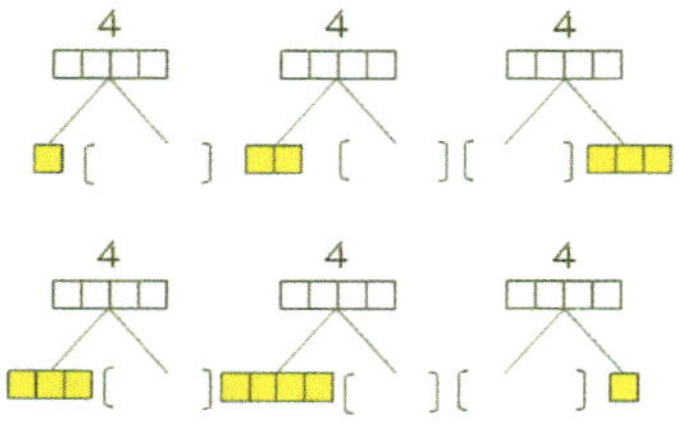

教材 44

タイルカード

※タイルカードは台紙に対応する数用意する。

ワークシート 35 ①～④

学習の手順

❶表示されていないスペースに、足りない数のタイルカードを置く。

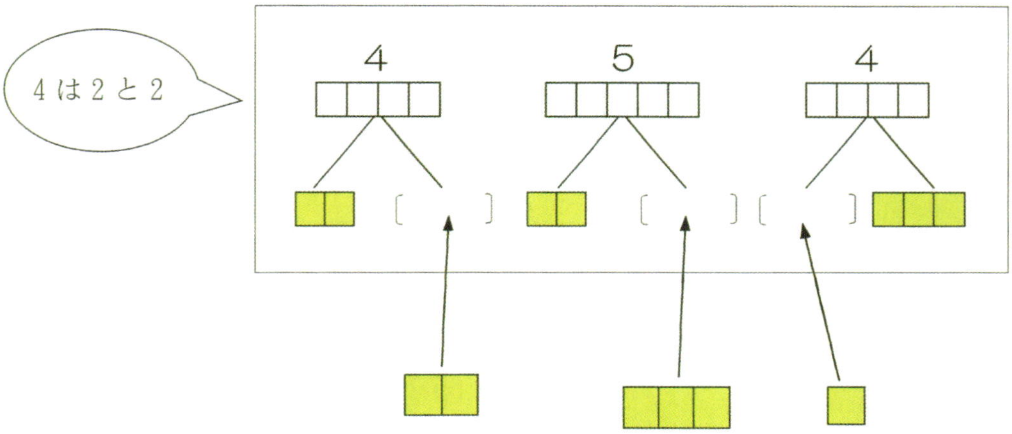

❷ワークシートで理解の定着を図る。

ワークシート 35 ①～④

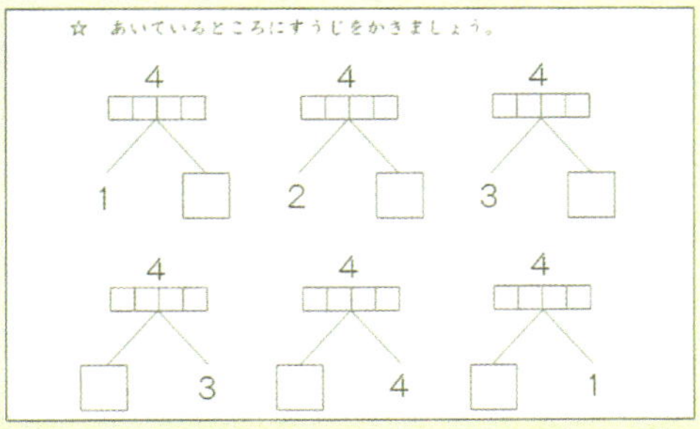

☆ あいているところにすうじをかきましょう。

ポイント：タイルを見て、□にあてはまる数字を考え、「4は1と3」と言い、数字を書く。

4～5の学習⑬

絵カードを組み合わせて4・5をつくる

使う教材・教具

教材 45 ①～②
台紙

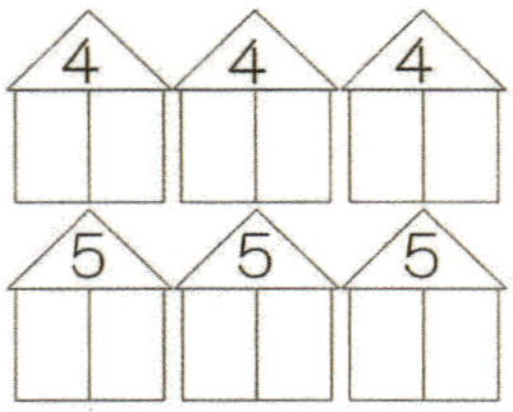

教材 46 ①～⑤
絵カード

※絵カードは台紙に対応する数用意する。

学習の手順

❶ 2枚の絵カードで数をつくる。

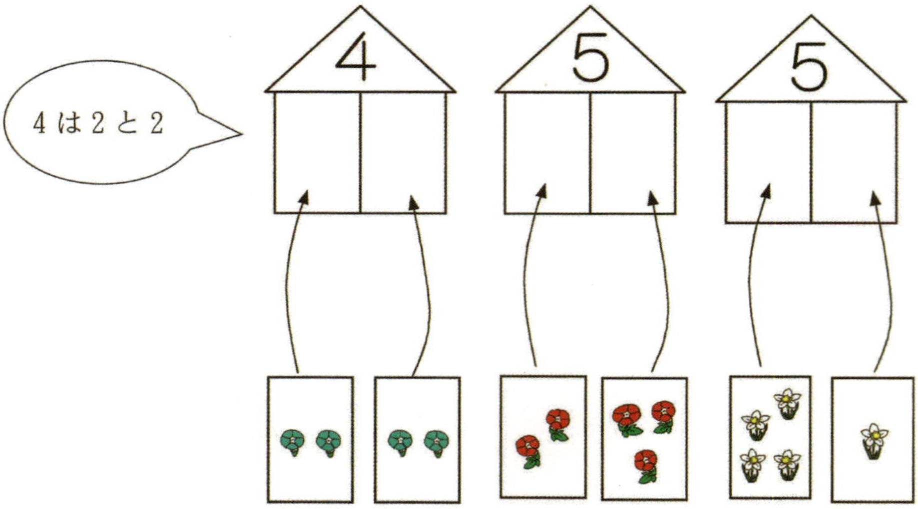

4～5の学習⑭

ドットカードを組み合わせて４・５をつくる

使う教材・教具

教材 45 ①～②
台紙

教材 47 ①～②
ドットカード

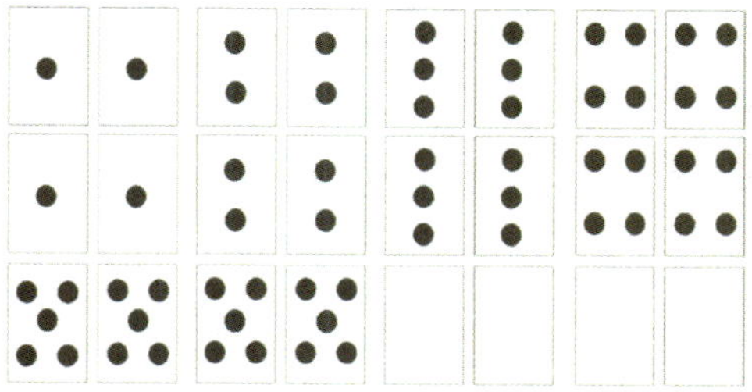

※ドットカードは台紙に対応する数用意する。

学習の手順

❷ 2枚のドットカードで数をつくる。

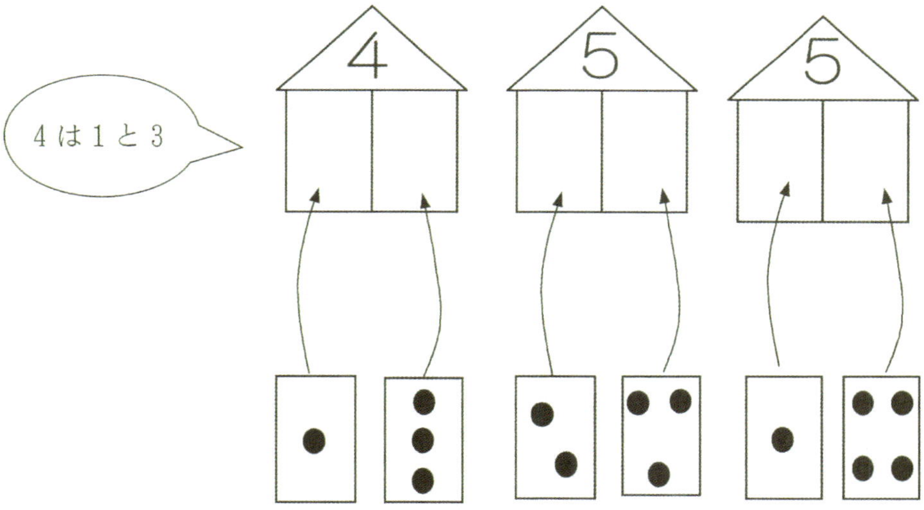

4～5の学習 ⑮

2つの数の組み合わせで4・5をつくる

使う教材・教具

教材 48 ①～⑥
台紙

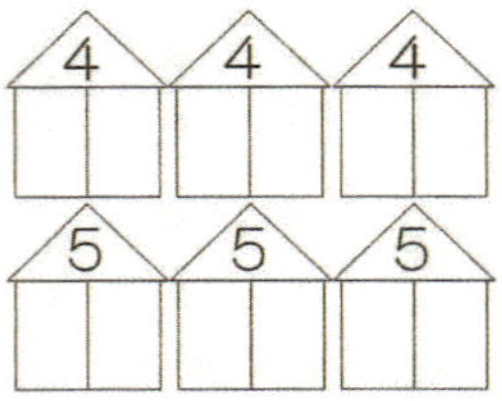

教材 49 ①～②
数字カード

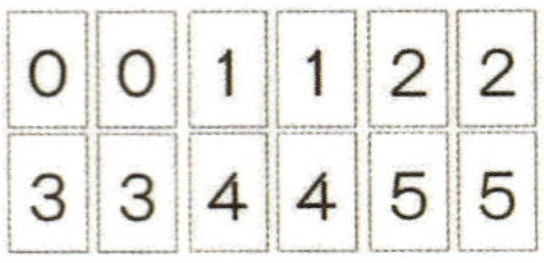

※数字カードは台紙に対応する数用意する。

ワークシート 36 ①～④

学習の手順

❶ 1～2枚の数字カードで数をつくる。

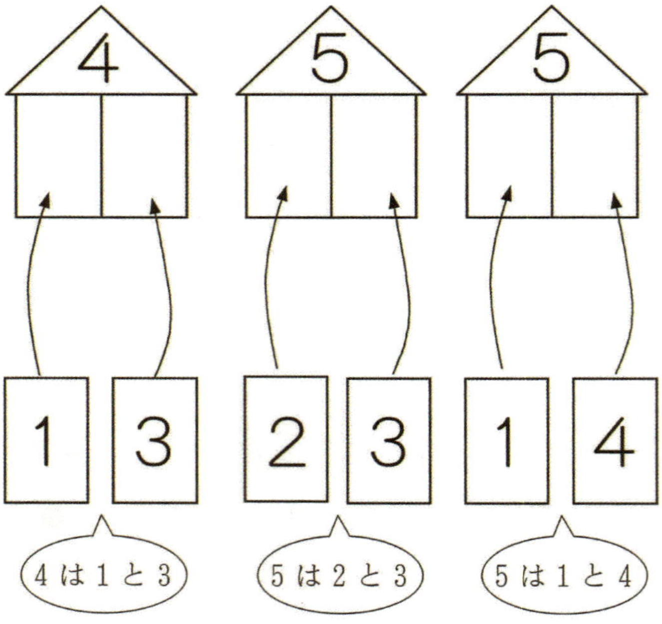

❷ ワークシートで理解の定着を図る。

ワークシート 36 ①～④

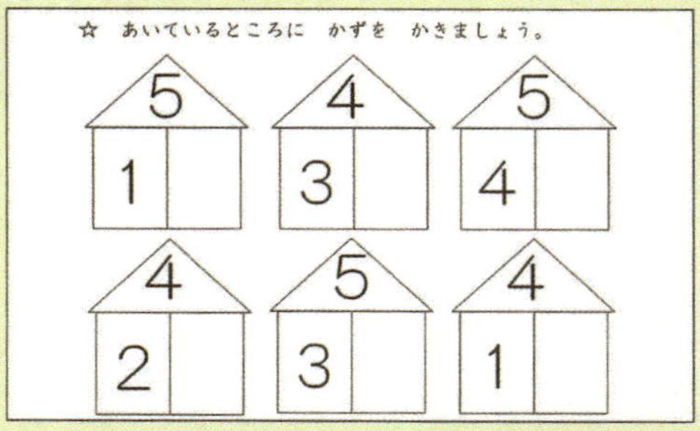

ポイント：「5は1と4」と言い、あいている枠にあてはまる数を考え、数字を書く。

4～5の学習 ⑯

不規則に並んだものを数える

使う教材・教具

教材 50

台紙

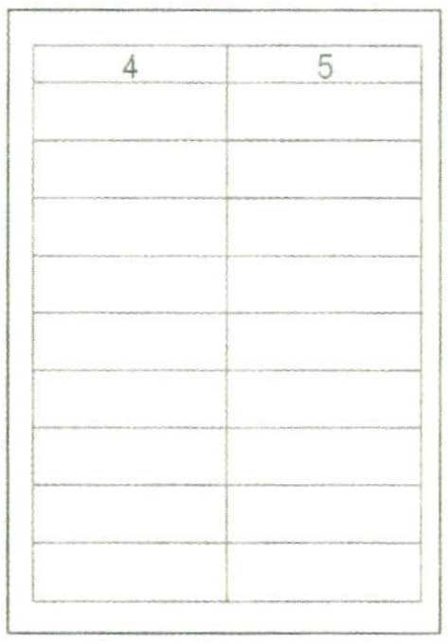

教材 51

絵カード

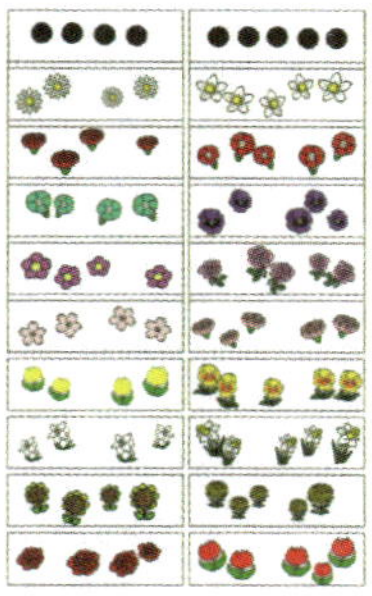

※絵カードは「4」「5」を9種類ずつ用意する。

ワークシート 37

学習の手順

❶不規則に絵が並んだ絵カードを同数で合わせる。

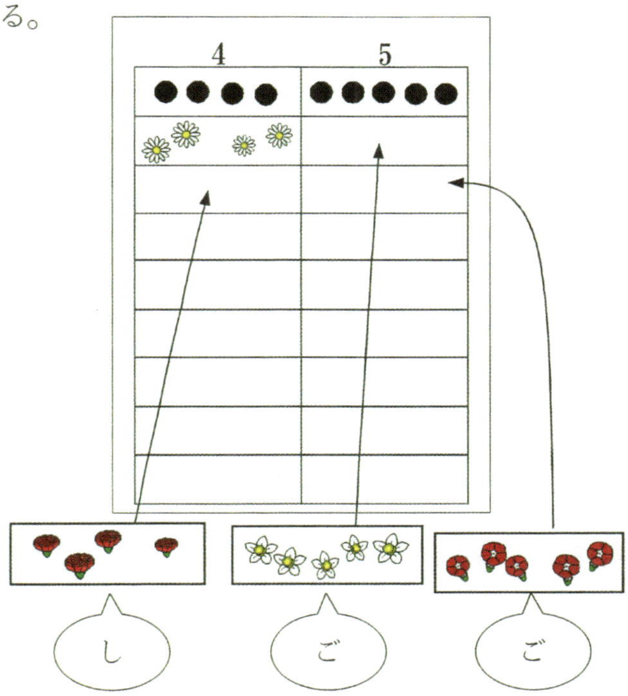

❷ワークシートで理解の定着を図る。

ワークシート 37

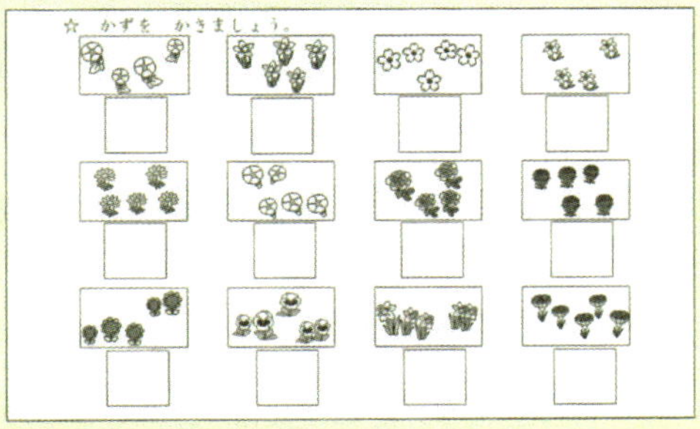

ポイント：目で見て絵の数をとらえ、数を言い、数字を書く。

6～8の学習 ①

絵カードを6・7・8の数と対応させる

使う教材・教具

教材 52
台紙

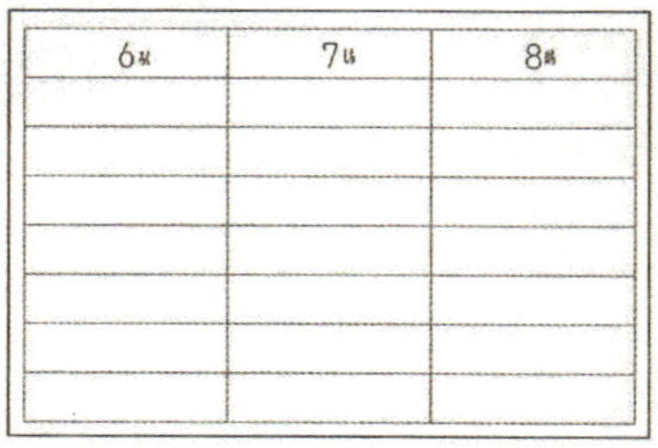

教材 53
絵カード

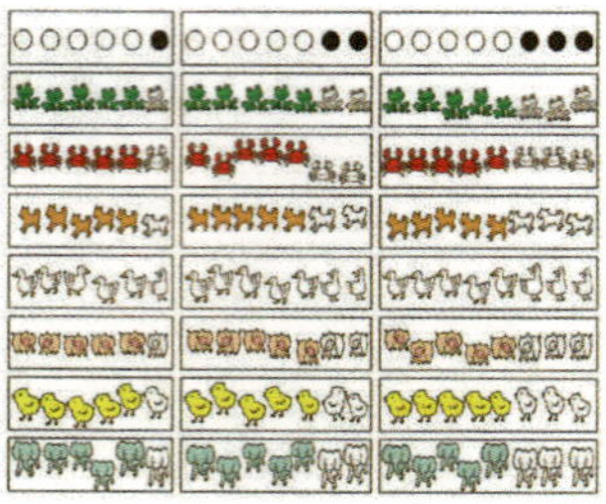

※絵カードは「6」「7」「8」を7種類ずつ用意する。

ワークシート 38
ワークシート 39
ワークシート 40

学習の手順

❶カードの絵を数えて対応する数のところに並べる。

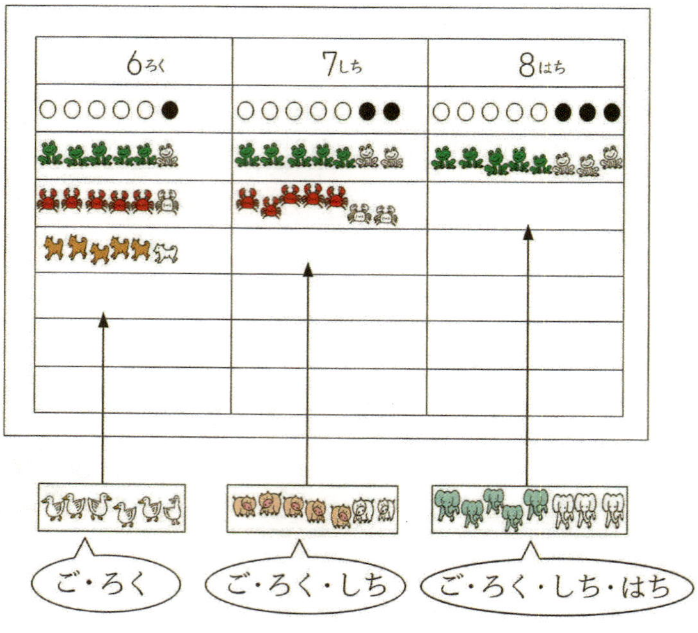

❷ワークシートで理解の定着を図る。

ワークシート 38

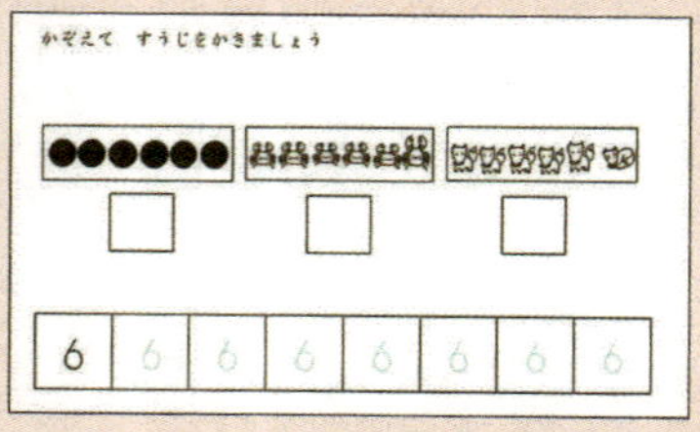

ポイント：「ろく」と言いながら、「6」を書く。

ワークシート 39

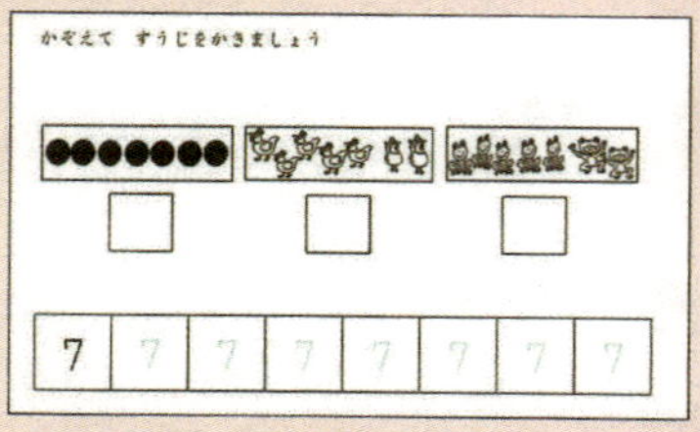

ポイント：「しち」と言いながら、「7」を書く。

ワークシート 40

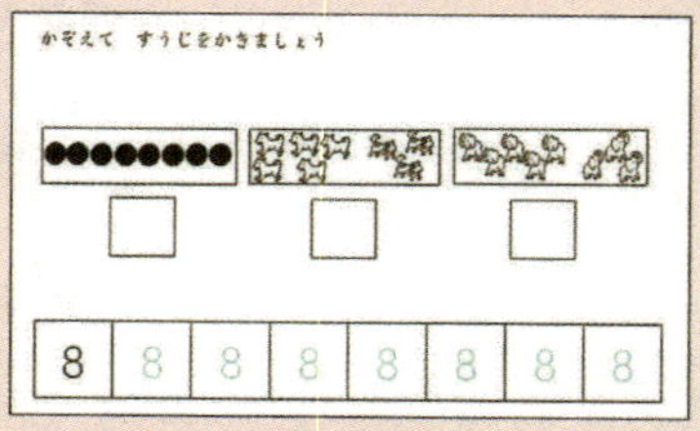

ポイント：「はち」と言いながら、「8」を書く。

6～8の学習 2

絵カードを組み合わせて6・7・8をつくる

使う教材・教具

教材 54
台紙

教材 55
台紙

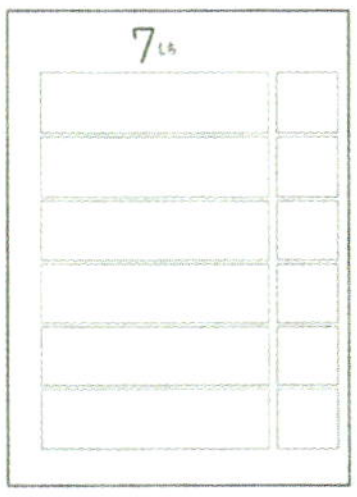

教材 56
台紙

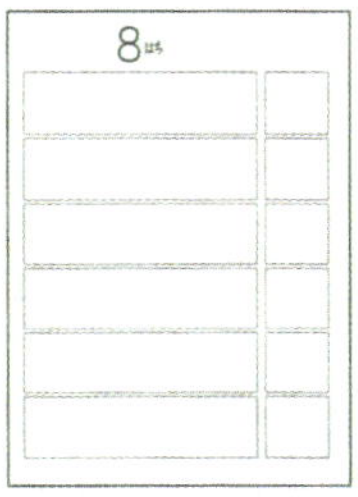

教材 57 ①～③
絵カード

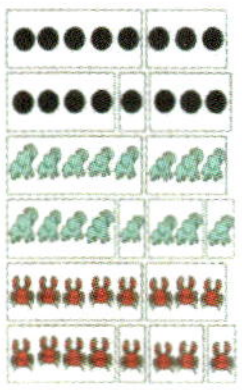

※絵カードは６種類ずつ用意する。
数字カードは「６」「７」「８」を６枚ずつ用意する。

教材 57 ①～③
数字カード

ワークシート 41 ①～③

学習の手順

❶ 5と1～3の絵カードを組み合わせて、6～8をつくる。
数字カードを置いて数を表す。

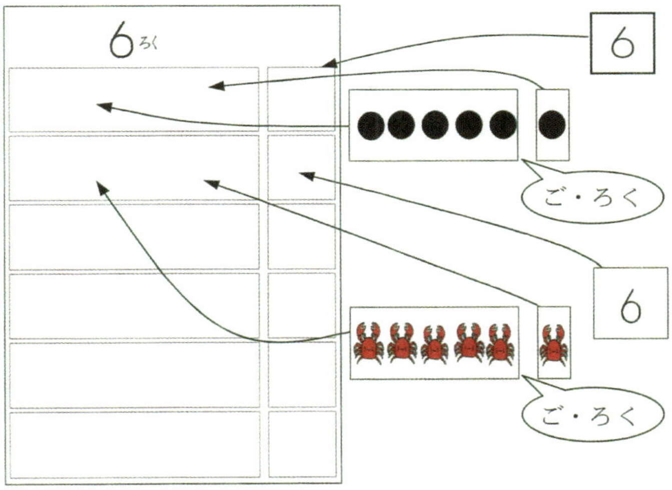

❷ ワークシートで理解の定着を図る。

ワークシート 41 ①～③

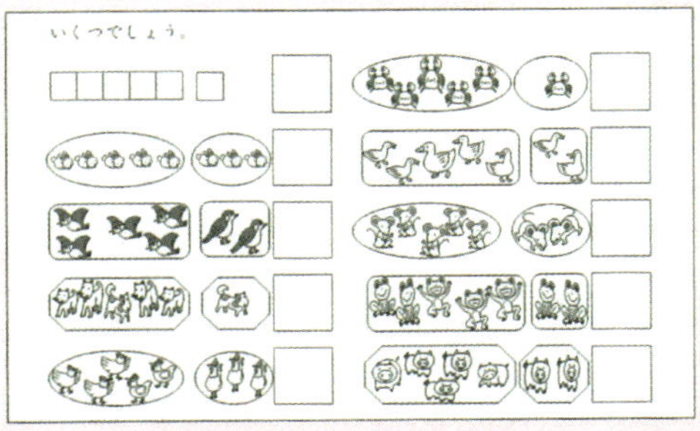

ポイント：5をまとまりでとらえ、「ご・ろく」「ご・ろく・しち・はち」と数え、数字を書く。

6～8の学習 ③

具体物の数をまとまりでとらえる

使う教材・教具

教材 58
台紙

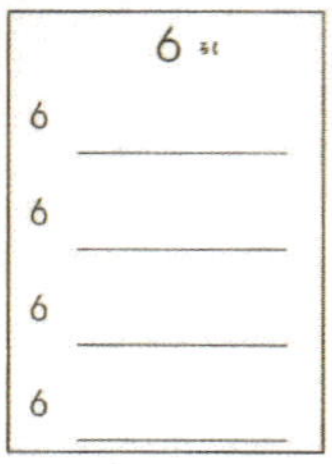

教材 59
台紙

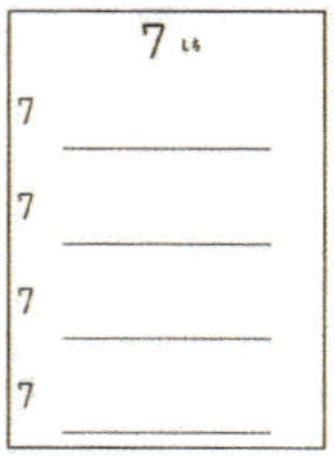

教材 60
台紙

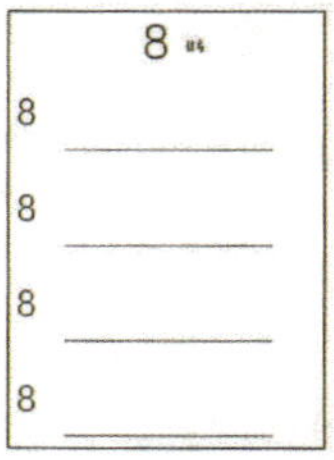

入れる箱

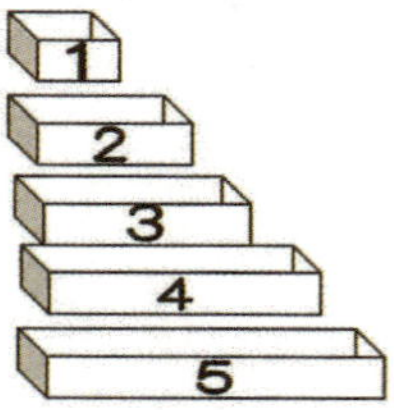

具体物

※台紙は、箱の大きさに合わせて拡大して使用する。箱の大きさは、高さが 3 cmで、「1」の箱で 4 × 4 cm、「2」の箱で 4 × 8 cm、「3」の箱で 4 ×12cm、「4」の箱で 4 ×16cm、「5」の箱で 4 ×20 cm程度の大きさのもの。具体物は「6」「7」「8」を 6 種類ずつ用意する。

ワークシート 42　ワークシート 43　ワークシート 44

学習の手順

❶ 5 の箱と 1 や 2 や 3 の箱を組み合わせて、6・7・8 の箱にする。透明の袋の中にある具体物を、目で見取って合致する数の箱に入れる。

※具体物を入れたタイル箱は数字の右に示している線にそって並べる。

❷ ワークシートで理解の定着を図る。

ワークシート 42

ポイント：5 をまとまりでとらえ、「ご・ろく」と数えて、絵を 6 つ○で囲む。

ワークシート 43

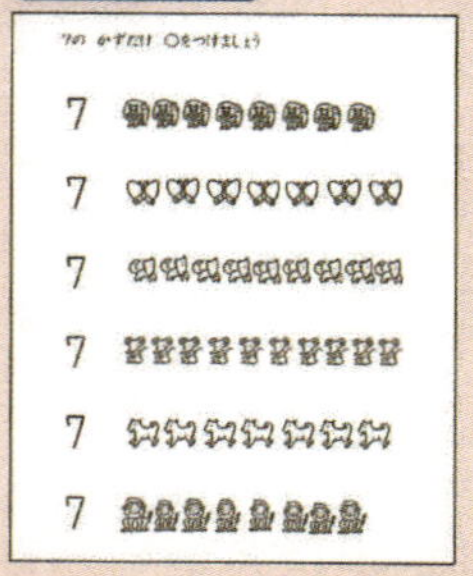

ポイント：5 をまとまりでとらえ、「ご・ろく・しち」と数えて、絵を 7 つ○で囲む。

ワークシート 44

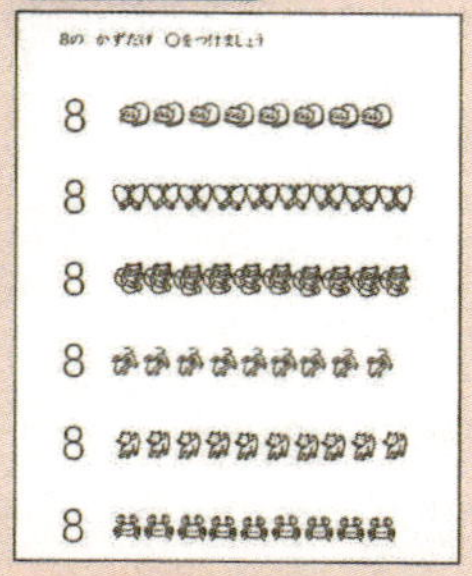

ポイント：5 をまとまりでとらえ、「ご・ろく・しち・はち」と数えて、絵を 8 つ○で囲む。

6～8の学習 ④

絵の数を数える

使う教材・教具

教材 61 ①～②

台紙

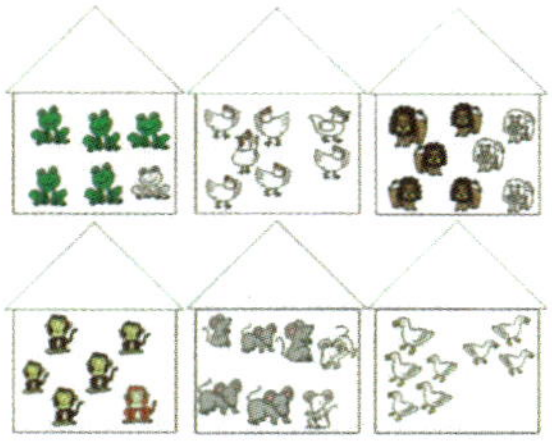

教材 62

数字カード

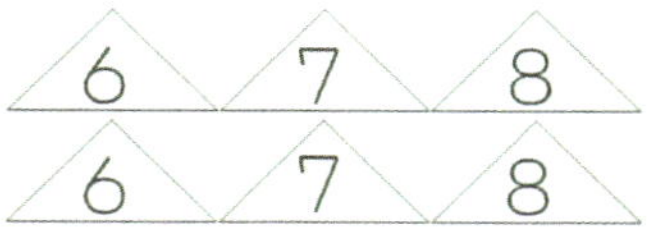

※数字カードは台紙に対応する数用意する。

ワークシート 45 ①～②

ワークシート 46 ①～③

学習の手順

❶ 5をまとまりでとらえ、「ご・ろく」や「5と1で6」と言いながら、対応する数字カードを置く。

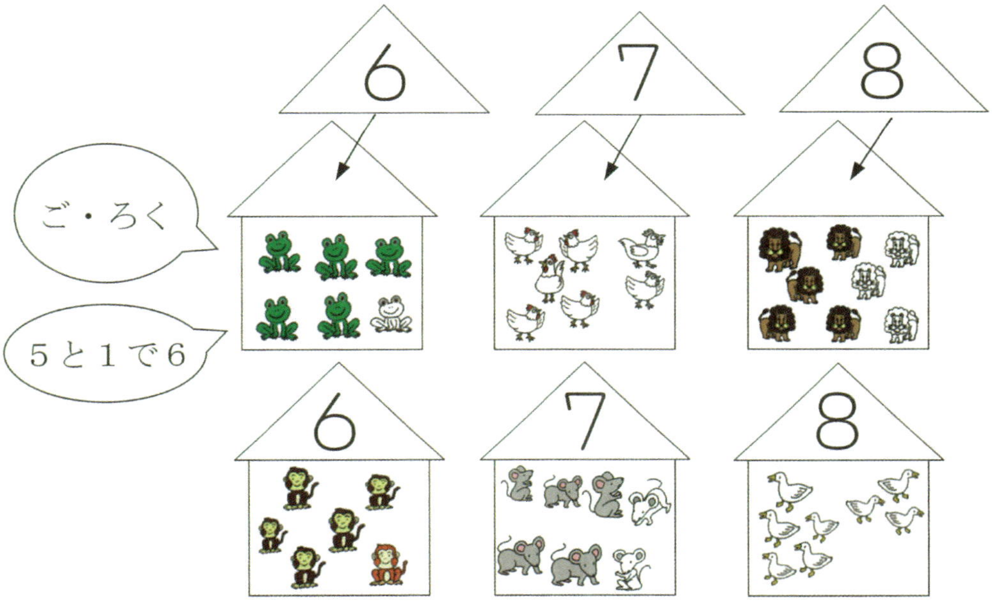

❷ ワークシートで理解の定着を図る。

ワークシート 45 ①～②

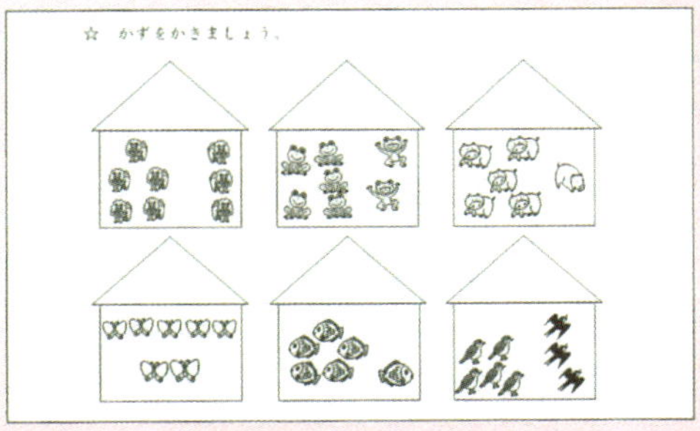

ポイント：5をまとまりでとらえ、「ご・ろく・しち・はち」と数えて、数字を書く。

ワークシート 46 ①～③

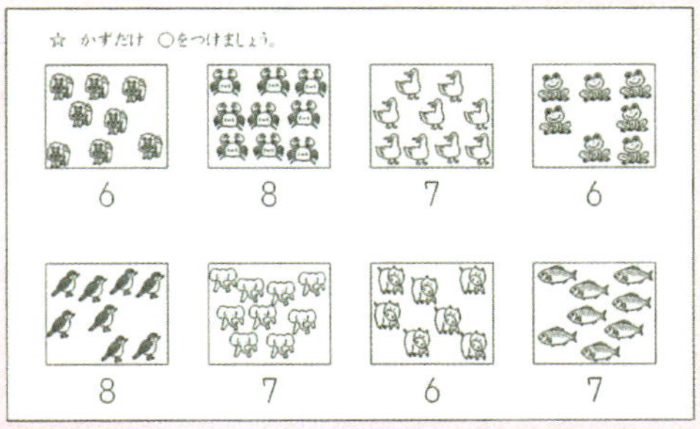

ポイント：5をまとまりでとらえて、「ご・～」と数えて、数字の数だけ絵を○で囲む。

6～8の学習 5

タイルカードを数に対応させる

使う教材・教具

教材 63
台紙

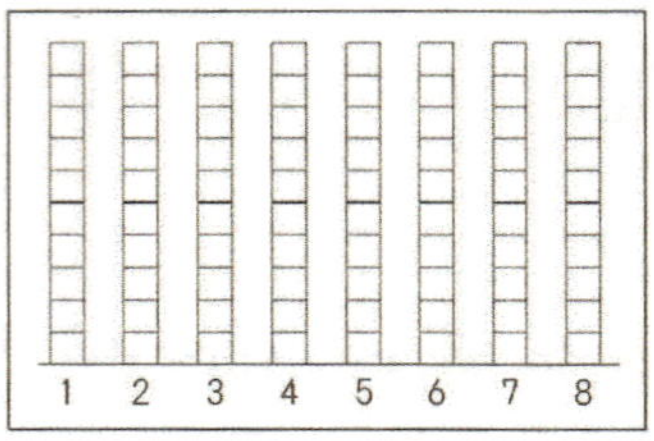

教材 64
タイルカード

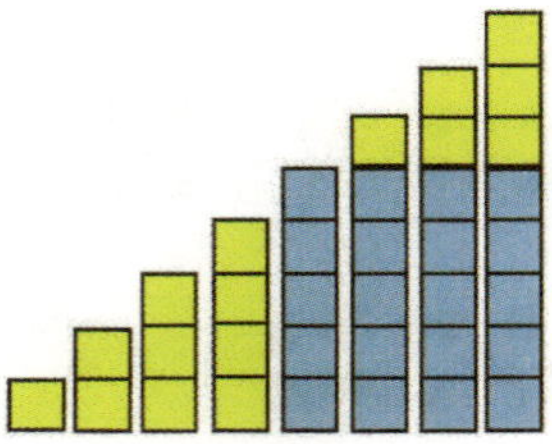

※タイルカードは台紙に対応する数用意する。

ワークシート 47
ワークシート 48

学習の手順

❶□ □□ □□□ □□□□ □□□□□ □□□□□□ □□□□□□□ □□□□□□□□のタイルカードを数えて、数に対応させて置く。

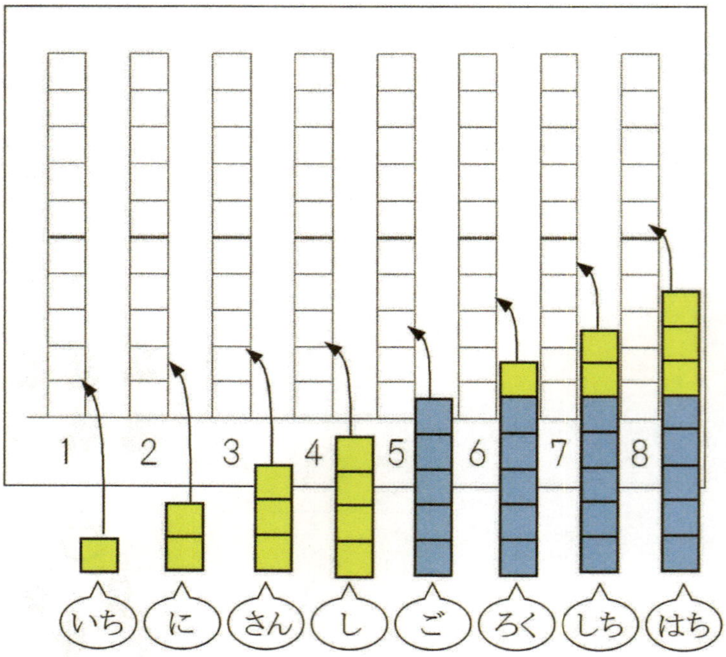

❷ワークシートで理解の定着を図る。

ワークシート 47

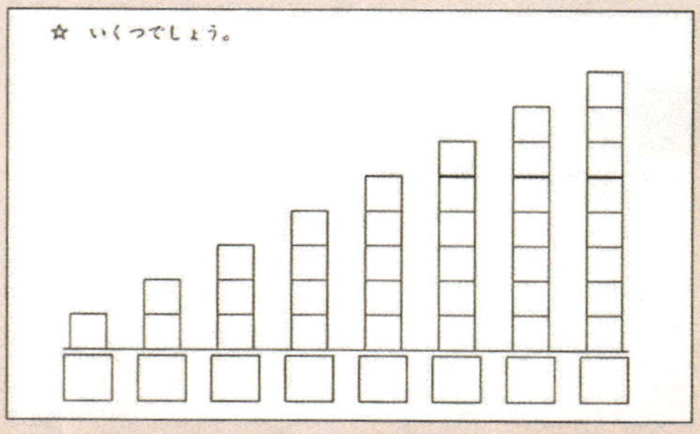

ポイント：タイルの数が1ずつ増えていることに着目する。

ワークシート 48

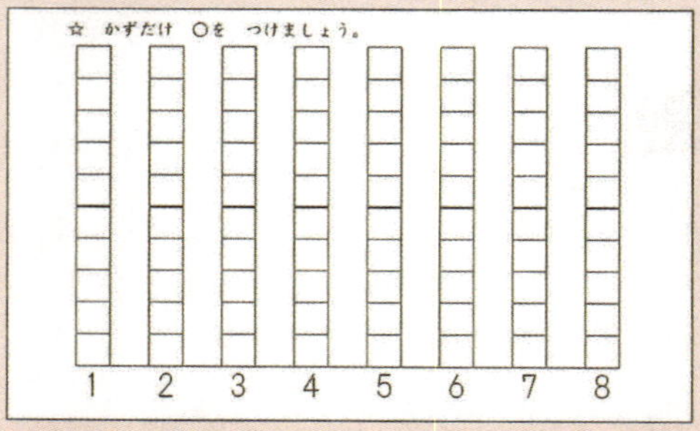

ポイント：タイルの数が1ずつ増えていくことに着目し、数字の数だけ○で囲む。

6〜8の学習 6

1・2・3・4・5のタイルの組み合わせで6・7・8をつくる(1)

使う教材・教具

教材 63
台紙

教材 64
タイルカード

ワークシート 49
ワークシート 50

※タイルカードは「1」を7枚、「2」を1枚、「3」を1枚、「4」を1枚、「5」を4枚用意する。

学習の手順

❶□ □□ □□□ □□□□ □□□□□のタイルカードで、1・2・3・4・5・6・7・8をつくる。

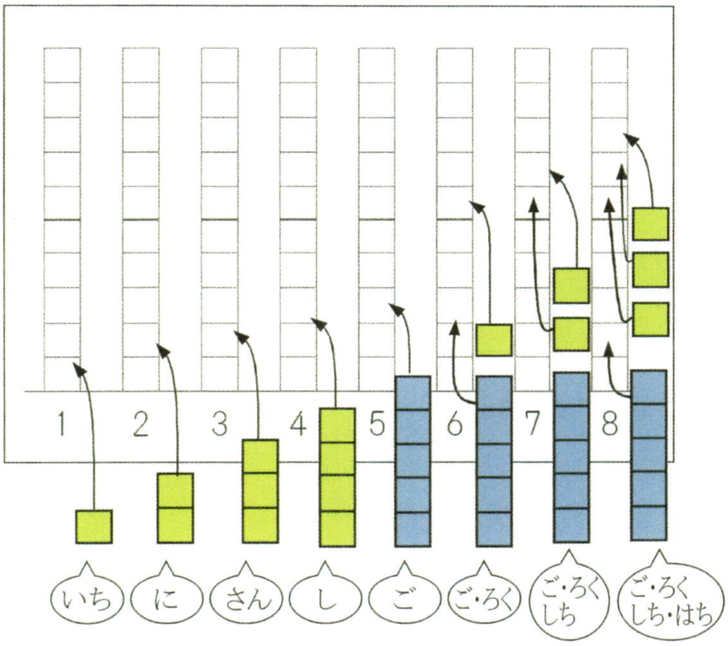

❷ワークシートで理解の定着を図る。

ワークシート 49

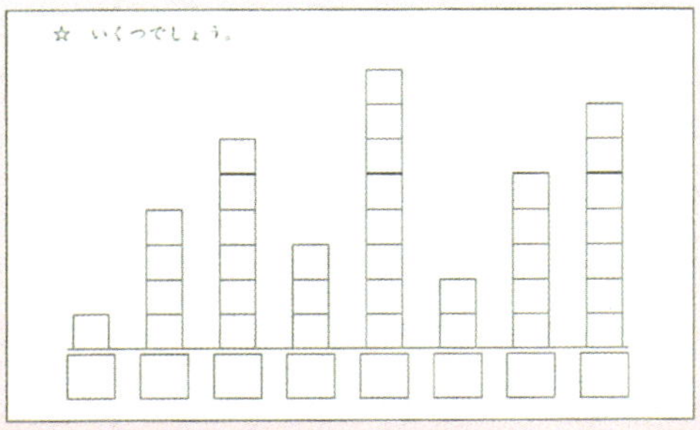

ポイント：「1」〜「5」の数は目で見取り、「6」〜「8」は、「5と1で6」〜「5と3で8」ととらえ、数を言い、数字を書く。

ワークシート 50

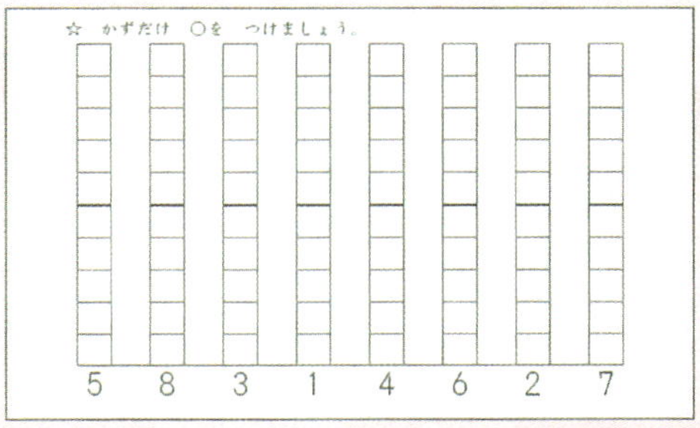

ポイント：タイルの数をまとまりでとらえる。例えば、6の場合は5をまとまりでとらえ、「ご・ろく」と言いながら、「6」だけ○で囲む。

6～8の学習 ⑦

1・2・3・4・5のタイルの組み合わせで6・7・8をつくる(2)

使う教材・教具

教材 63
台紙

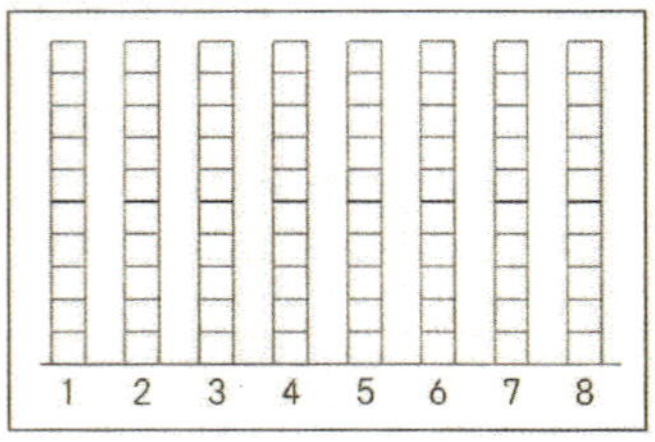

教材 64
タイルカード

ワークシート 51 ①～②

※タイルカードは「1」を2枚、「2」を2枚、「3」を2枚、「4」を1枚、「5」を4枚用意する。

学習の手順

❶□ □□ □□□ □□□□ □□□□□の
タイルカードで、1・2・3・4・5・6・7・8をつくる。

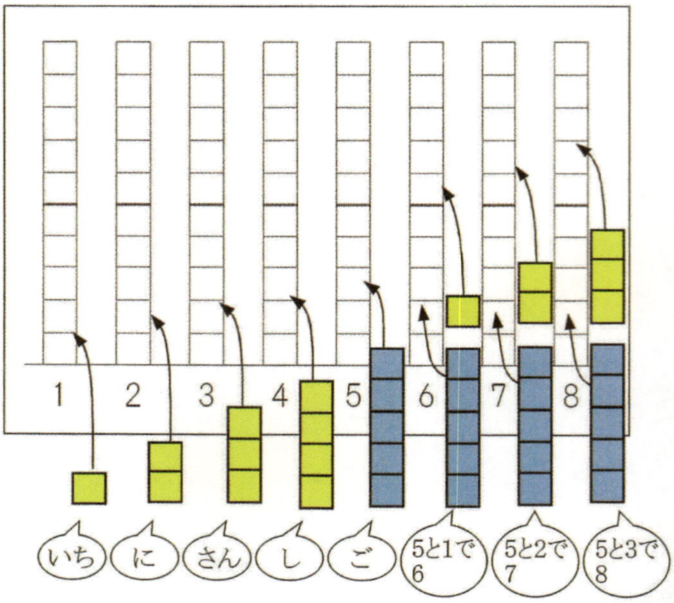

❷ワークシートで理解の定着を図る。

ワークシート 51 ①～②

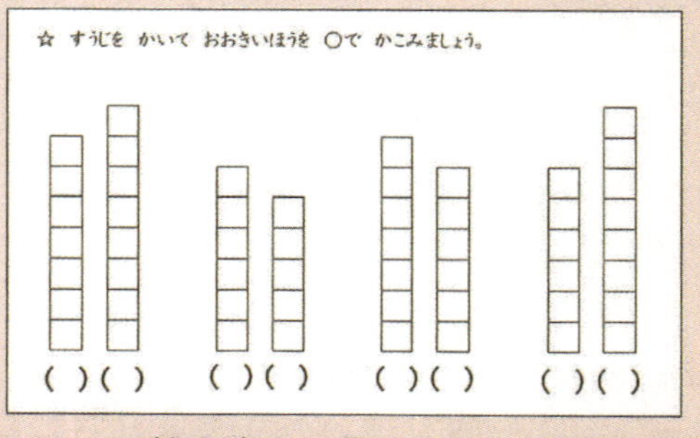

ポイント：タイルの数を書き、「7と8では8が大きい」と言い、大きなタイルを○で囲む。

6～8の学習 8

合わせた数を数える

使う教材・教具

教材 65 ①～②

台紙

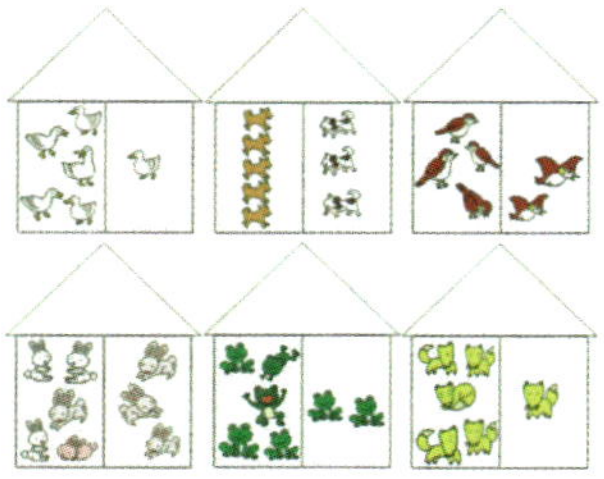

教材 66

数字カード

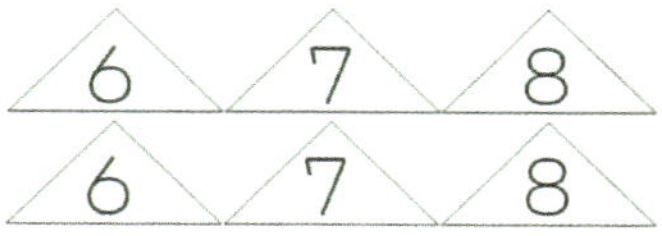

※数字カードは台紙に対応する数用意する。

ワークシート 52 ①～③

学習の手順

❶目で見取って、「５と１で６」と言いながら数を表す。

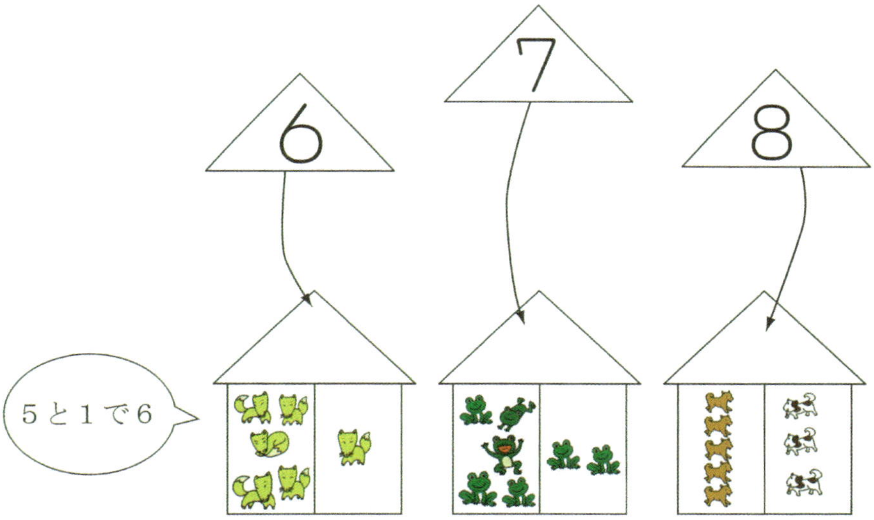

❷ワークシートで理解の定着を図る。

ワークシート 52 ①～③

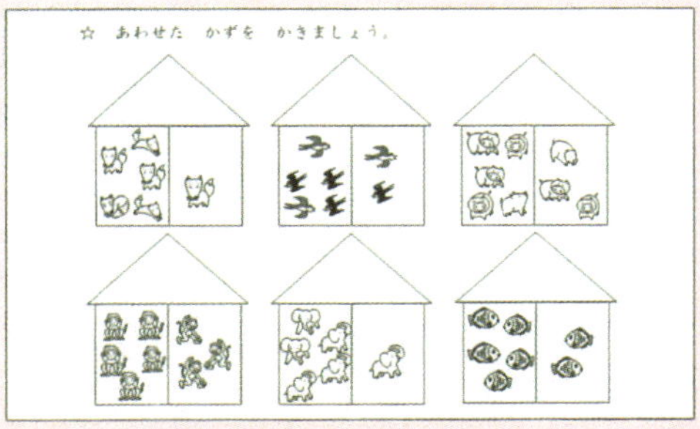

ポイント：絵の数を目で見取り、「５と１で６」と言い、屋根の部分に合わせた数を書く。

6～8の学習 ⑨

数字を合わせて数える

使う教材・教具

教材 67
台紙

教材 66
数字カード

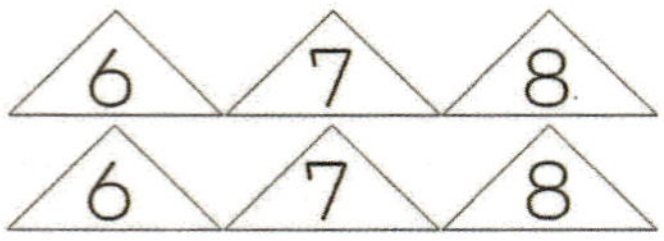

※数字カードは台紙に対応する数用意する。

ワークシート 53 ①～③

学習の手順

❶左右の指で数えたり、おはじきを並べたりして、「5と1で6」と言いながら表す。

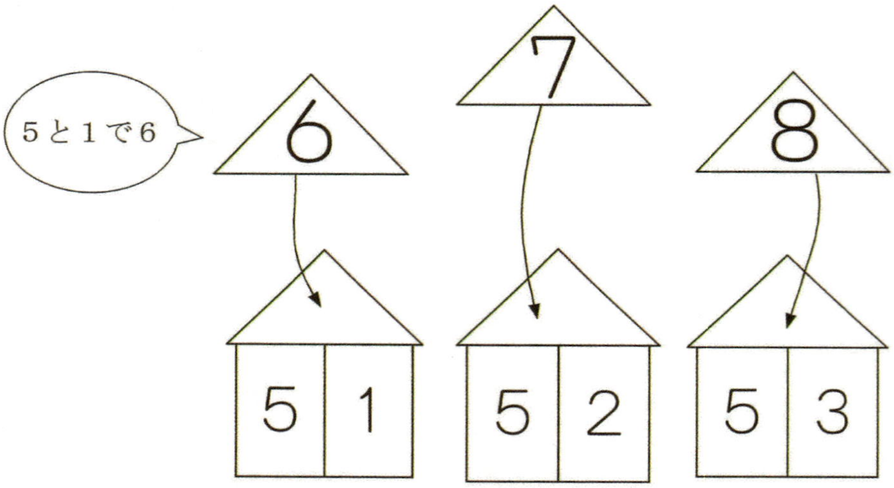

❷ワークシートで理解の定着を図る。

ワークシート 53 ①～③

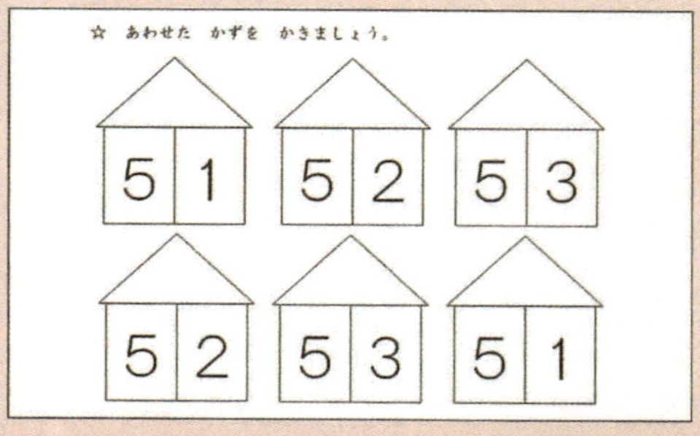

ポイント：「5と1で6」と言い、屋根の部分に合わせた数を書く。

6～8の学習 ⑩

足りないタイルの数を数える

使う教材・教具

教材 68 ①～④
台紙

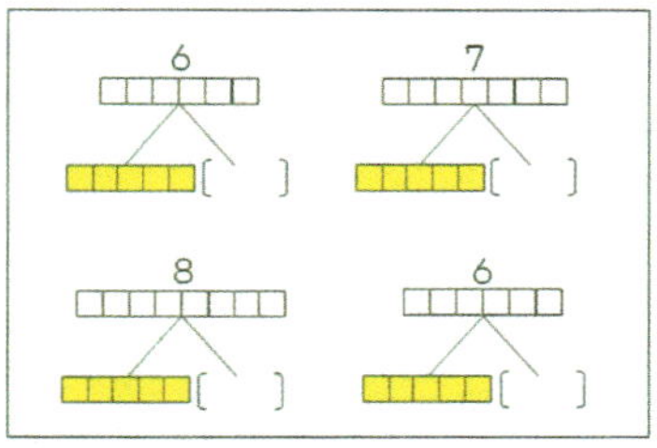

教材 69
タイルカード

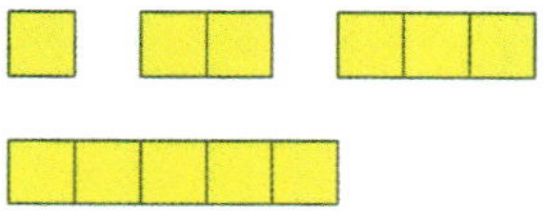

※タイルカードは台紙に対応する数用意する。

ワークシート 54 ①～②

学習の手順

❶表示されていないスペースに、足りない数のタイルカードを置く。

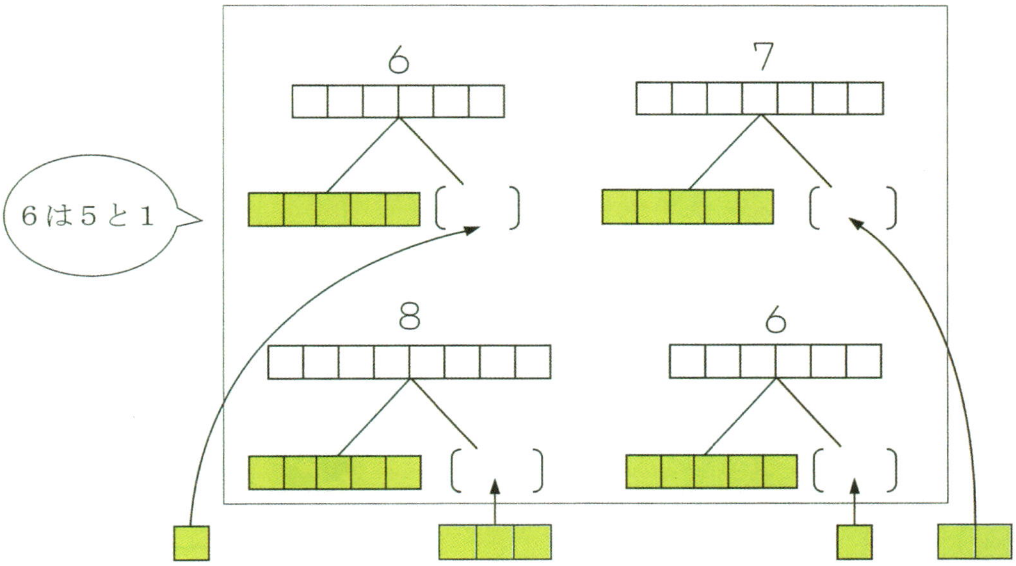

❷ワークシートで理解の定着を図る。

ワークシート 54 ①～②

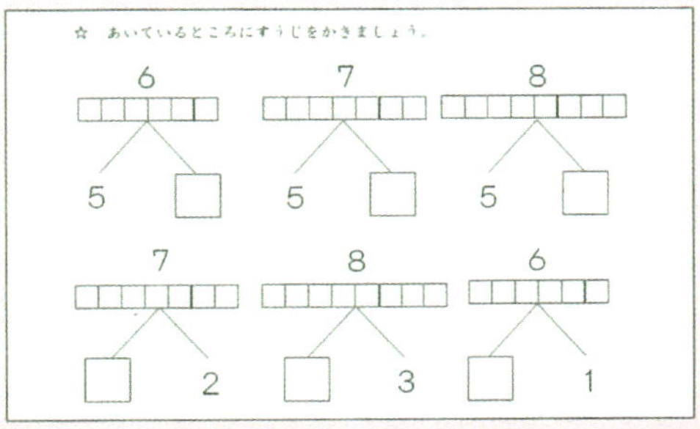

ポイント：タイルを見て、□にあてはまる数字を考え、
「6は5と1」と言い、数字を書く。

6～8の学習⑪

絵カードを組み合わせて6・7・8をつくる

使う教材・教具

教材 70 ①～③

台紙

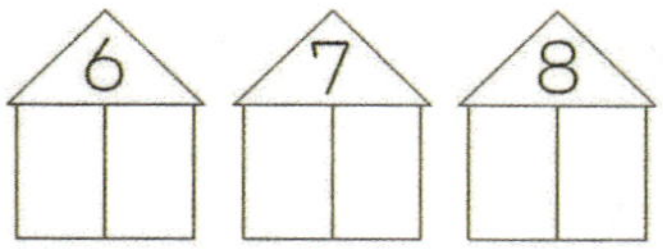

教材 71 ①～④

絵カード

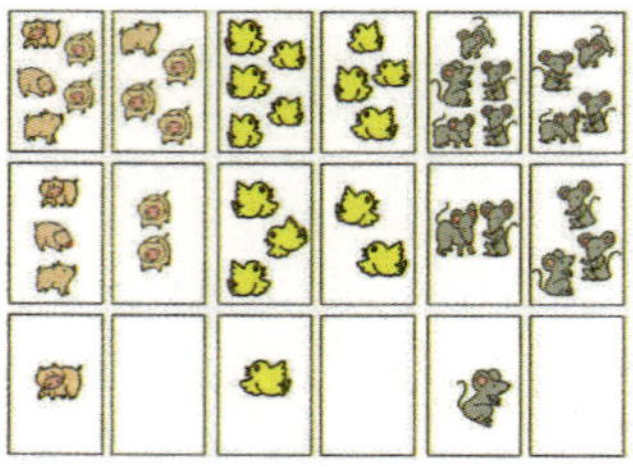

※絵カードは台紙に対応する数用意する。

学習の手順

❶ 2枚の絵カードで数をつくる。

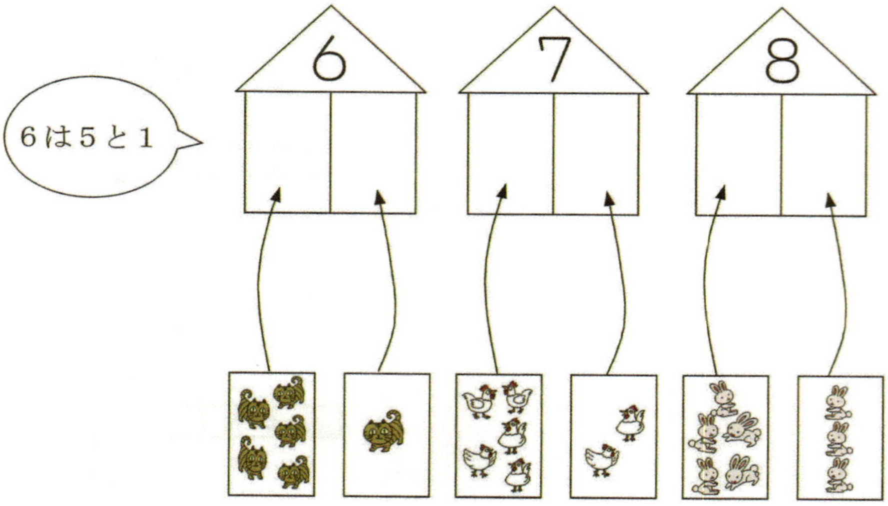

6～8の学習⑫

ドットカードを組み合わせて6・7・8をつくる

使う教材・教具

教材 70 ①～③
台紙

教材 72 ①～②
ドットカード

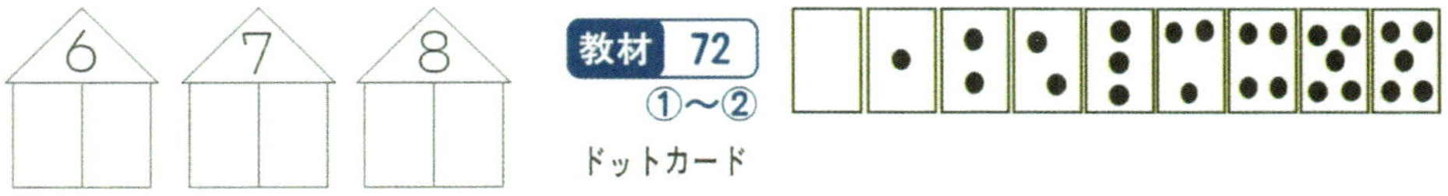

※ドットカードは台紙に対応する数用意する。

学習の手順

❶ 2枚のドットカードで数をつくる。

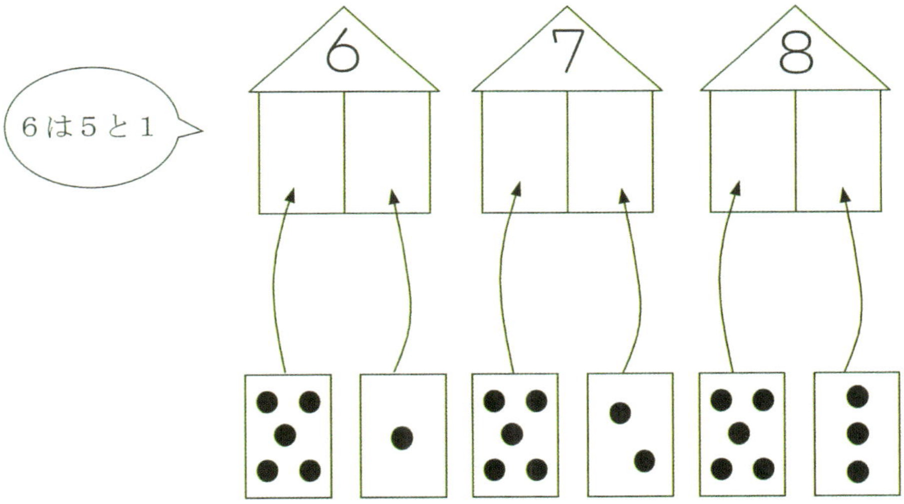

6～8の学習⑬

2つの数の組み合わせで6・7・8をつくる

使う教材・教具

教材 73 ①～⑤

台紙

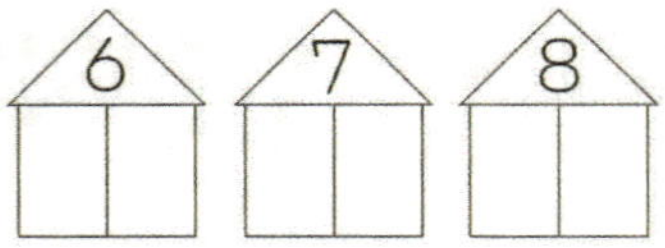

教材 74 ①～②

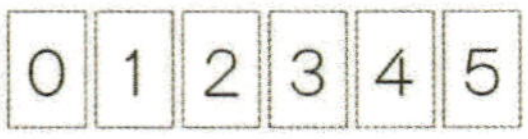

数字カード

※数字カードは台紙に対応する数用意する。

ワークシート 55 ①～④

学習の手順

❶ 1～2枚の数字カードで数をつくる。

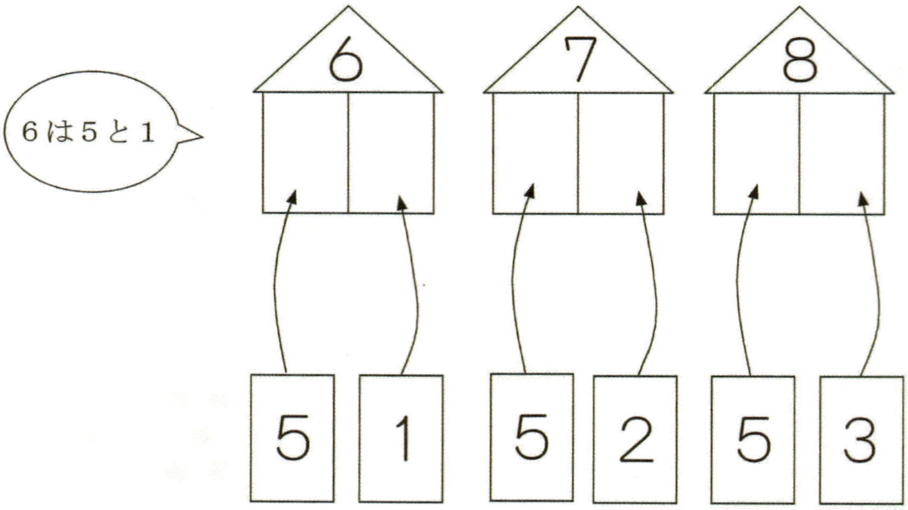

❷ ワークシートで理解の定着を図る。

ワークシート 55 ①～④

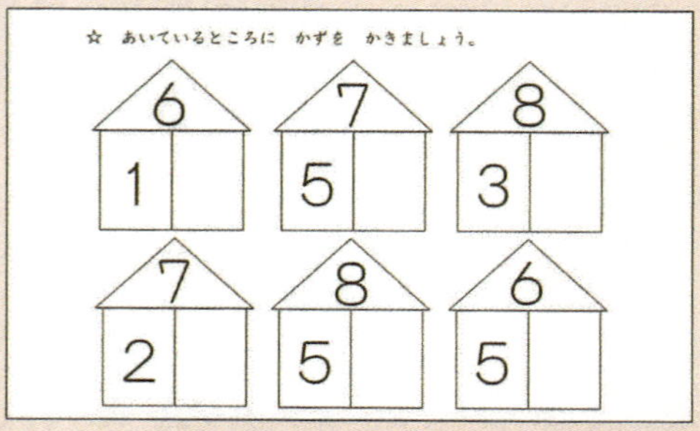

ポイント：「6は1と5」と言い、あいている枠にあてはまる数を考え、数字を書く。

6～8の学習⑭

不規則に並んだものを数える

使う教材・教具

教材 75

台紙

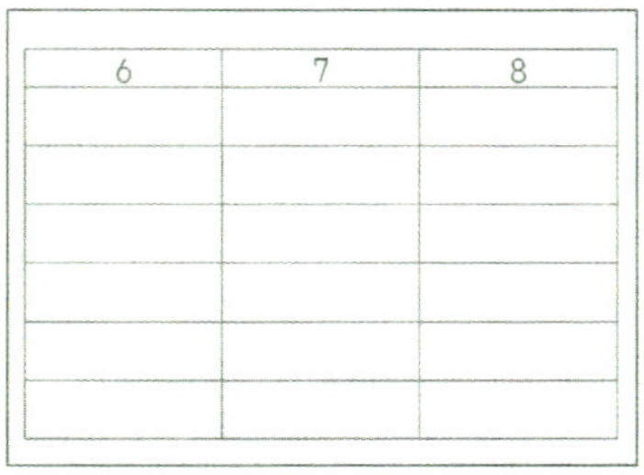

教材 76

絵カード

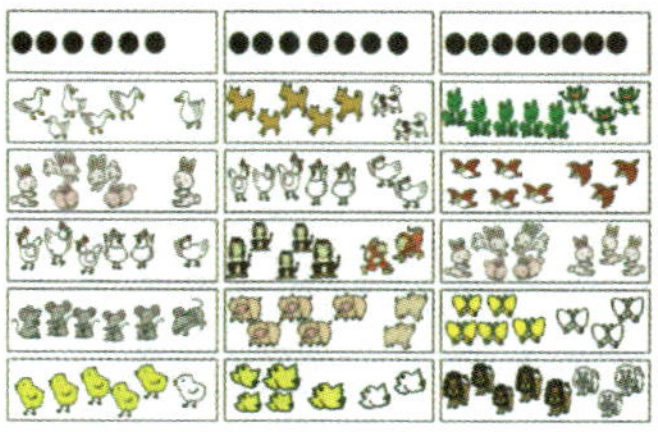

※絵カードは「6」「7」「8」を6種類ずつ用意する。

ワークシート 56

学習の手順

❶不規則に絵が並んだ絵カードを同数で合わせる。

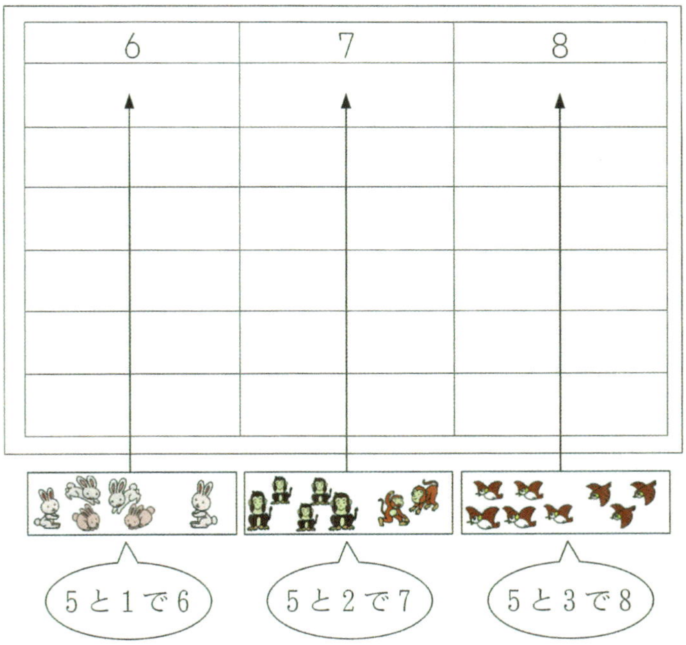

❷ワークシートで理解の定着を図る。

ワークシート 56

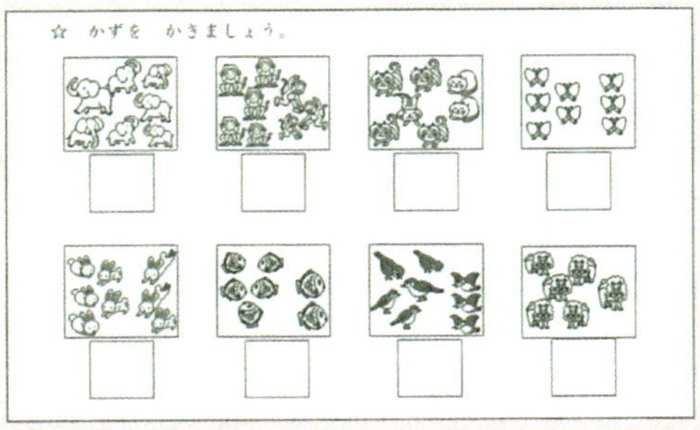

ポイント：目で見取って5のまとまりをつくり、「5と2で7」と絵の数をとらえ、数字を書く。

9～10の学習 ❶

絵カードを９・10の数と対応させる

使う教材・教具

教材 77
台紙

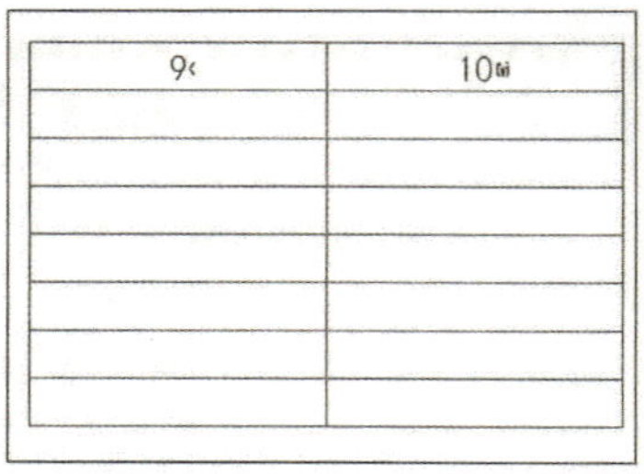

教材 78
絵カード

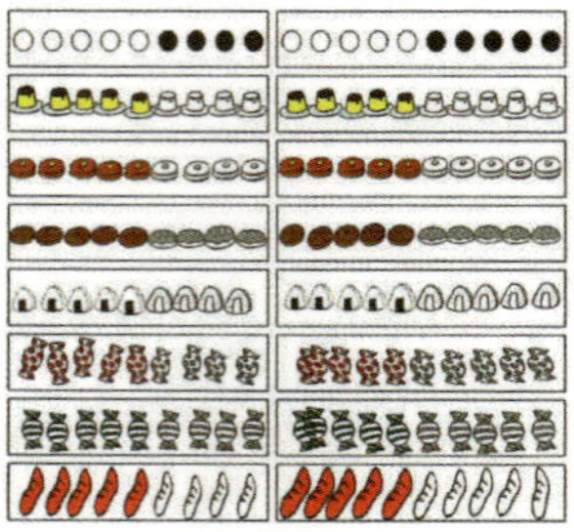

※絵カードは「９」「10」を７種類ずつ用意する。

ワークシート 57

ワークシート 58

学習の手順

❶カードの絵を数えて対応する数のところに並べる。

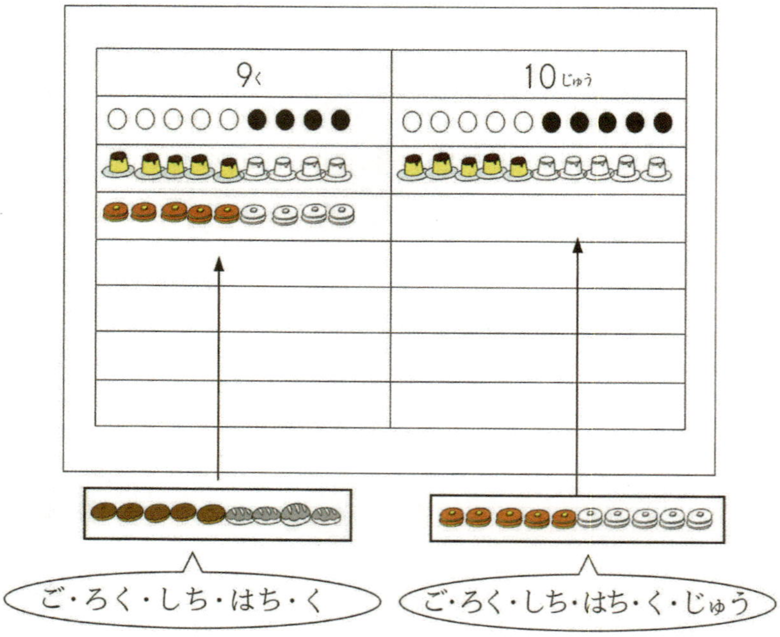

❷ワークシートで理解の定着を図る。

ワークシート 57

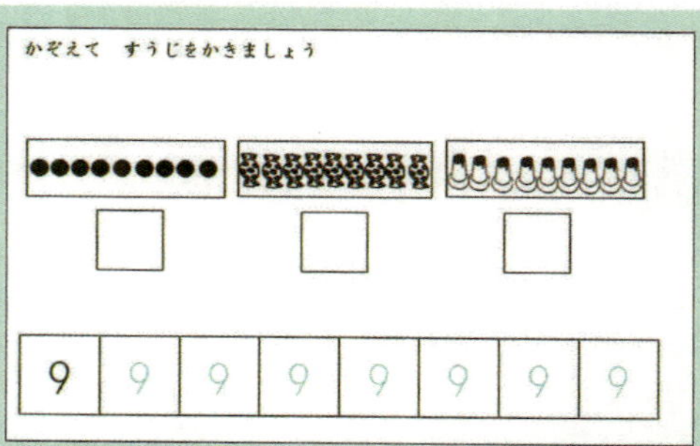

ポイント：「く」と言いながら、「９」を書く。

ワークシート 58

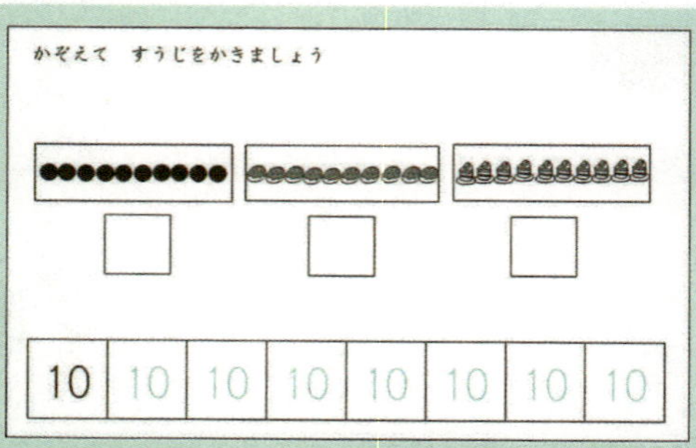

ポイント：「じゅう」と言いながら、「10」を書く。

9～10の学習 ❷

絵カードを組み合わせて９・10をつくる

使う教材・教具

教材 79
台紙

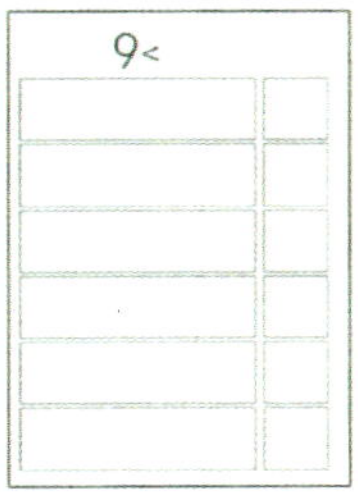

教材 80
台紙

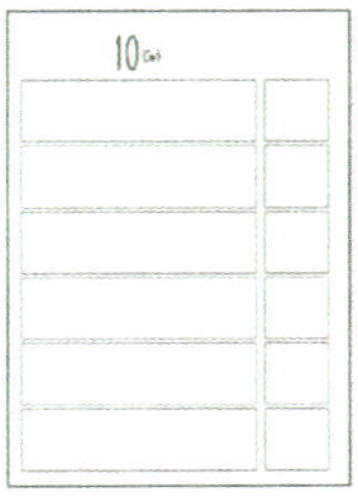

教材 81 ①～③
絵カード

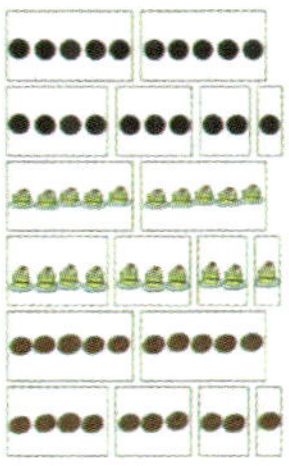

※絵カードは６種類ずつ用意する。
数字カードは「９」「10」を６枚ずつ用意する。

教材 81 ①～③
数字カード

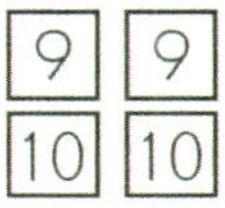

ワークシート 59 ①～⑤

学習の手順

❶ ５と４の絵カードを組み合わせて、９・10をつくる。
数字カードを置いて数を表す。

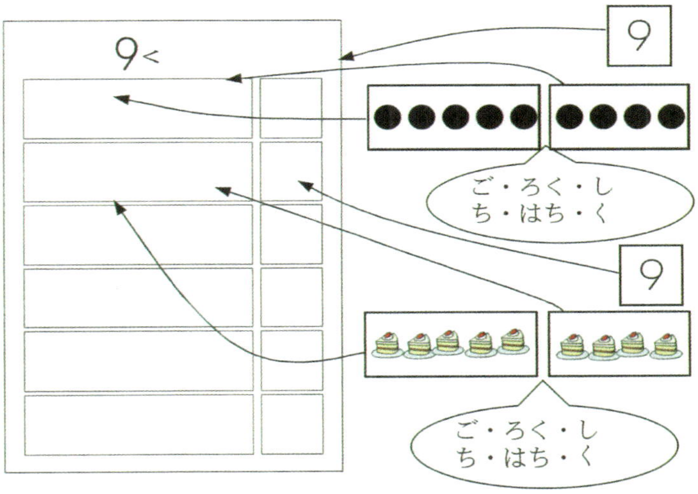

❷ ワークシートで理解の定着を図る。

ワークシート 59 ①～⑤

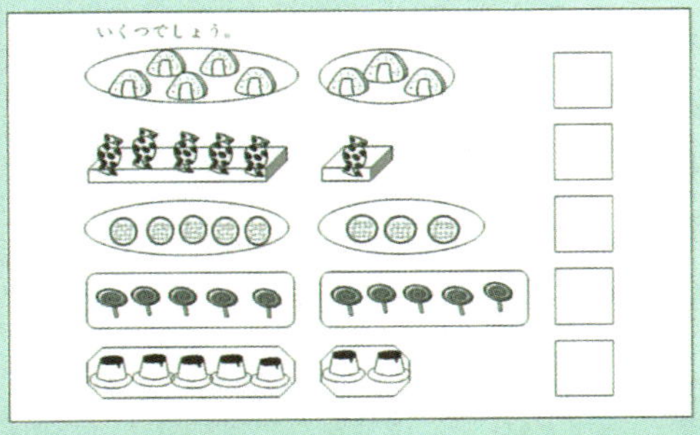

ポイント：５をまとまりでとらえて、「ご・ろく・しち・はち・く」と数え、数字を書く。次第に、「５と４で９」「５と５で10」と数えていく。

9～10の学習③

具体物の数をまとまりでとらえる

使う教材・教具

教材 82

台紙

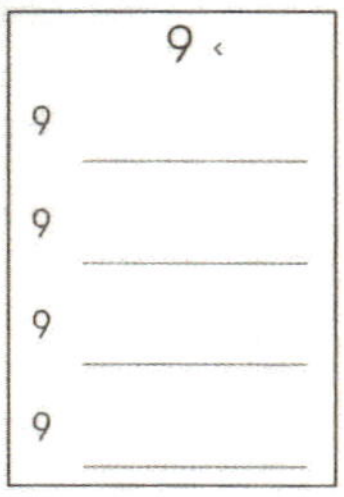

教材 83

台紙

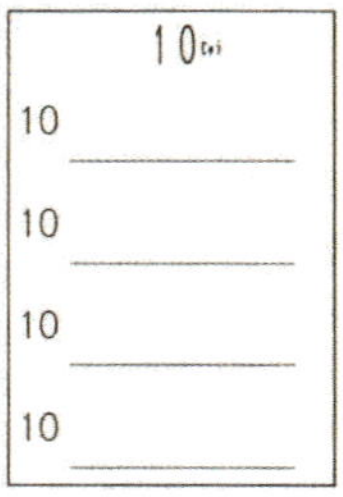

入れる箱

具体物

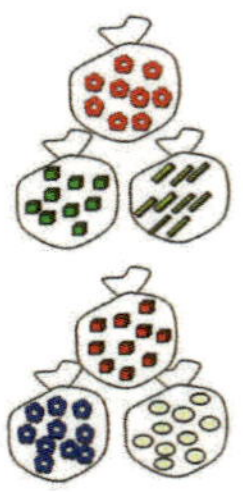

※台紙は、箱の大きさに合わせて拡大して使用する。箱の大きさは、高さが3cmで、「4」の箱で4×16cm、「5」の箱で4×20cm程度の大きさのもの。具体物は「9」「10」を6種類ずつ用意する。

ワークシート 60

ワークシート 61

学習の手順

❶5の箱と4や5の箱を組み合わせて、9・10にする。透明の袋の中にある具体物を、目で見取って合致する数の箱に入れる。

※具体物を入れたタイル箱は数字の右に示している線にそって並べる。

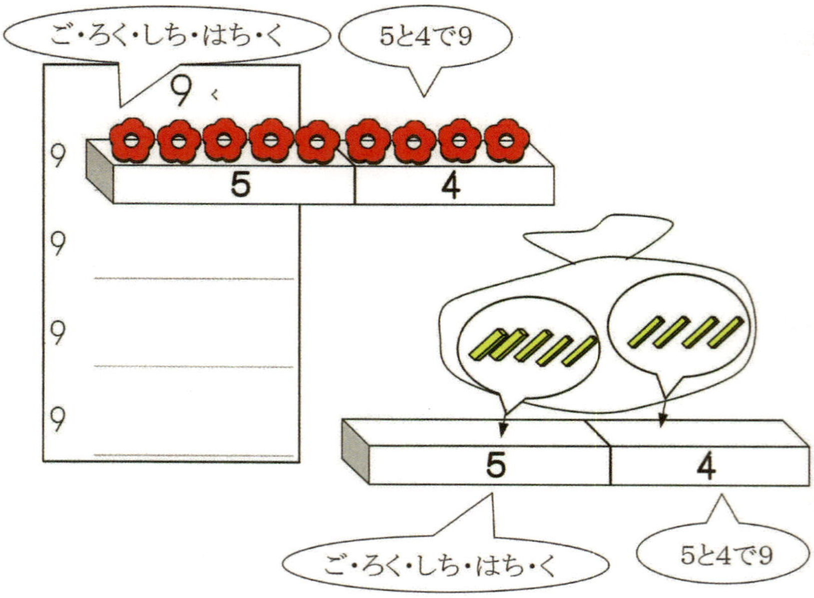

❷ワークシートで理解の定着を図る。

ワークシート 60

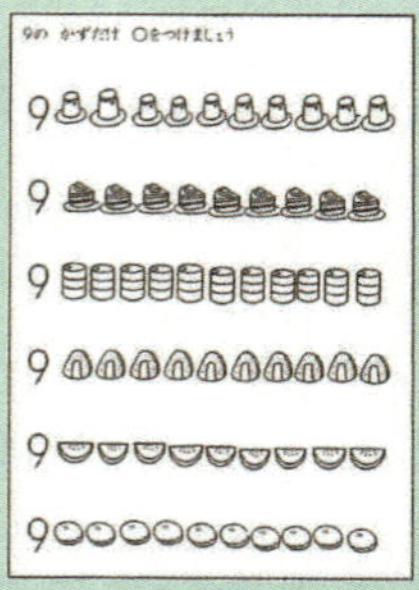

ポイント：5をまとまりでとらえ、「ご・ろく・しち・はち・く」と数えて、絵を9個、○で囲む。

ワークシート 61

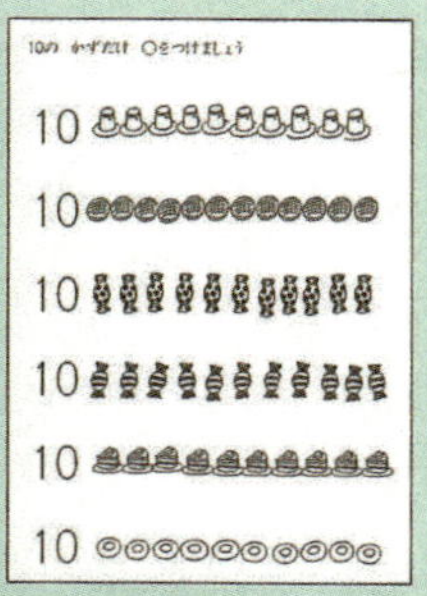

ポイント：5をまとまりでとらえ、「ご・ろく・しち・はち・く・じゅう」と数えて、絵を10個、○で囲む。

9～10の学習④

絵の数を数える

使う教材・教具

教材 84 ①～②

台紙

教材 85

数字カード

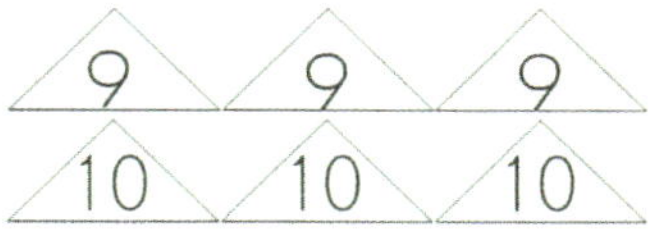

※数字カードは台紙に対応する数用意する。

ワークシート 62 ①～④　ワークシート 63 ①～②

学習の手順

❶ 5をまとまりでとらえ、「ご・ろく・しち・はち・く・じゅう」や「5と5で10」等と言いながら、対応する数字カードを置く。

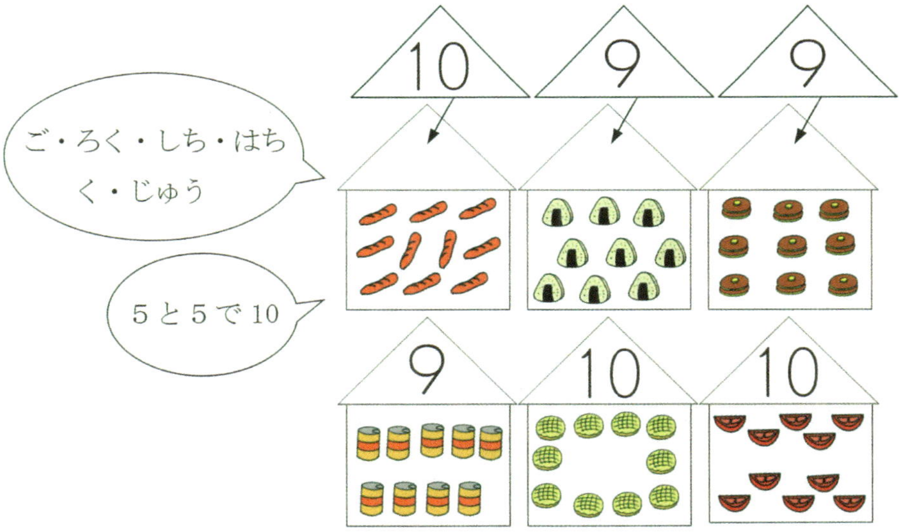

❷ ワークシートで理解の定着を図る。

ワークシート 62 ①～④

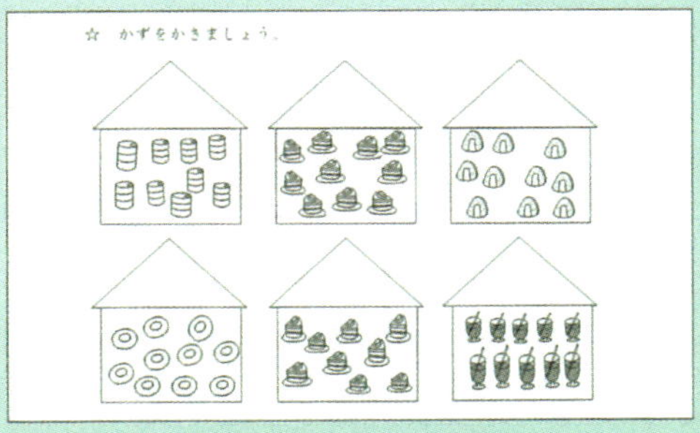

ポイント：5をまとまりでとらえ、「ご・ろく～」と数えて、数字を書く。

ワークシート 63 ①～②

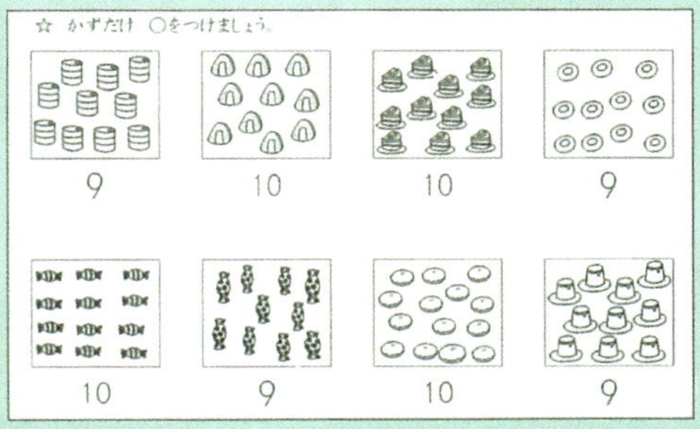

ポイント：5をまとまりでとらえて、「ご・ろく・～」と数えて、数字の数だけ絵を○で囲む。

9～10の学習 ⑤

タイルカードを数に対応させる。

使う教材・教具

教材 86
台紙

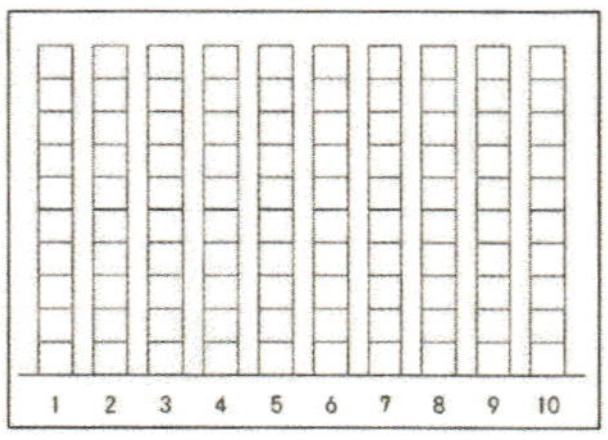

教材 87
タイルカード

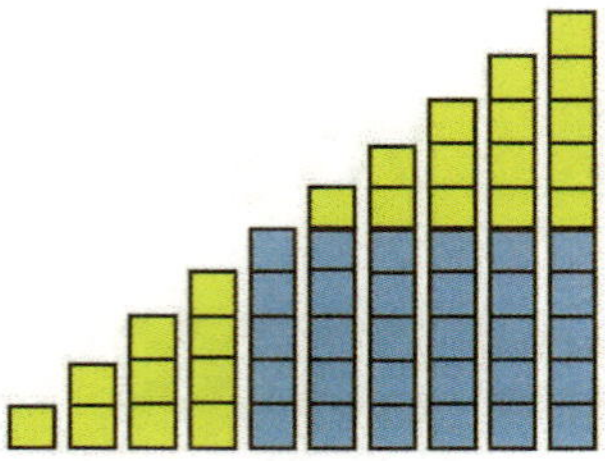

※タイルカードは台紙に対応する数用意する。

ワークシート 64
ワークシート 65

学習の手順

❶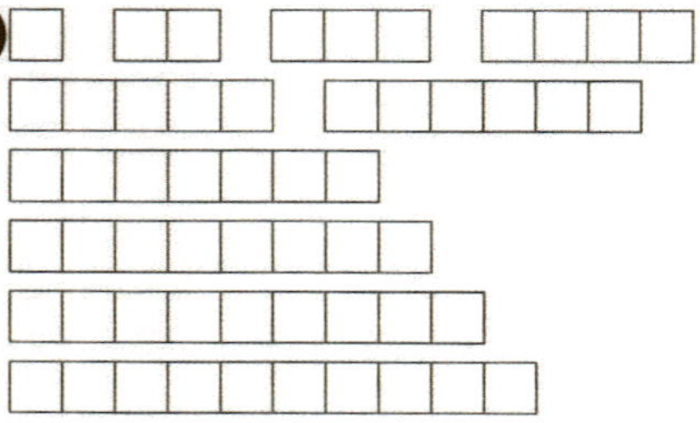
のタイルカードを数えて、数に対応させて置く。

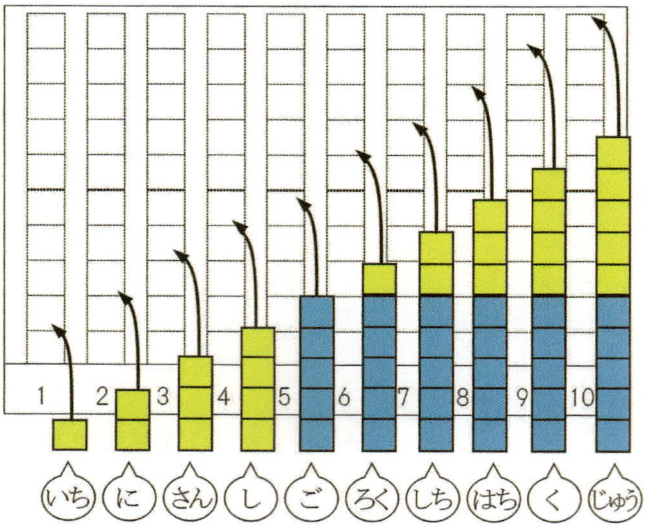

❷ワークシートで理解の定着を図る。

ワークシート 64

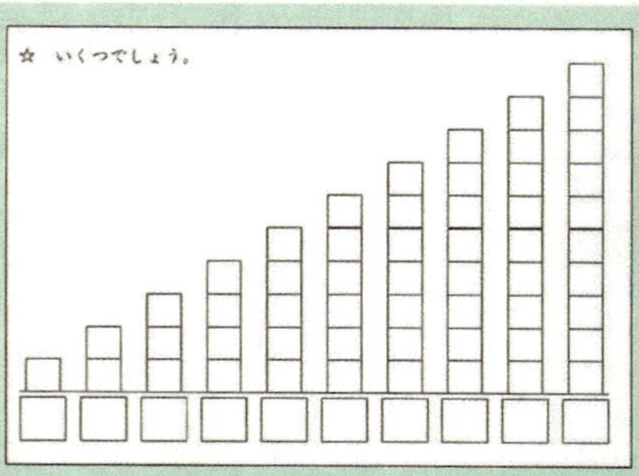

ポイント：タイルの数が１ずつ増えていることに着目する。

ワークシート 65

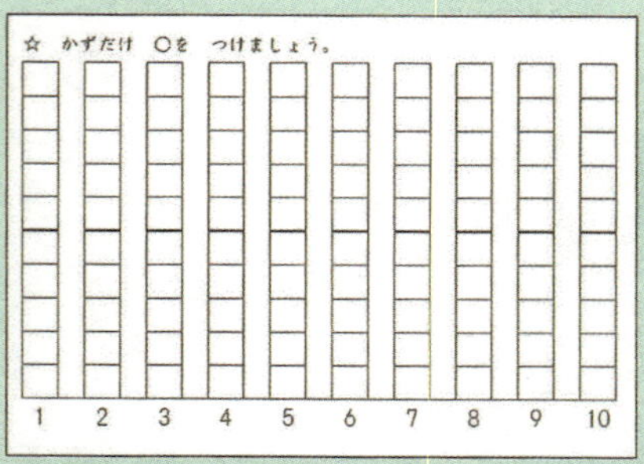

ポイント：１ずつ増えていくことに着目し、数字の数だけ○で囲む。

9～10の学習 ❻

1・2・3・4・5のタイルの組み合わせで9・10をつくる(1)

使う教材・教具

教材 86

台紙

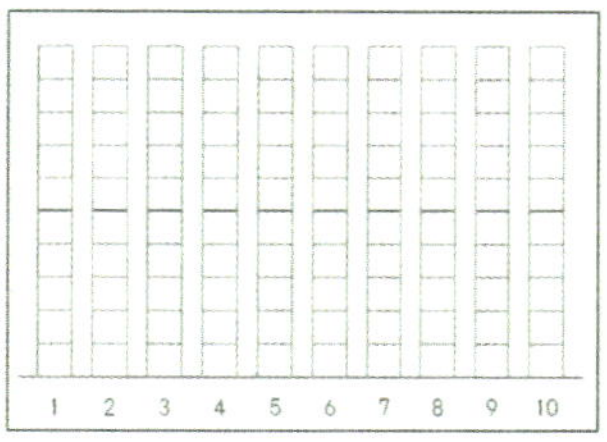

教材 87

タイルカード

※タイルカードは「1」を16枚、「2」を1枚、「3」を1枚、「4」を1枚、「5」を6枚用意する。

ワークシート 66

ワークシート 67

学習の手順

❶ のタイルカードで、1・2・3・4・5・6・7・8・9・10をつくる。

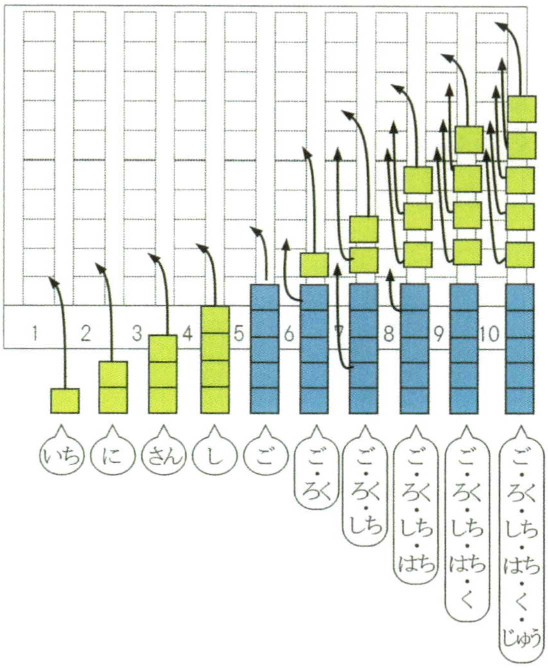

❷ ワークシートで理解の定着を図る。

ワークシート 66

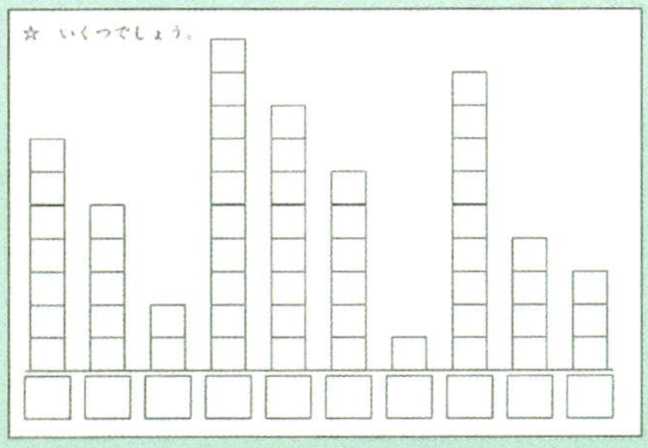

ポイント：「1」～「5」の数は目で見取り、例えば、「9」は「5と4で9」というようにとらえ（10も同様に）数を言い、数字を書く。

ワークシート 67

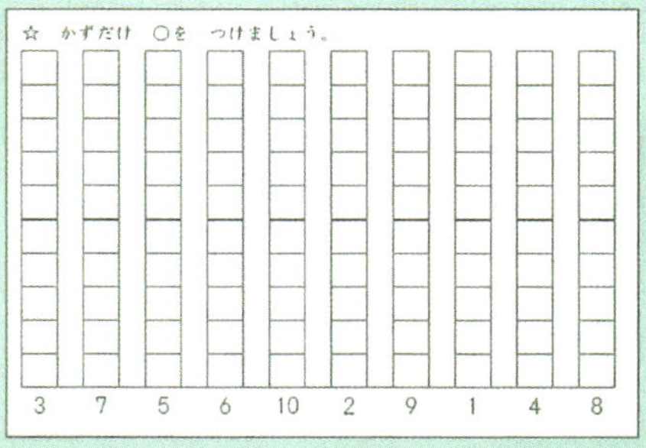

☆ かずだけ ○を つけましょう。
3 7 5 6 10 2 9 1 4 8

ポイント：タイルの数をまとまりでとらえる。例えば、9の場合は5をまとまりでとらえ、「ご・ろく・しち・はち・く」と言いながら、「9」だけ○で囲む。

9～10の学習⑦

1・2・3・4・5のタイルの組み合わせで9・10をつくる(2)

使う教材・教具

教材 86
台紙

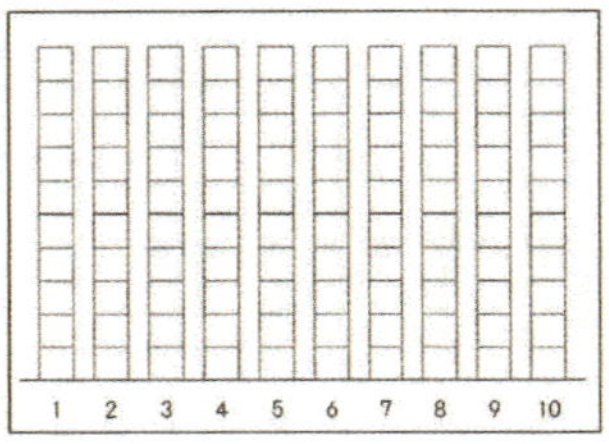

教材 87
タイルカード

※タイルカードは「1」を2枚、「2」を2枚、「3」を2枚、「4」を2枚、「5」を7枚用意する。

ワークシート 68 ①～②

学習の手順

❶□ □□ □□□ □□□□ □□□□□の
タイルカードで、1・2・3・4・5・6・7・8・9・10をつくる。

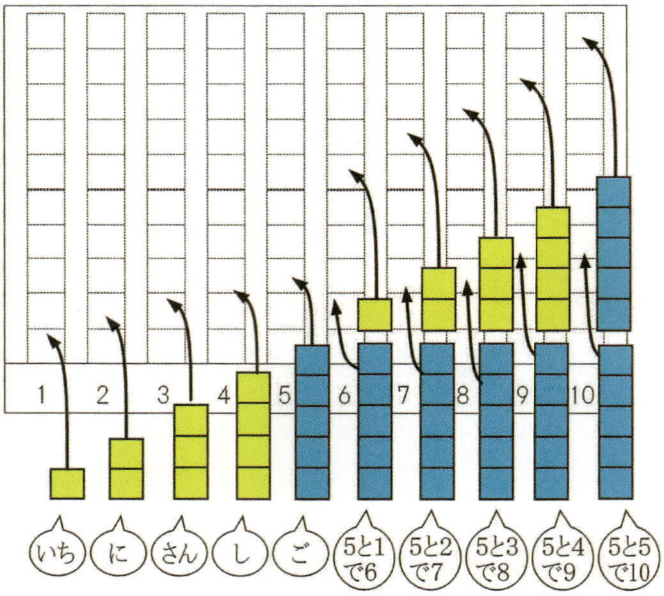

❷ワークシートで理解の定着を図る。

ワークシート 68 ①～②

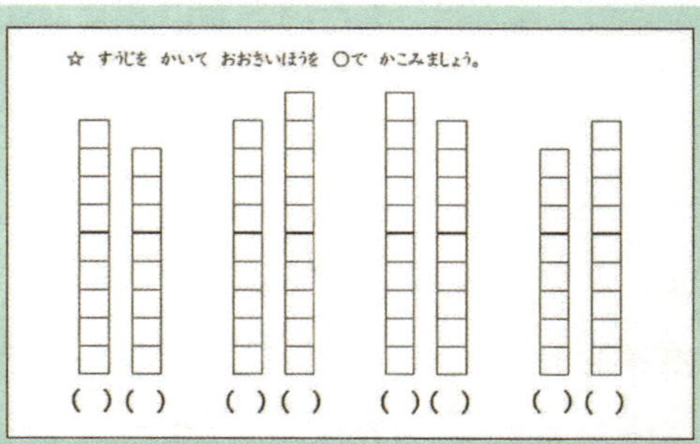

ポイント：タイルの数を書き、「9と8では9が大きい」と言い、大きなタイルを○で囲む。

9〜10の学習 8

合わせた数を数える

使う教材・教具

教材 88 ①〜②

台紙

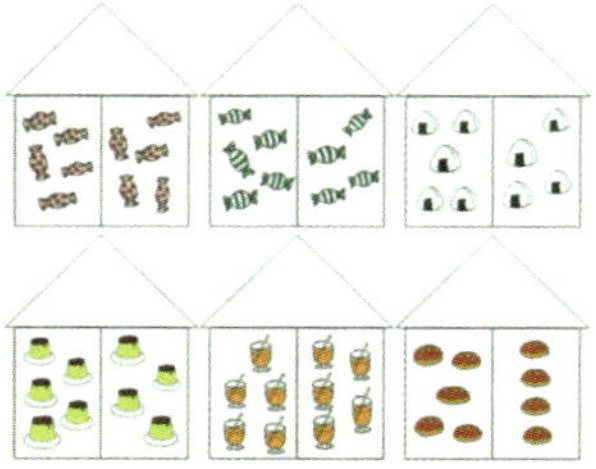

教材 89

数字カード

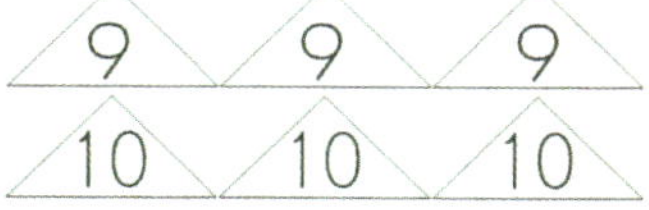

※数字カードは台紙に対応する数用意する。

ワークシート 69 ①〜③

学習の手順

❶目で見取って、「5と2で7」と言いながら数を表す。

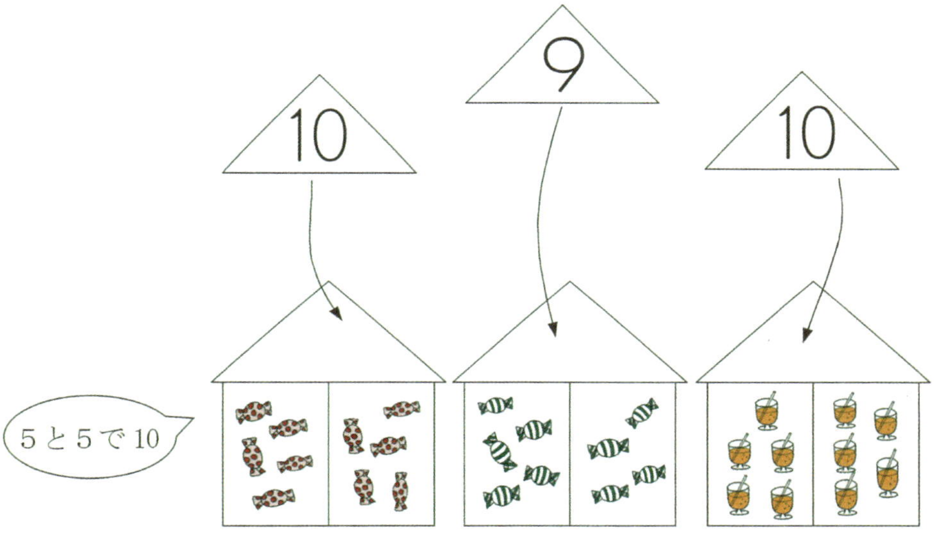

❷ワークシートで理解の定着を図る。

ワークシート 69 ①〜③

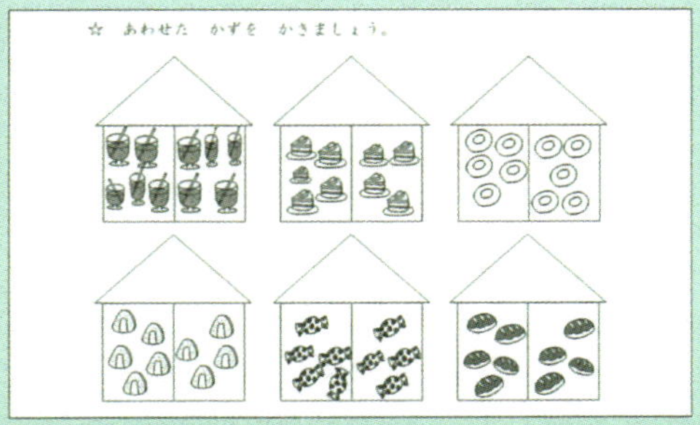

ポイント：絵の数を目で見取り、「5と5で10」と言い、屋根の部分に合わせた数を書く。

9～10の学習 ⑨

数字を合わせて数える

使う教材・教具

教材 90
台紙

教材 91
数字カード

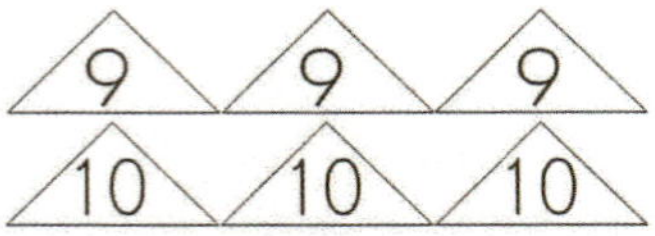

※数字カードは台紙に対応する数用意する。

ワークシート 70 ①～③

学習の手順

❶左右の指で数えたり、おはじきを並べたりして、「5と4で9」と言いながら表す。

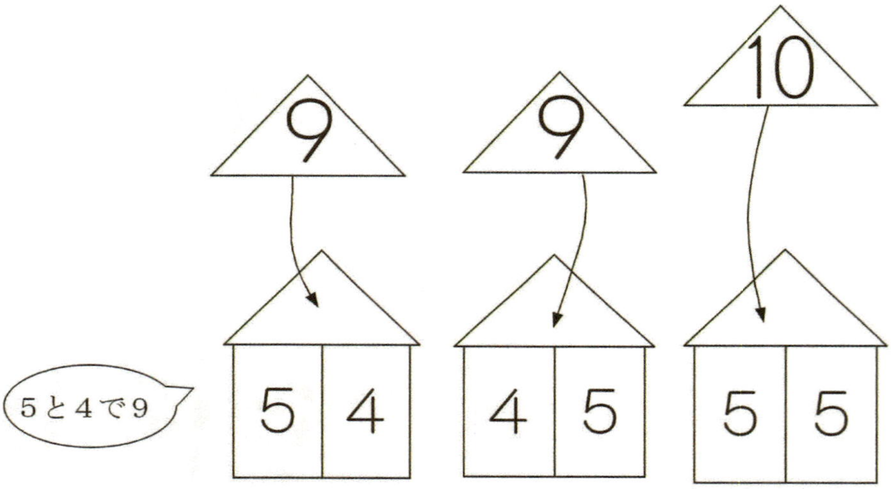

❷ワークシートで理解の定着を図る。

ワークシート 70 ①～③

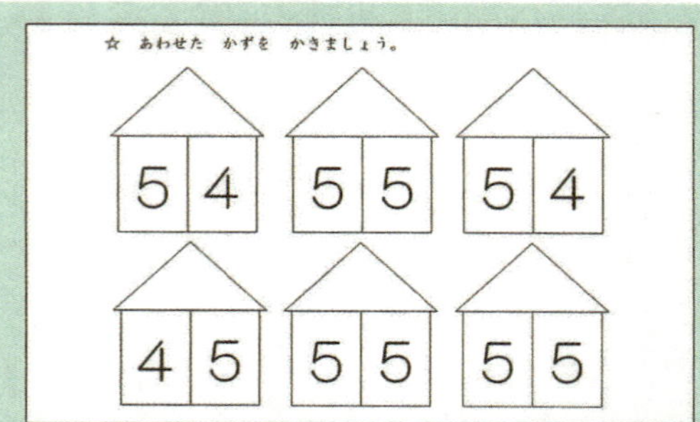

ポイント：「5と4で9」と言い、屋根の部分に合わせた数を書く。

9～10の学習⑩

足りないタイルの数を数える

使う教材・教具

教材 92 ①～②
台紙

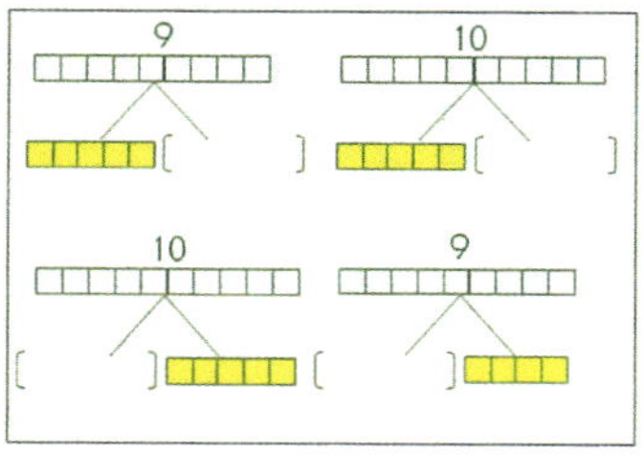

教材 93

タイルカード

ワークシート 71 ①～②

※タイルカードは台紙に対応する数用意する。

学習の手順

❶表示されていないスペースに、足りない数のタイルカードを置く。

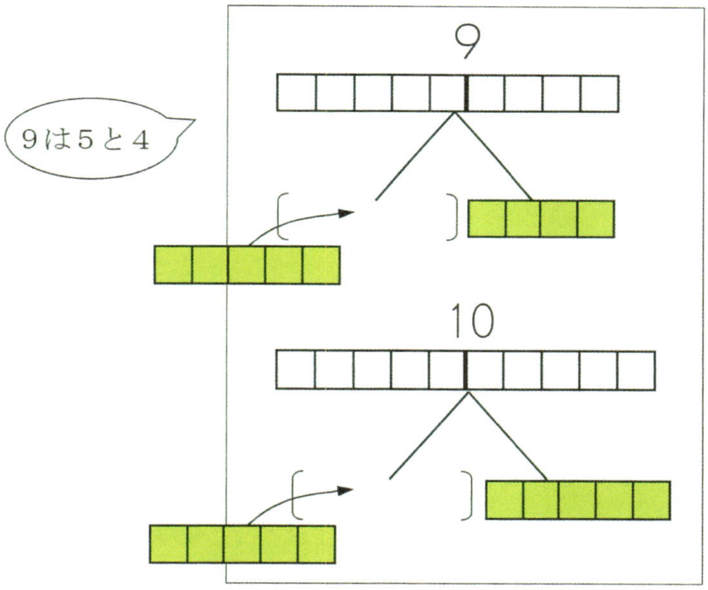

❷ワークシートで理解の定着を図る。

ワークシート 71 ①～②

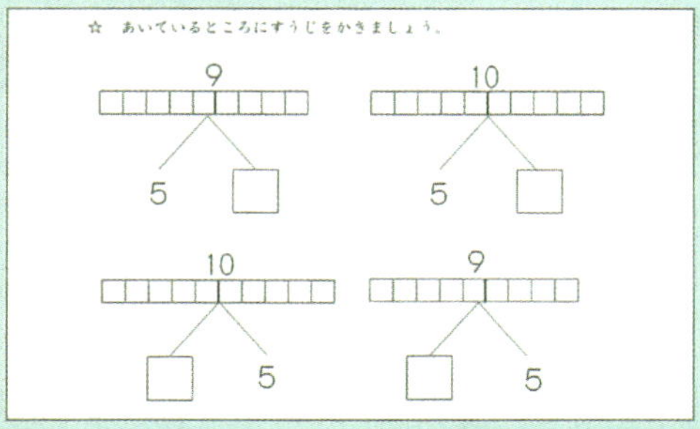

ポイント：タイルを見て、□にあてはまる数字を考え、「9は5と4」と言い、数字を書く。

9～10の学習⑪

絵カードを組み合わせて9・10をつくる

使う教材・教具

教材 94 ①～② 台紙

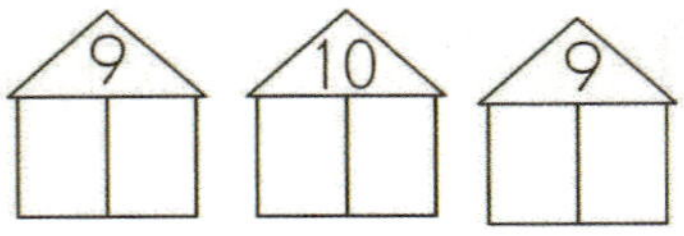

教材 95 ①～④ 絵カード

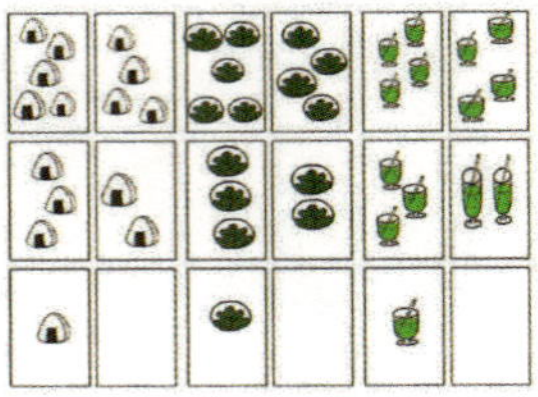

※絵カードは台紙に対応する数用意する。

学習の手順

❶ 2枚の絵カードで数をつくる。

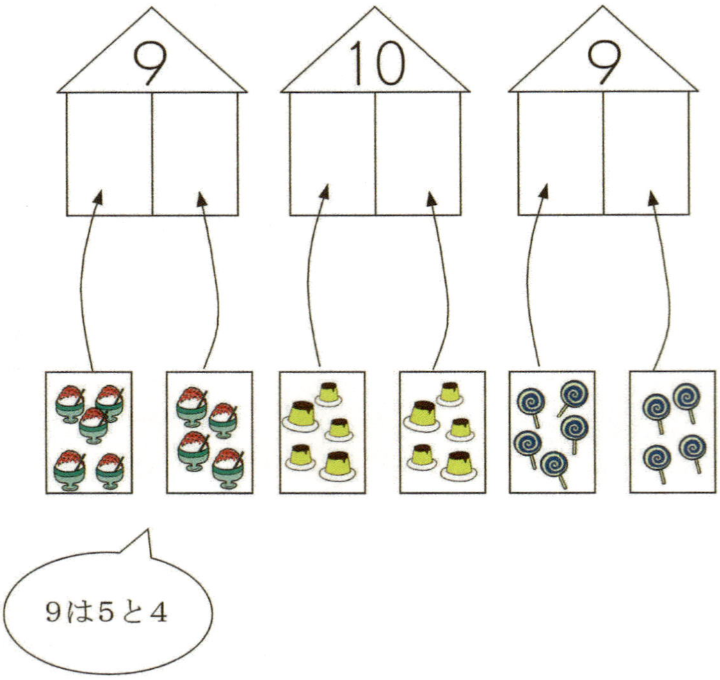

9～10の学習⑫

ドットカードを組み合わせて9・10をつくる

使う教材・教具

教材 94 ①～②

台紙

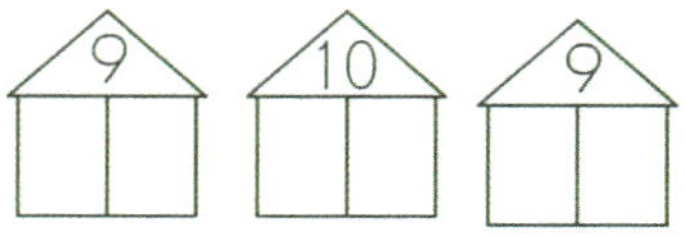

教材 96 ①～②

ドットカード

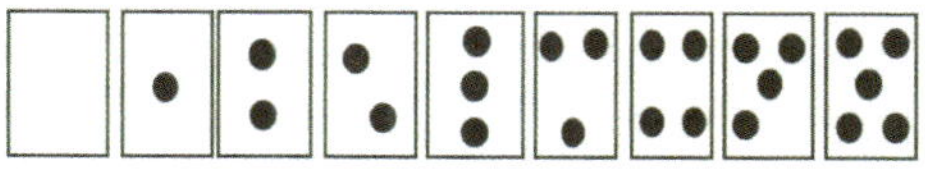

※ドットカードは台紙に対応する数用意する。

学習の手順

❶ 2枚のドットカードで数をつくる。

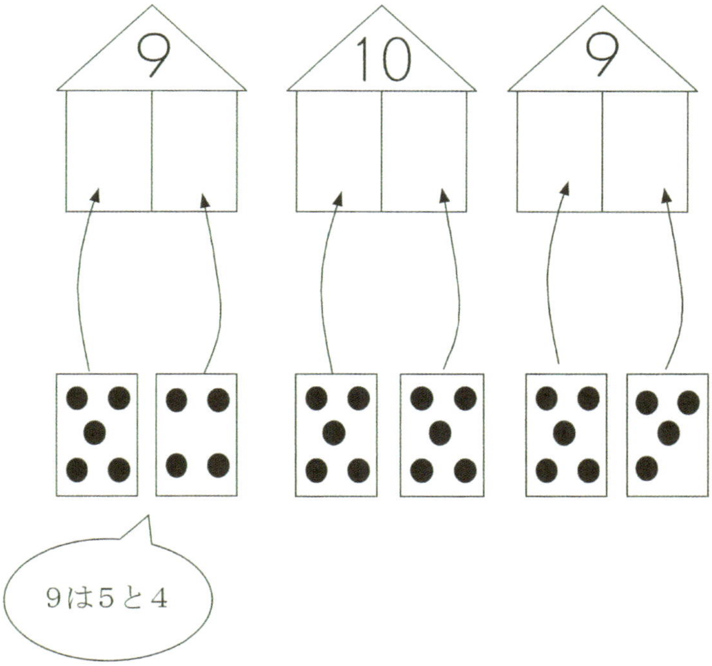

9～10の学習⑬

2つの数字を組み合わせて9・10をつくる

使う教材・教具

教材 97 ①～②
台紙

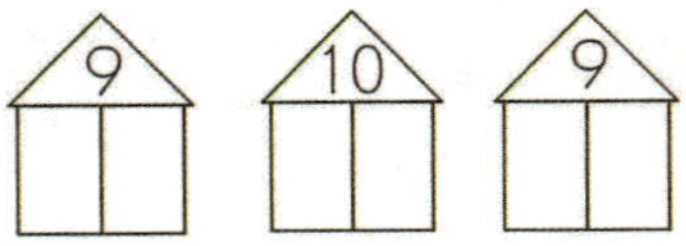

教材 98
数字カード

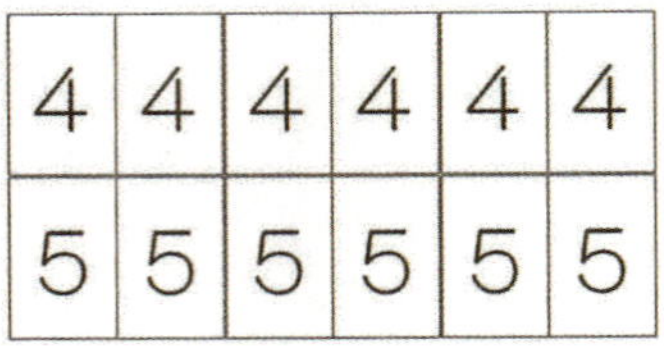

※数字カードは台紙に対応する数用意する。

ワークシート 72 ①～③

学習の手順

❶ 2枚の数字カードで9・10をつくる。

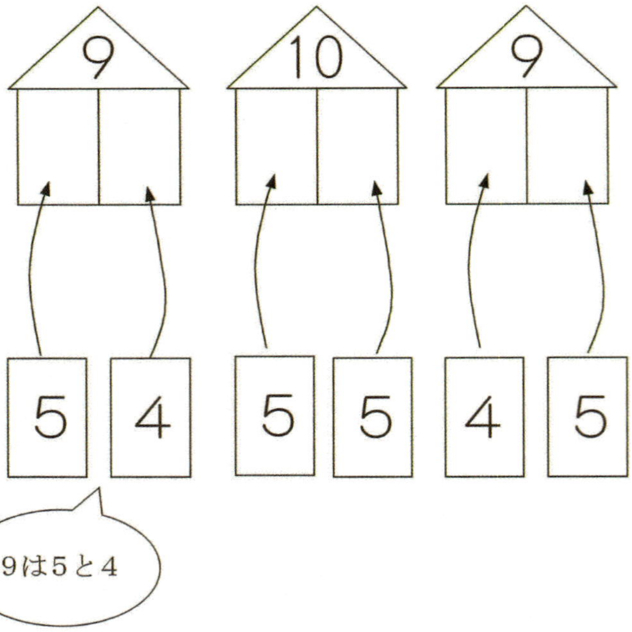

❷ ワークシートで理解の定着を図る。

ワークシート 72 ①～③

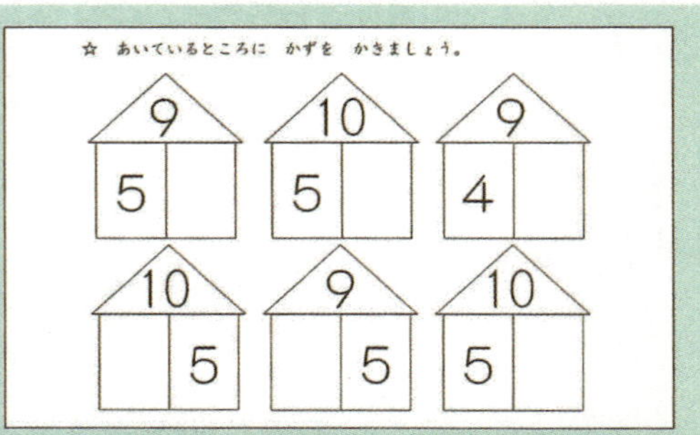

☆ あいているところに かずを かきましょう。
9
5
10
5
9
4
10
5
9
5
10
5

ポイント：「9は5と4」と言い、あいてる枠にあてはまる数を考え、数字を書く。

9～10の学習⑭

不規則に並んだものを数える

使う教材・教具

教材 99
台紙

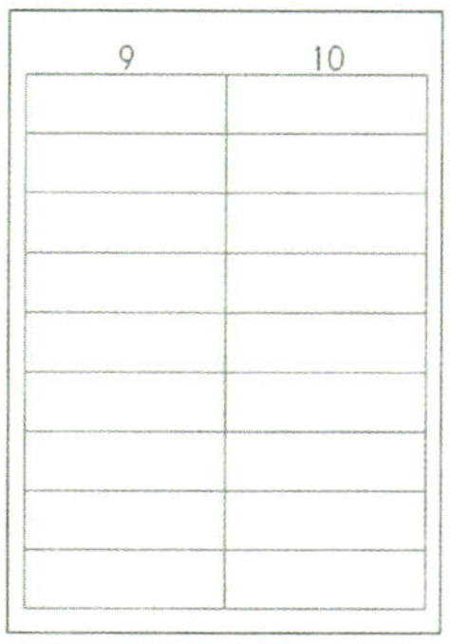

教材 100
絵カード

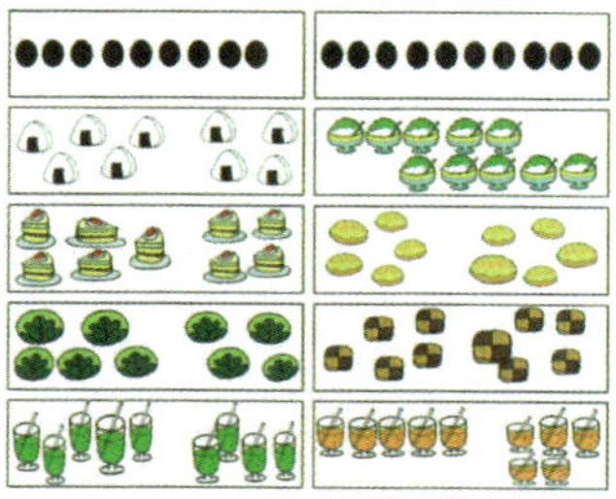

※絵カードは「9」「10」を9種類ずつ用意する。

ワークシート 73

学習の手順

❶不規則に絵が並んだ絵カードを同数で合わせる。

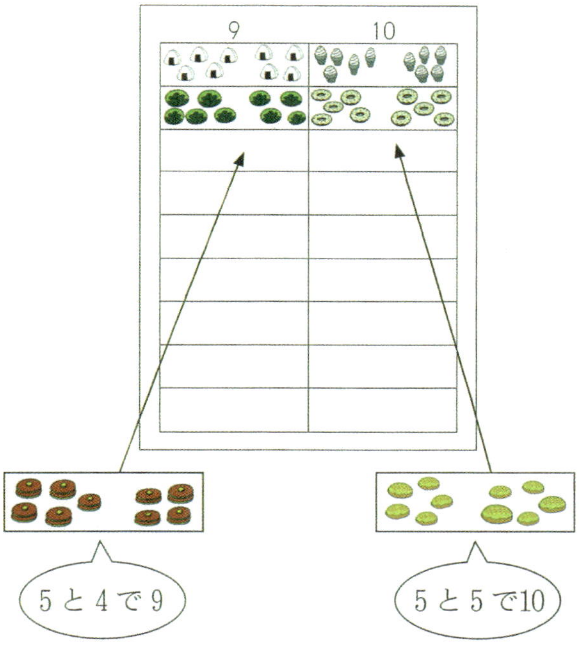

❷ワークシートで理解の定着を図る。

ワークシート 73

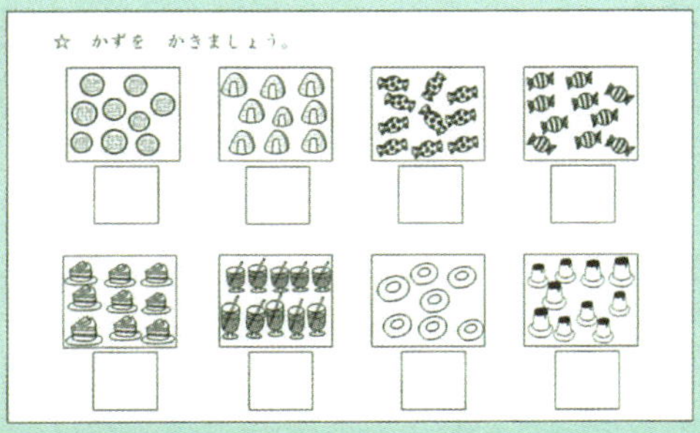

ポイント：目で見取って、5のまとまりをつくり、「5と4で9」と絵の数をとらえ、数字を書く。

9～10の学習⑮

タイルカードを組み合わせて10をつくる

使う教材・教具

教材 101

台紙

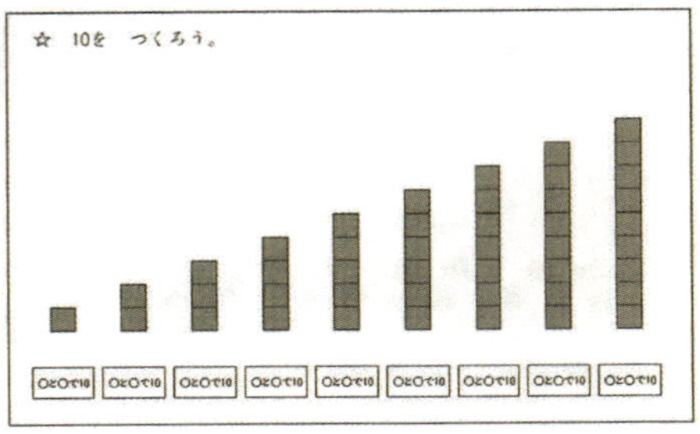
☆ 10を つくろう。
○と○で10

教材 102

タイルカード

ワークシート 74 ①～②

※タイルカードは台紙に対応する数用意する。

学習の手順

❶タイルカードを置いて10をつくり、「○と○で10」と言う。

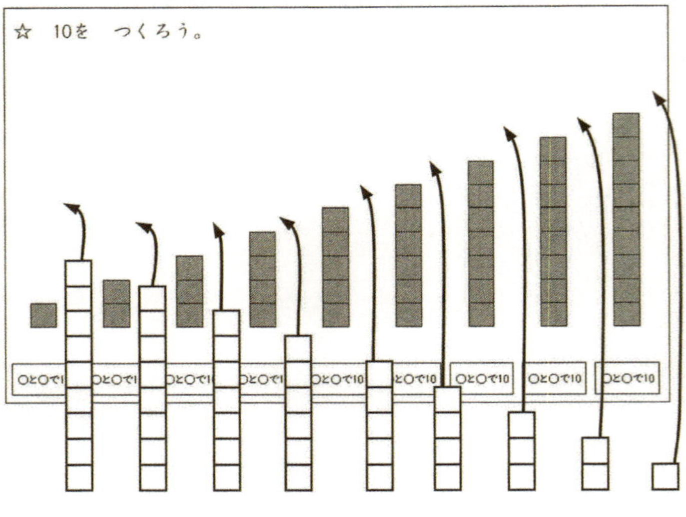
☆ 10を つくろう。
○と○で10

❷ワークシートで理解の定着を図る。

ワークシート 74 ①～②

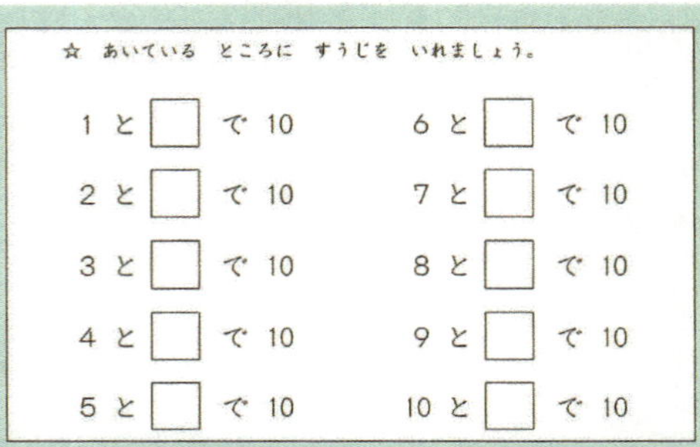
☆ あいている ところに すうじを いれましょう。

1 と □ で 10　　6 と □ で 10
2 と □ で 10　　7 と □ で 10
3 と □ で 10　　8 と □ で 10
4 と □ で 10　　9 と □ で 10
5 と □ で 10　　10 と □ で 10

ポイント：10の補数に着目して、「1と9で10」と言い、あいてる枠にあてはまる数を考え、数字を書く。

9～10の学習⑯

2つの数字を組み合わせて10をつくる

使う教材・教具

教材 103 ①～②
台紙

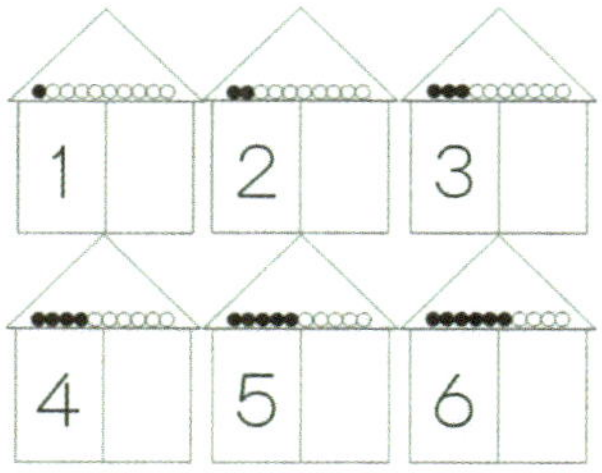

教材 104

数字カード

ワークシート 75 ①～④

※数字カードは台紙に対応する数用意する。

学習の手順

❶数字カードを組み合わせて10をつくる。

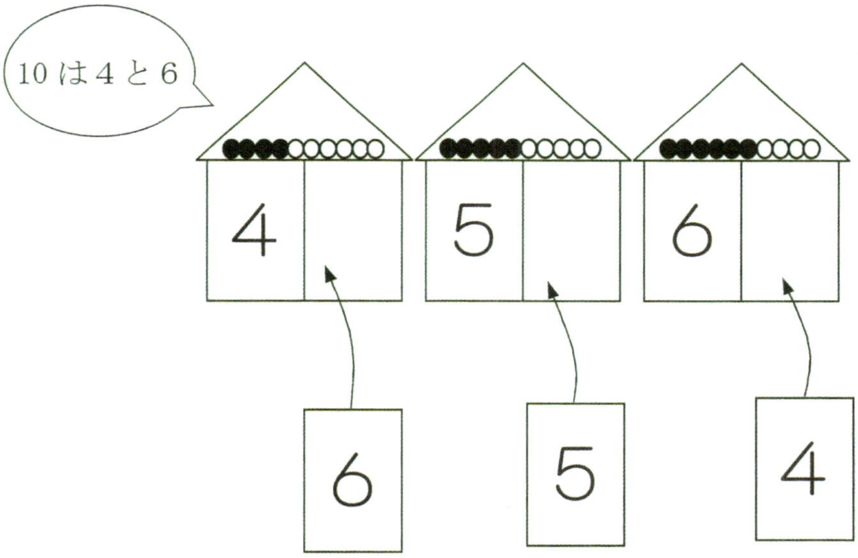

❷ワークシートで理解の定着を図る。

ワークシート 75 ①～④

ポイント：10の補数に着目して、「10は5と5」と言い、あいてる枠にあてはまる数を考え、数字を書く。

かずの学習

1部

2章　教材集

１章で使い方を説明した教材が掲載されています。すべての教材は、巻末のCD－ROMにデータを収録していますので、パソコンでプリントしてご使用いただけます。また、掲載ページをコピーしてもご使用いただけます。その際、子どもの実態に応じて拡大率を変えて下さい。

教材 1

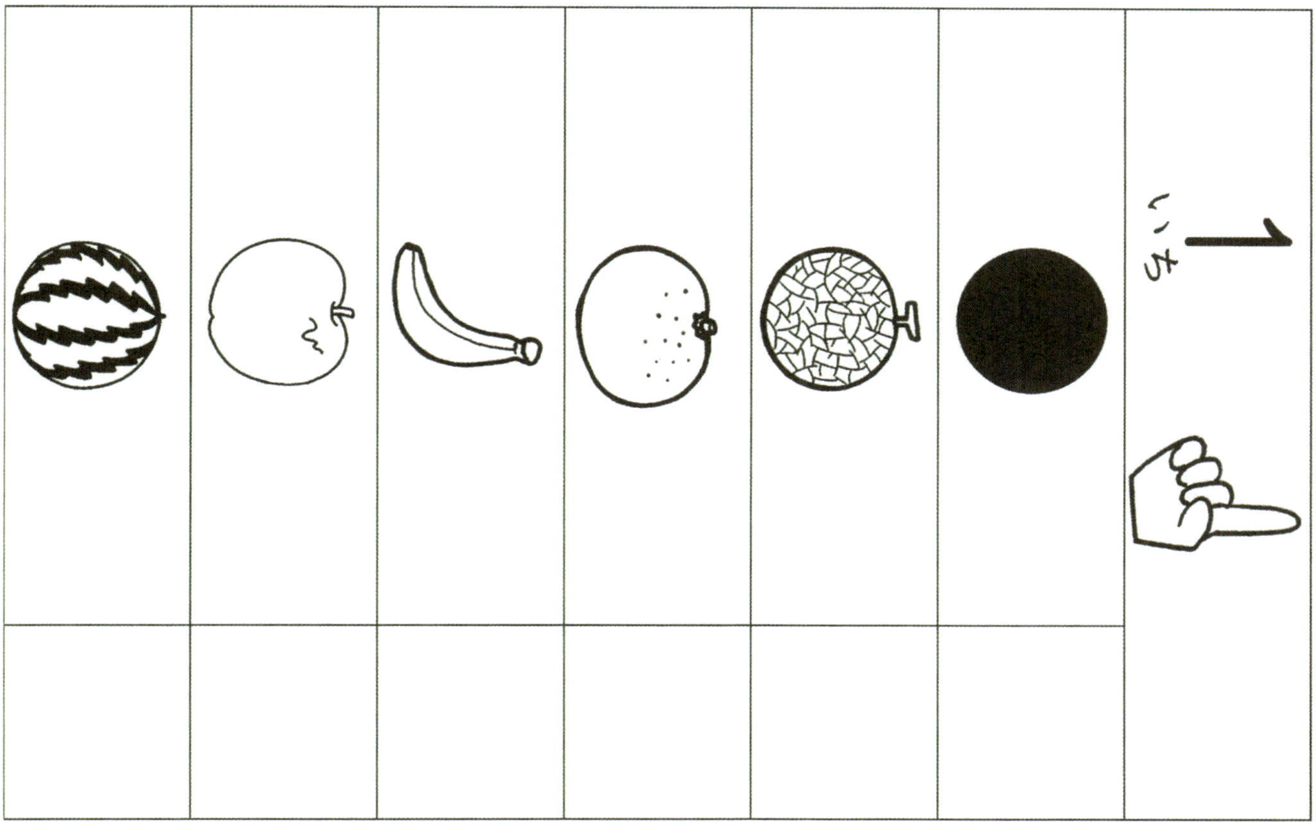

教材 2

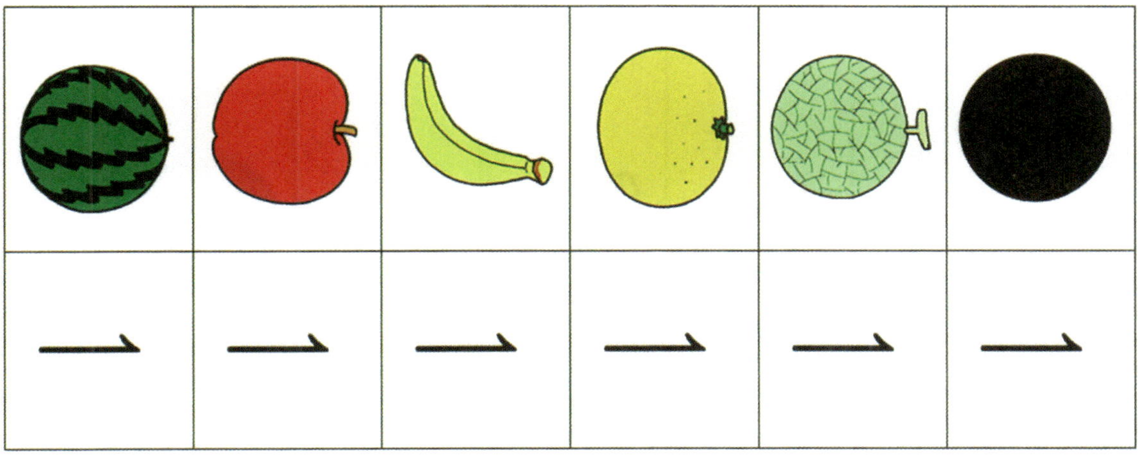

教材 3

1 いち

教材 4

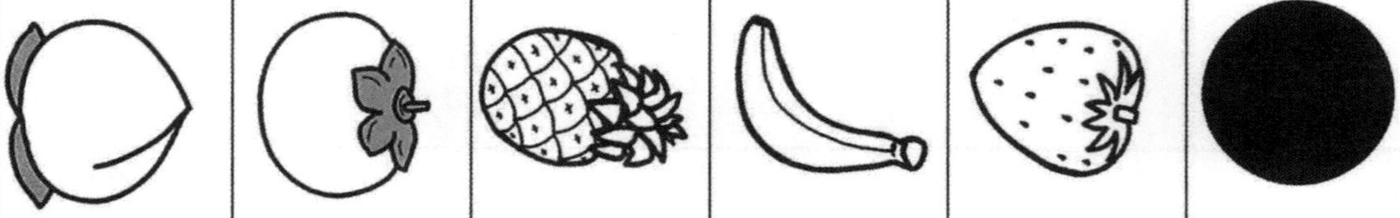

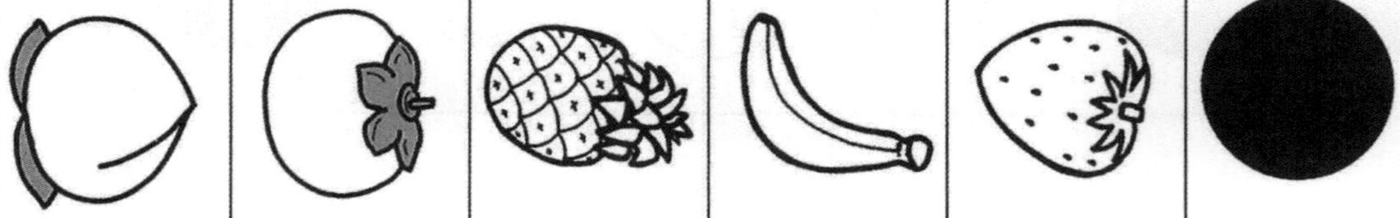

2 に

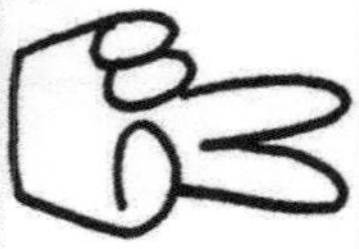

教材 5

2	2	2	2	2	2

教材 6

2　2　2　2　2　2

2に

教材 7

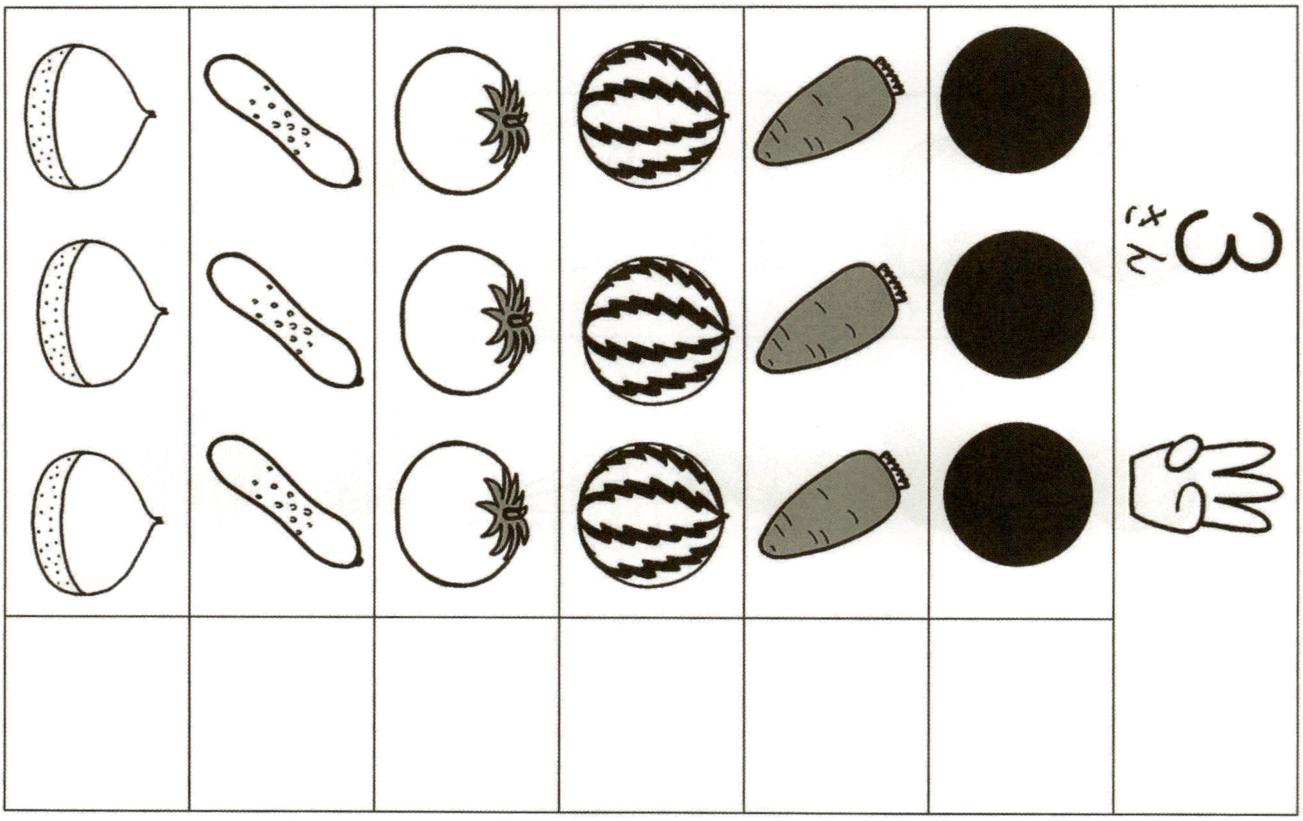

教材 8

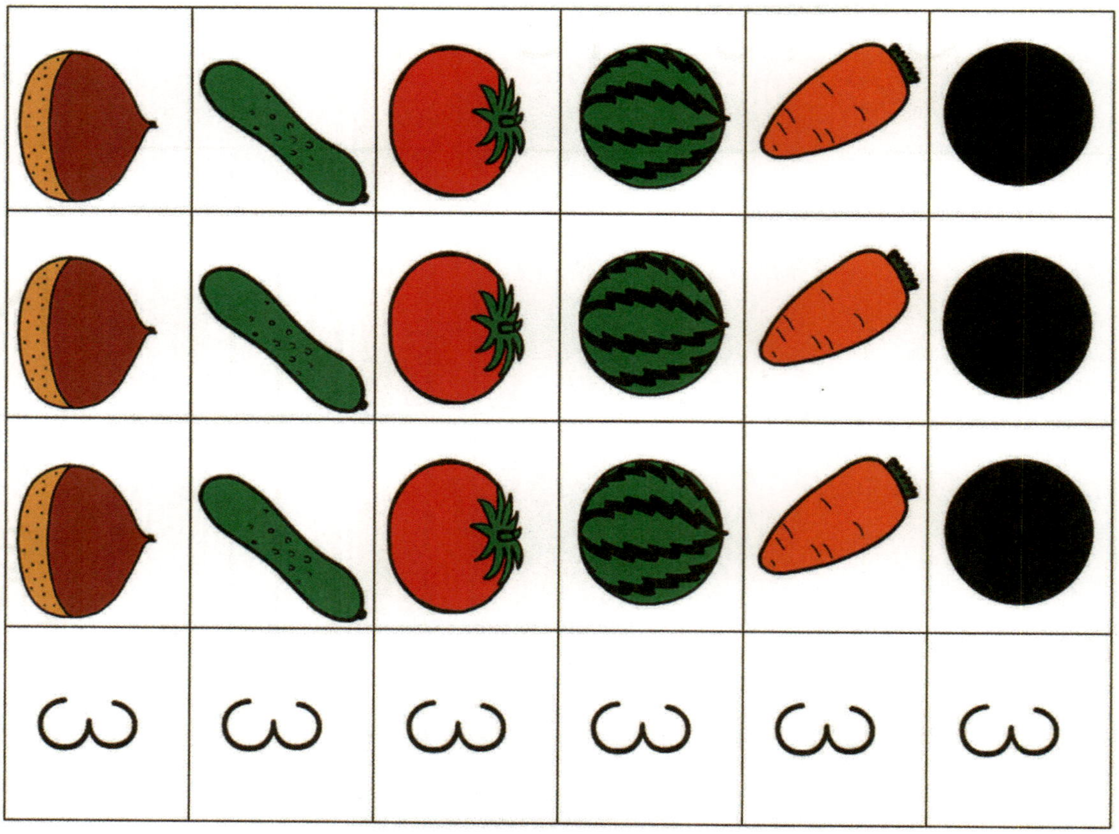

教材 9

教材 10

1	2	3

教材 11 ①

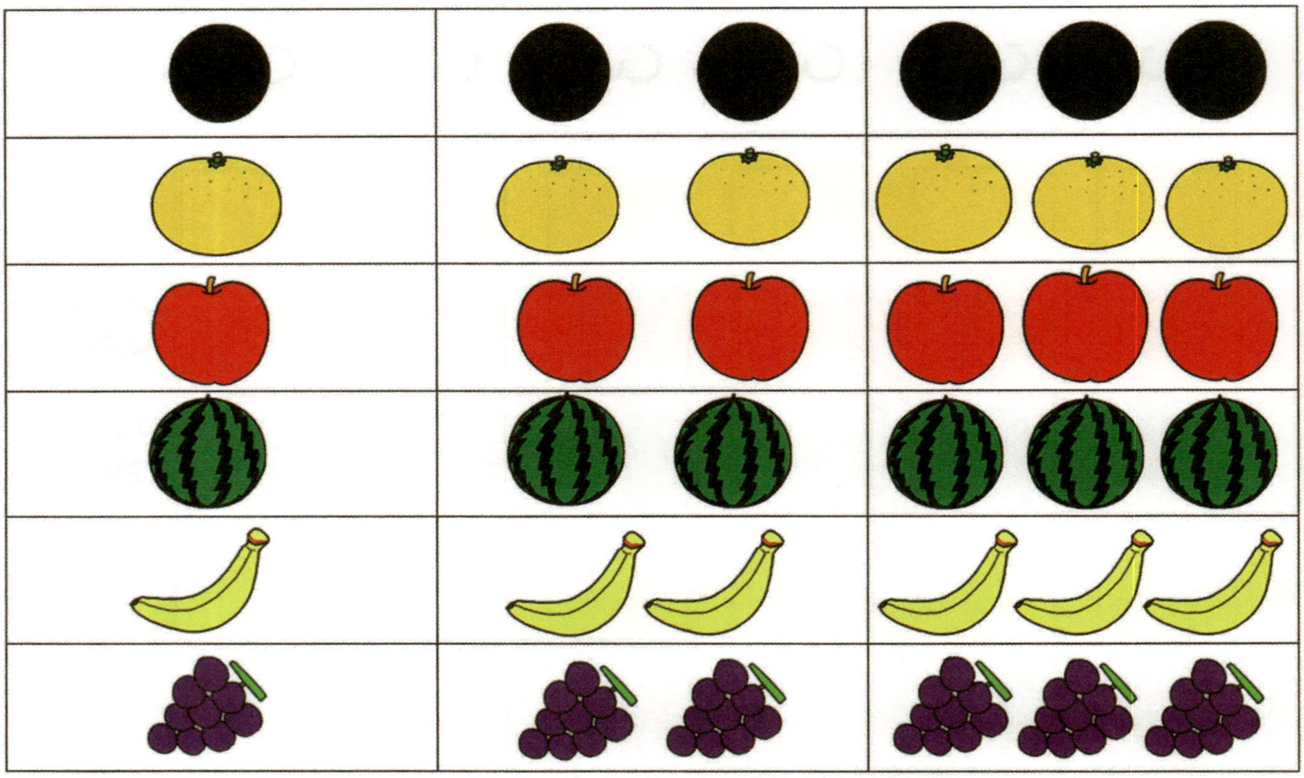

教材 11 ②

教材 12

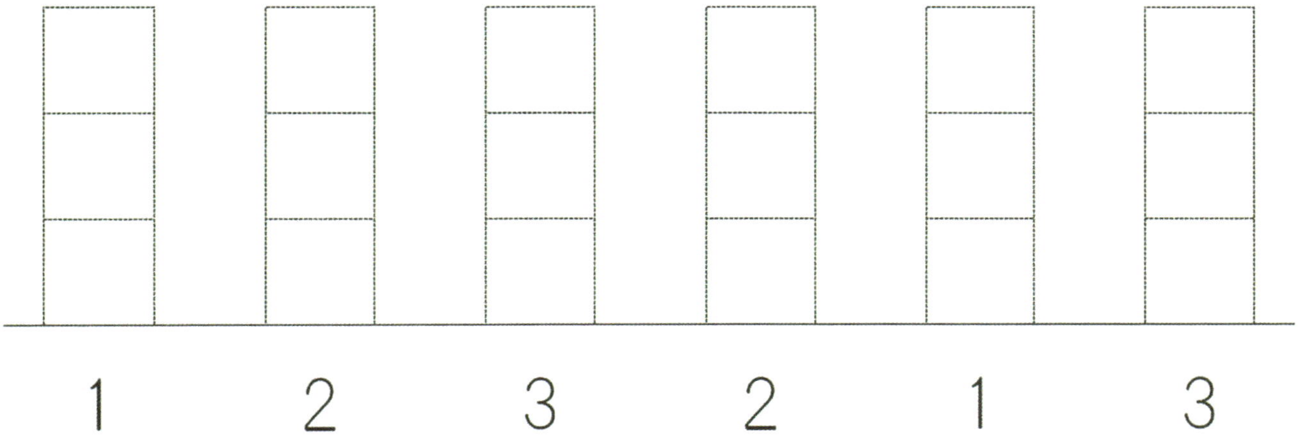

教材 13

教材 14 ①

教材 14 ②

教材 15

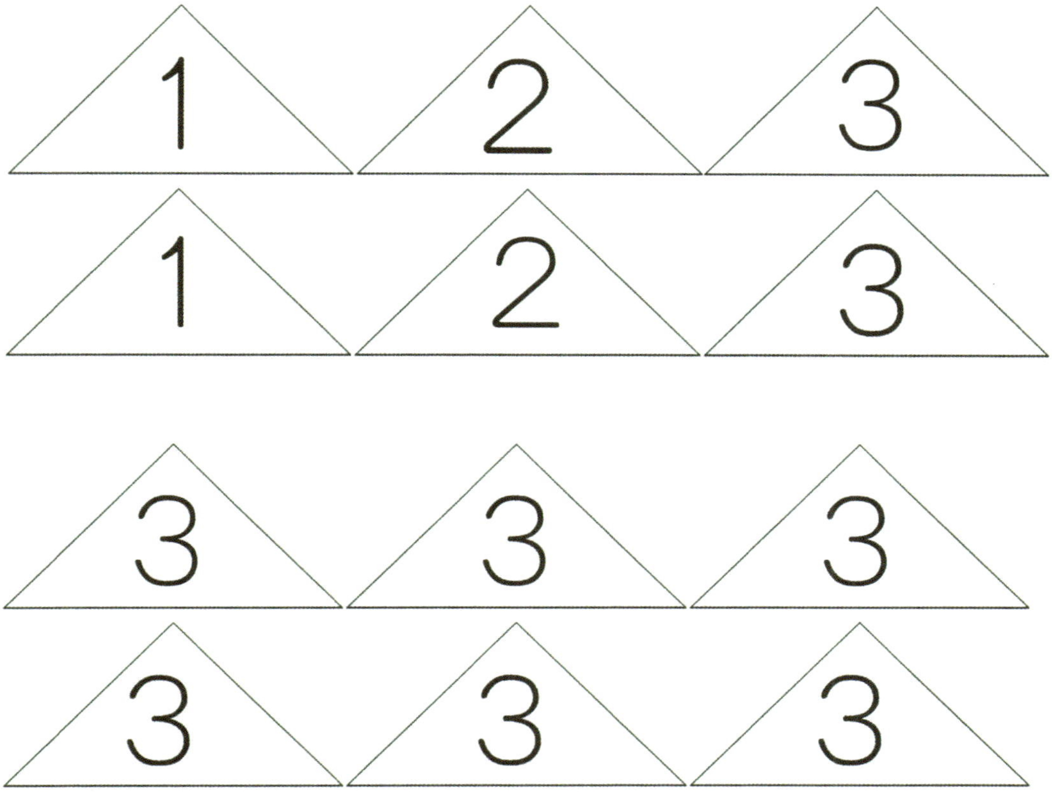

教材 16 ①

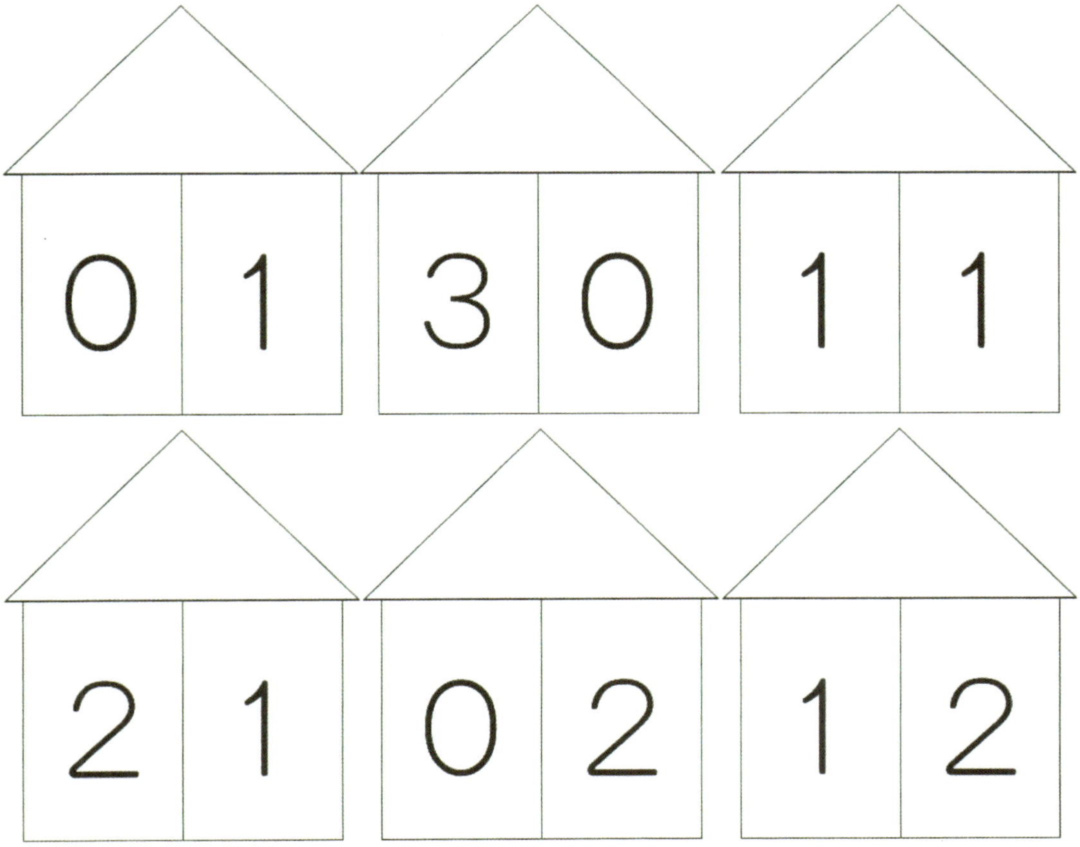

教材 16 ②

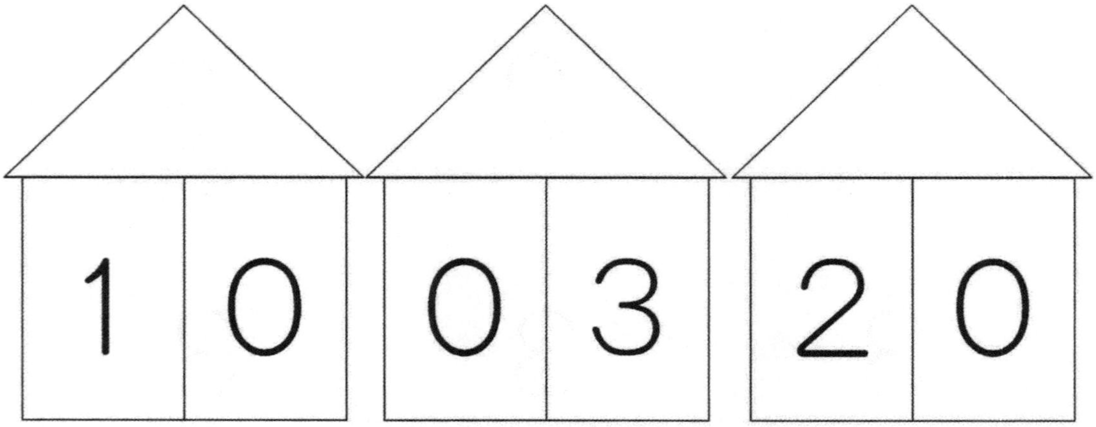

教材 17

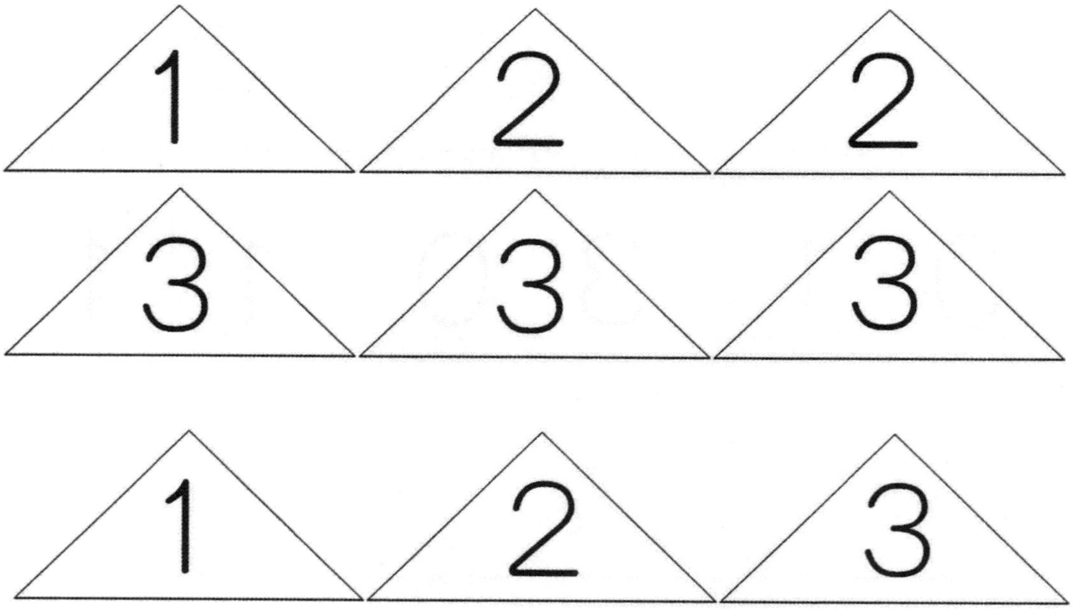

教材 18 ①

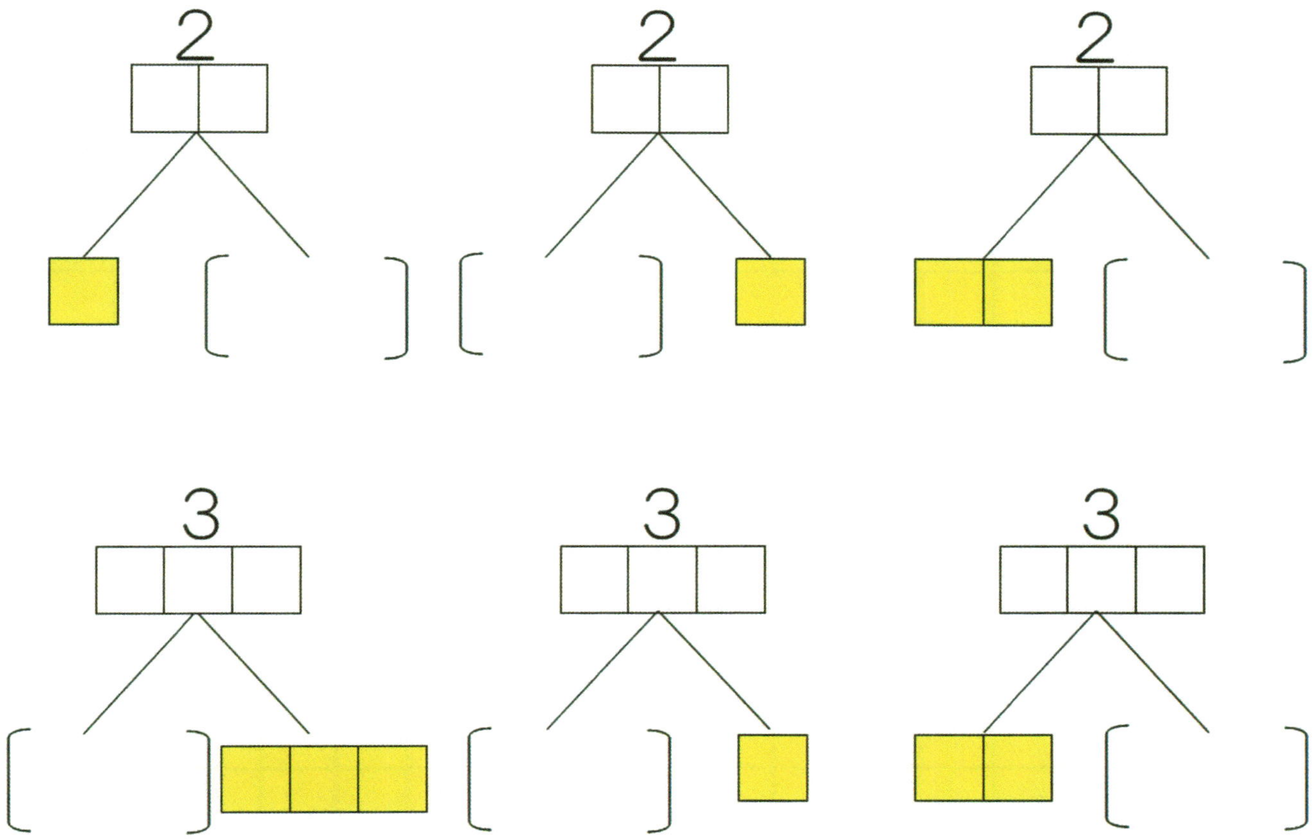

教材 18 ②

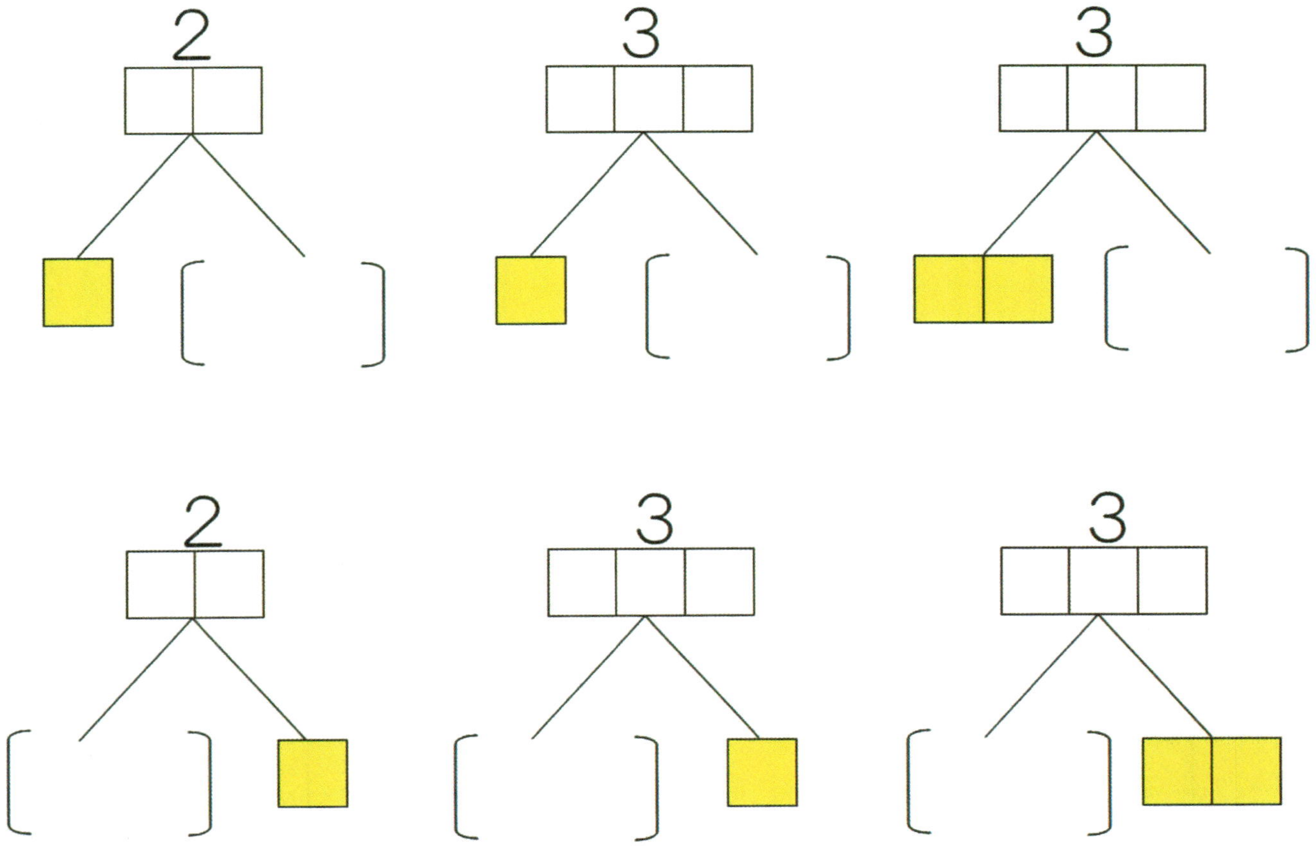

教材 19

教材 20 ①

教材 20 ②

教材 21 ①

教材 21 ②

教材 21 ③

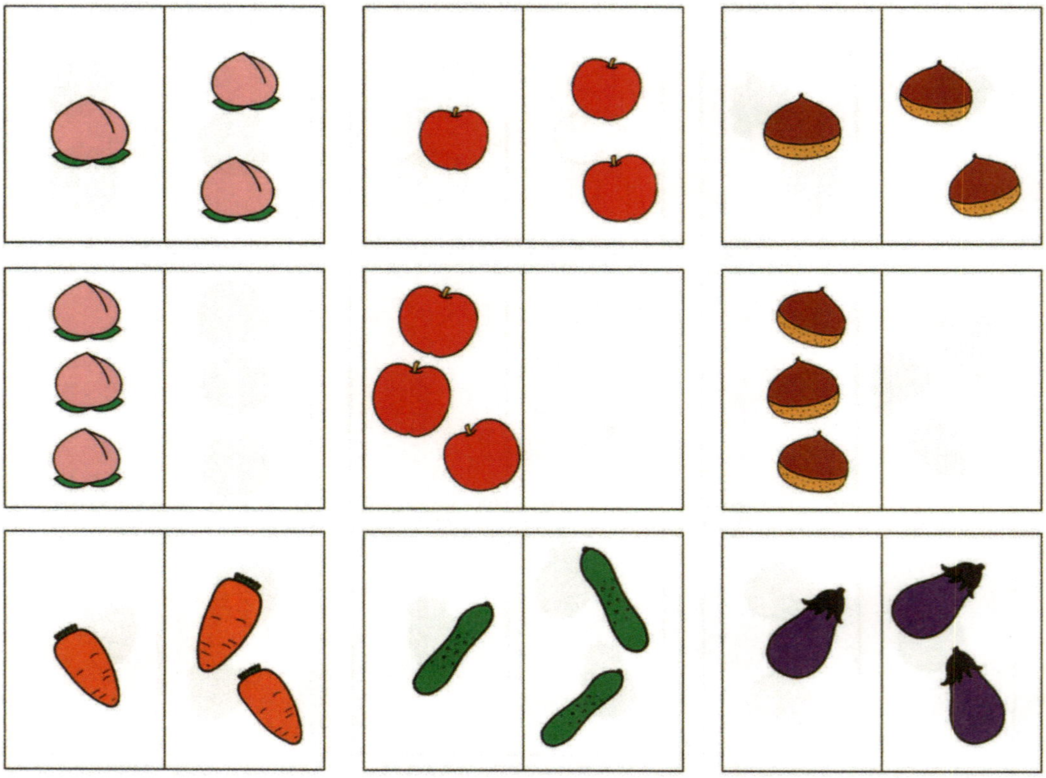

教材 21 ④

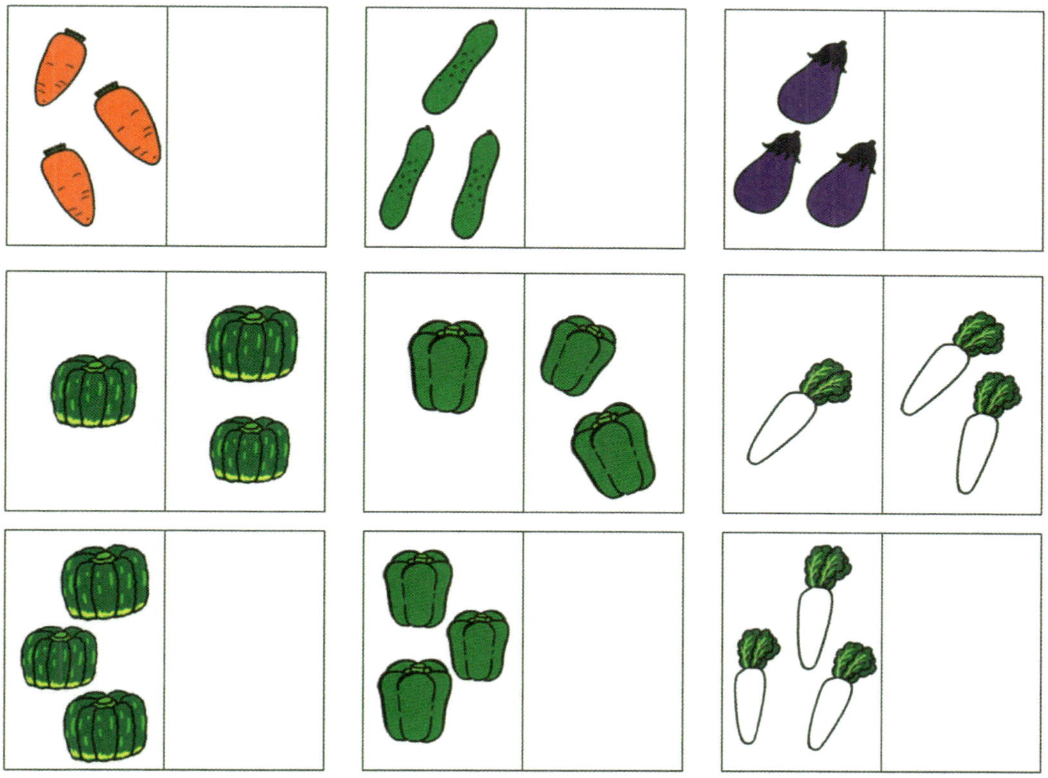

教材 22 ①

教材 22 ②

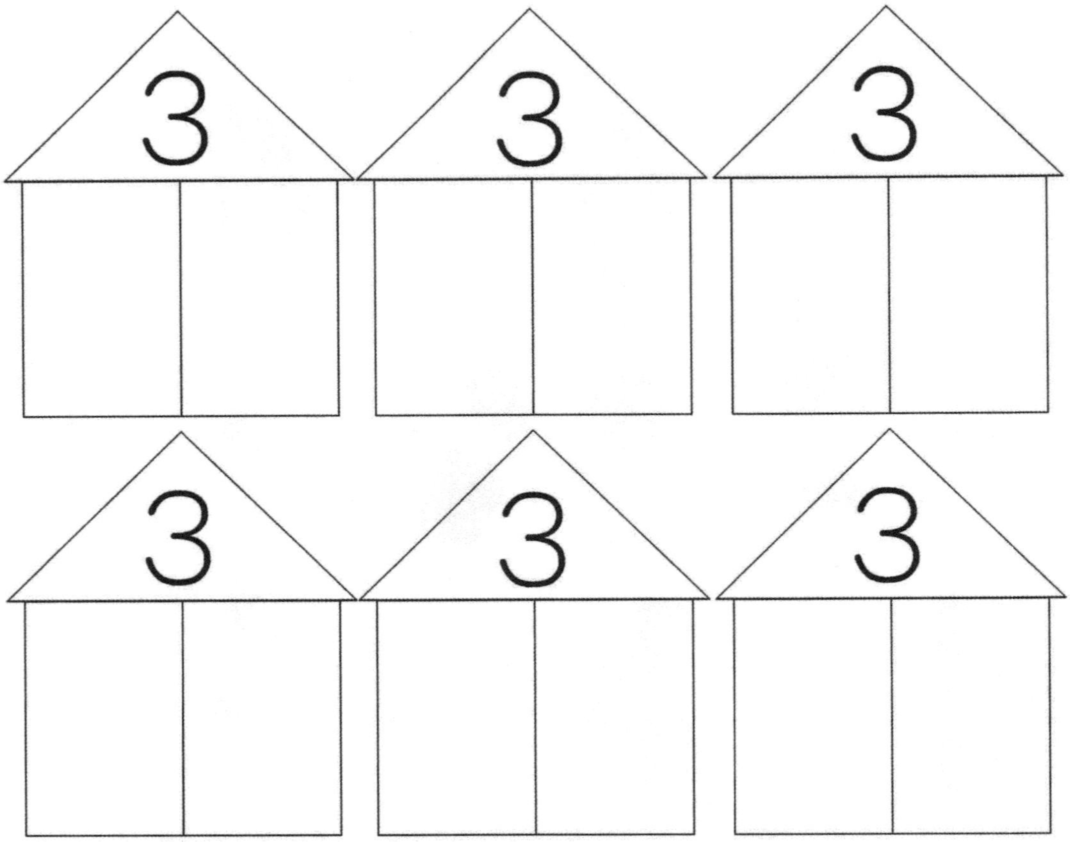

教材 23

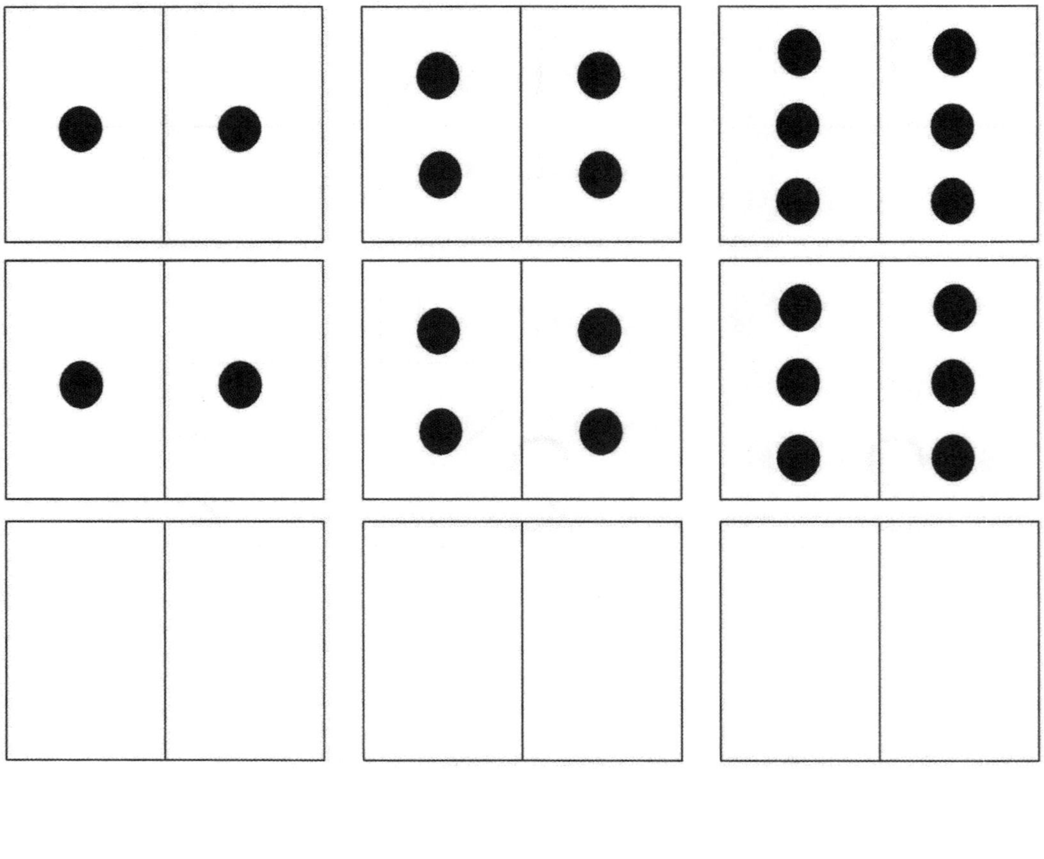

教材 24 ①

教材 24 ②

教材 25

1	1	1	1	1	1
0	0	0	0	3	3
2	2	2	2	3	3

教材 26

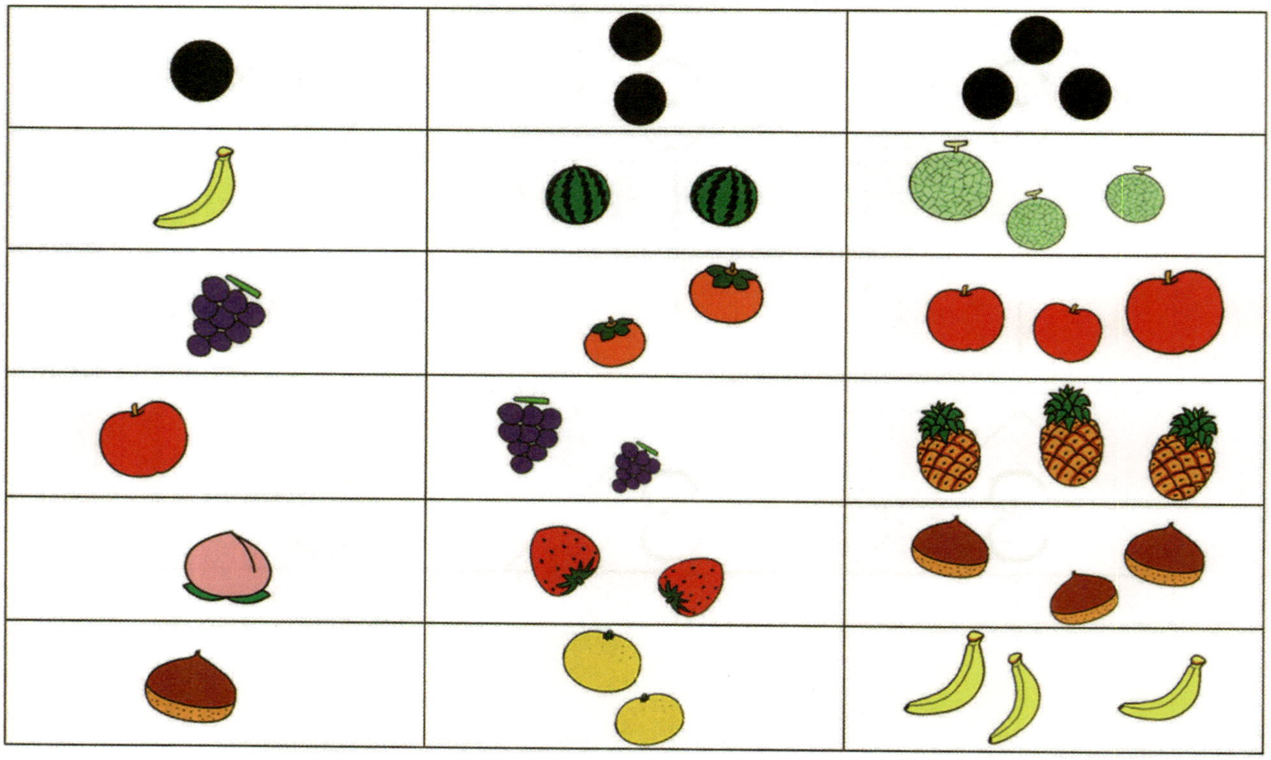

教材 27

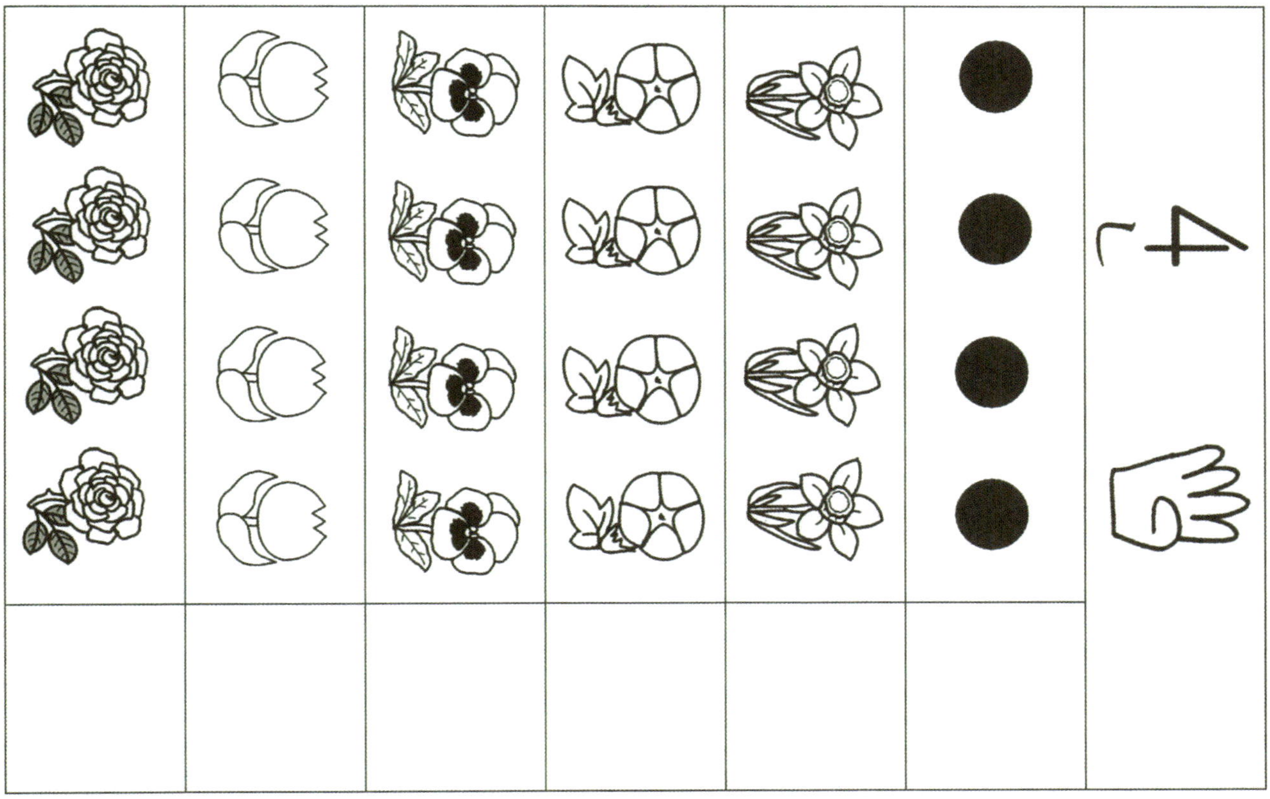

教材 28 ①

教材 28 ②

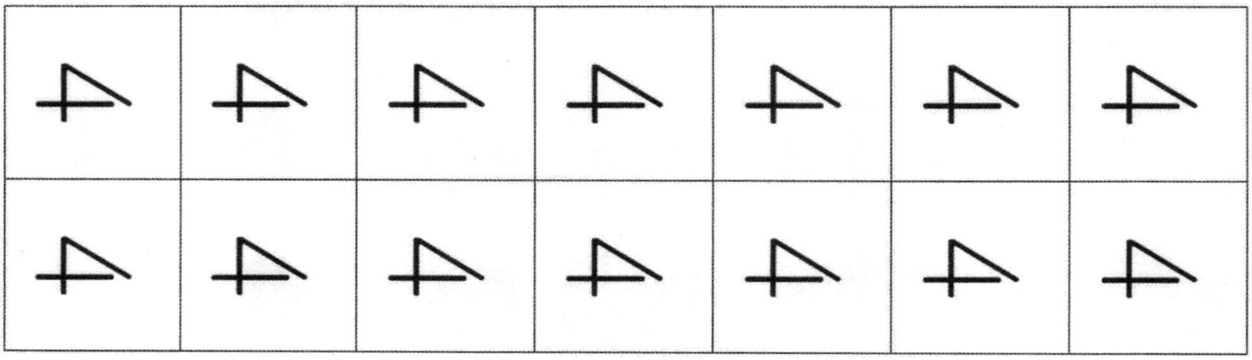

教材 29

教材 30

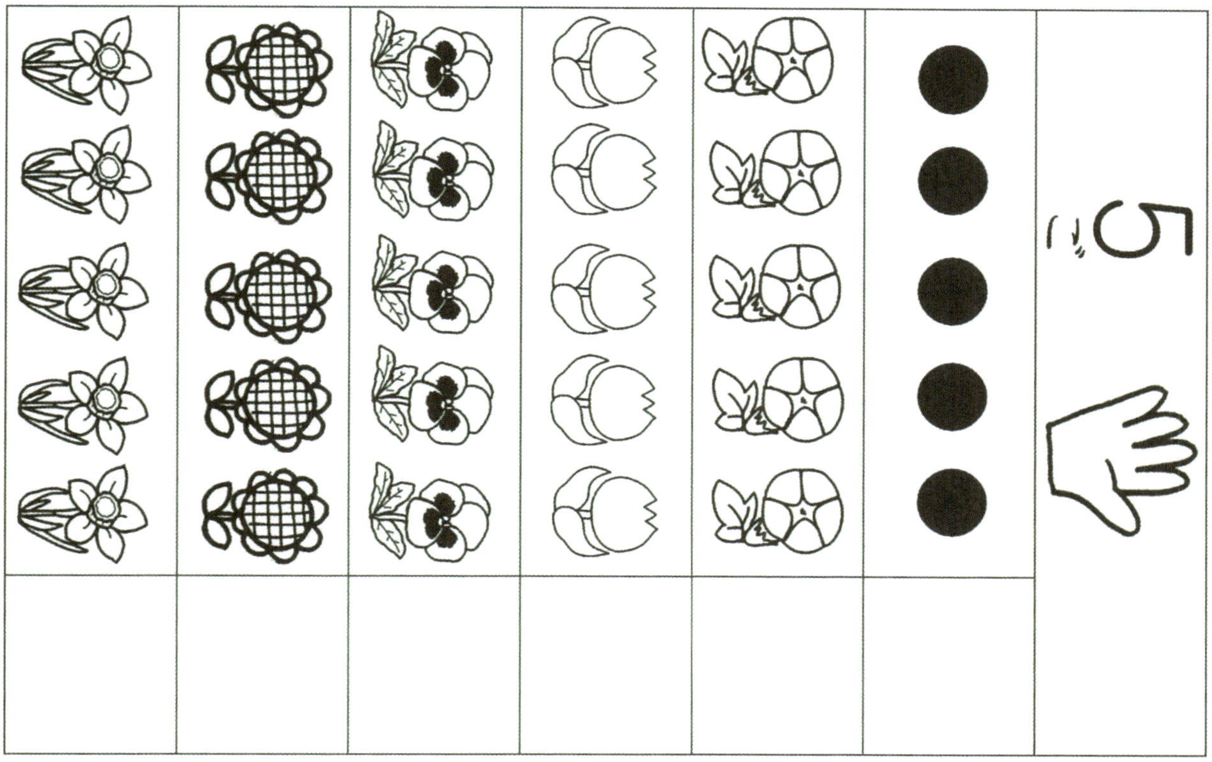

教材 31 ①

教材 31 ②

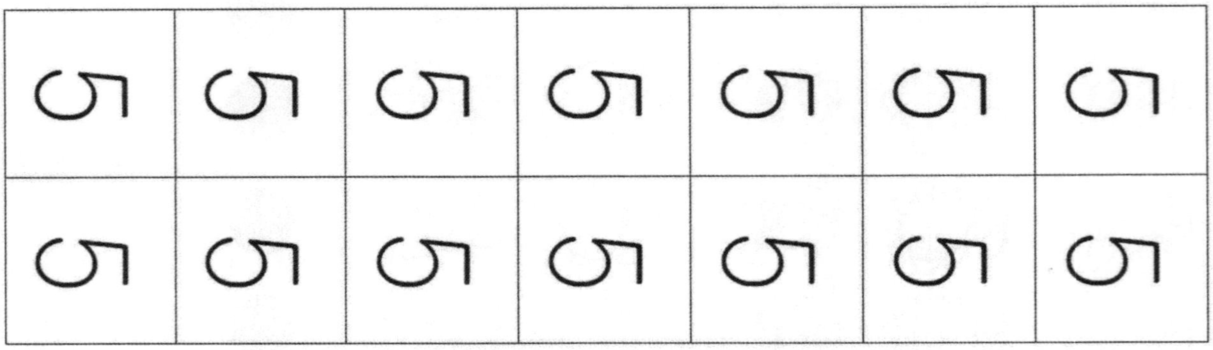

教材 32

教材 33

4　4　4　4

4
し

教材 34

5　5　5　5

5
ご

教材 35 ①

教材 35 ②

教材 36

教材 37

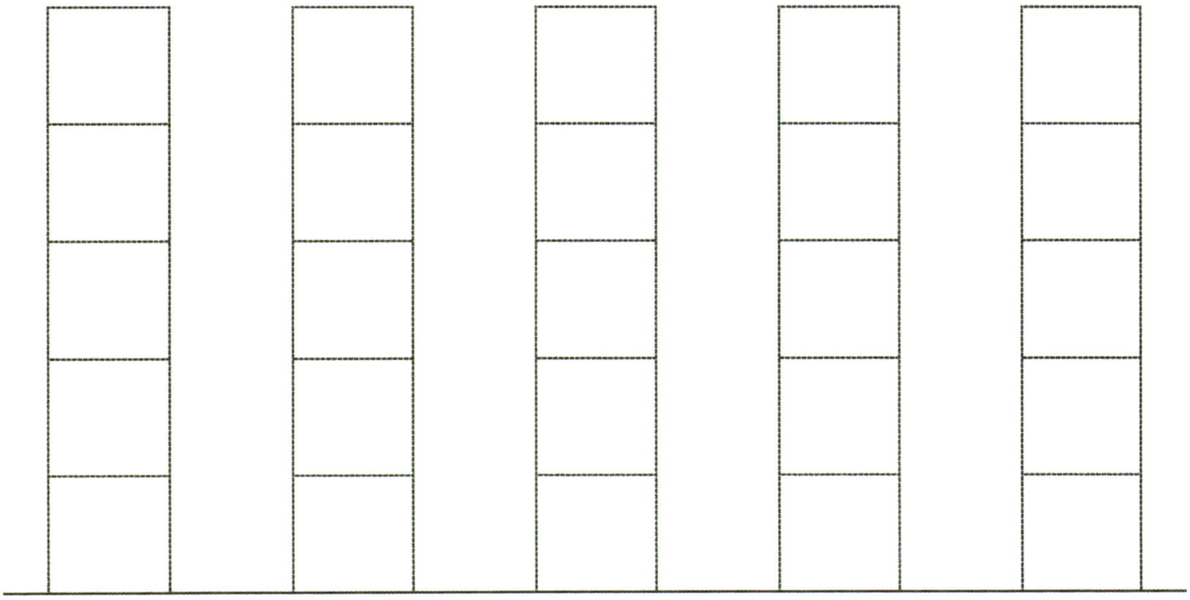

1　2　3　4　5

教材 38

教材 39 ①

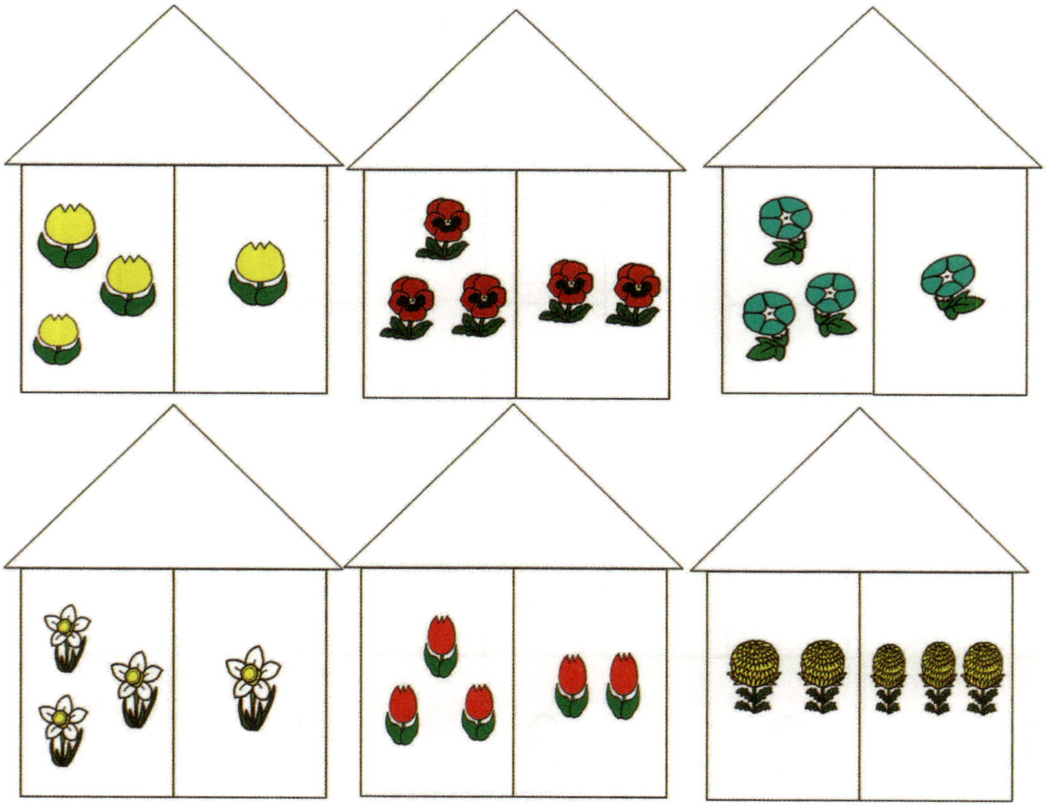

教材 39 ②

教材 40

教材 41 ①

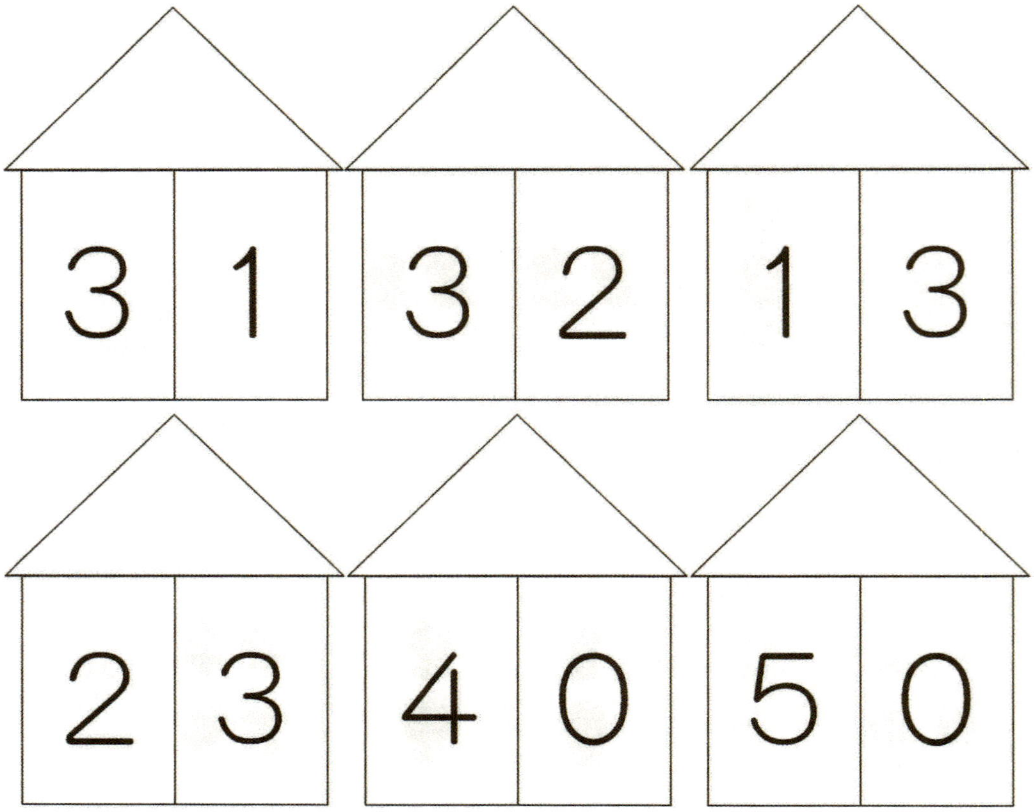
3 1
3 2
1 3
2 3
4 0
5 0

教材 41 ②

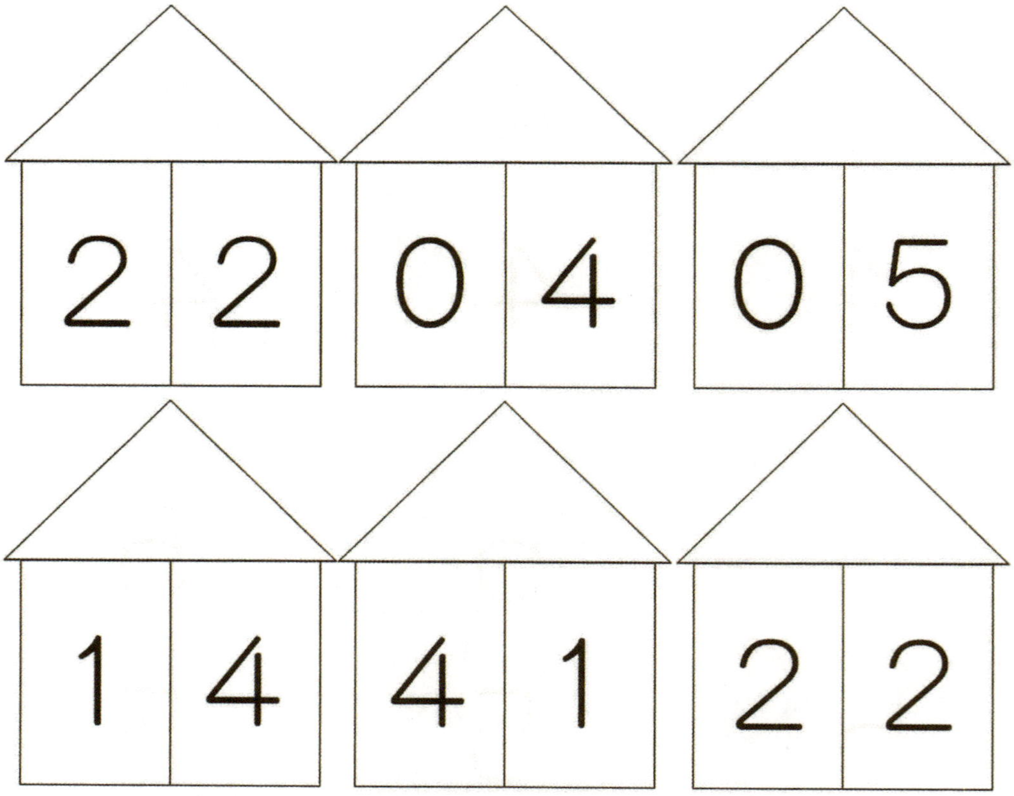
2 2
0 4
0 5
1 4
4 1
2 2

教材 42

教材 43 ①

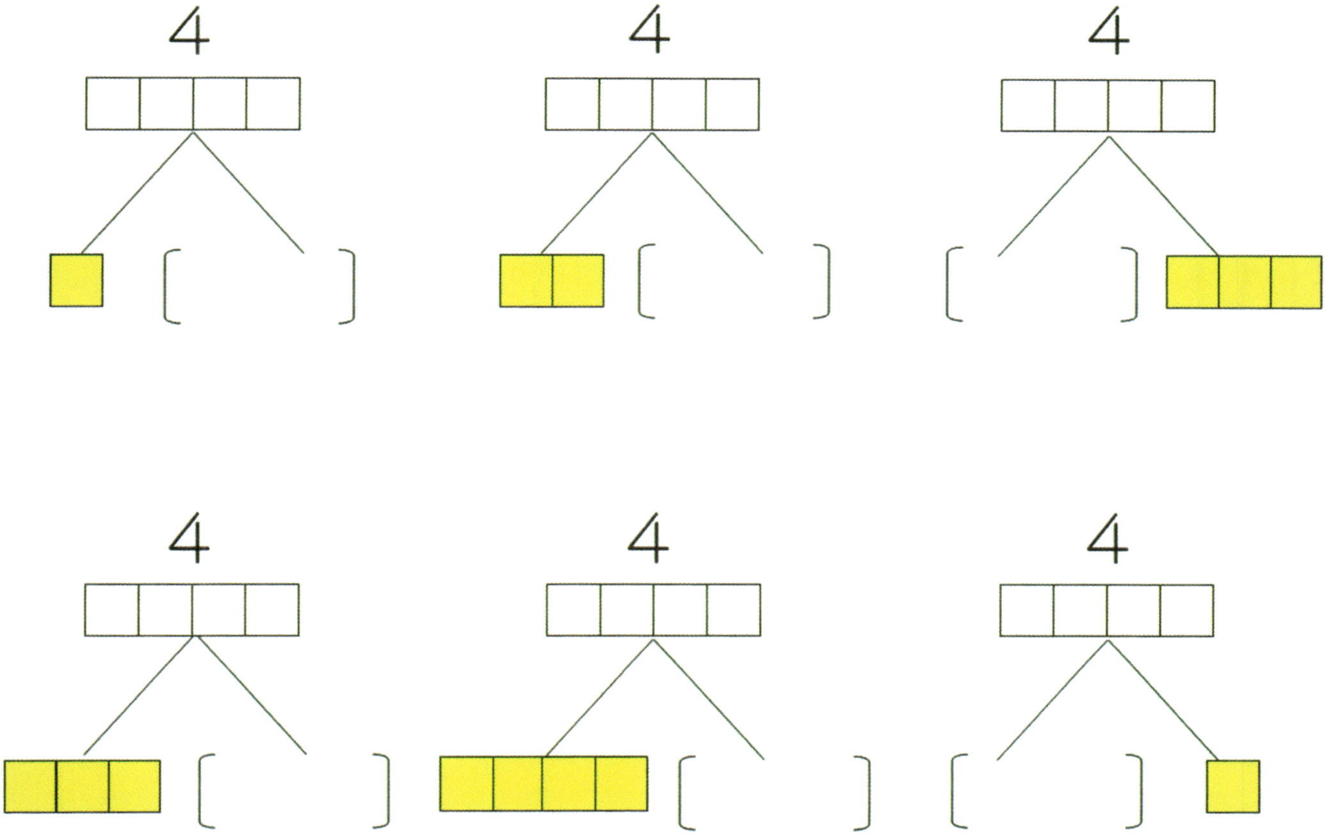

教材 43 ②

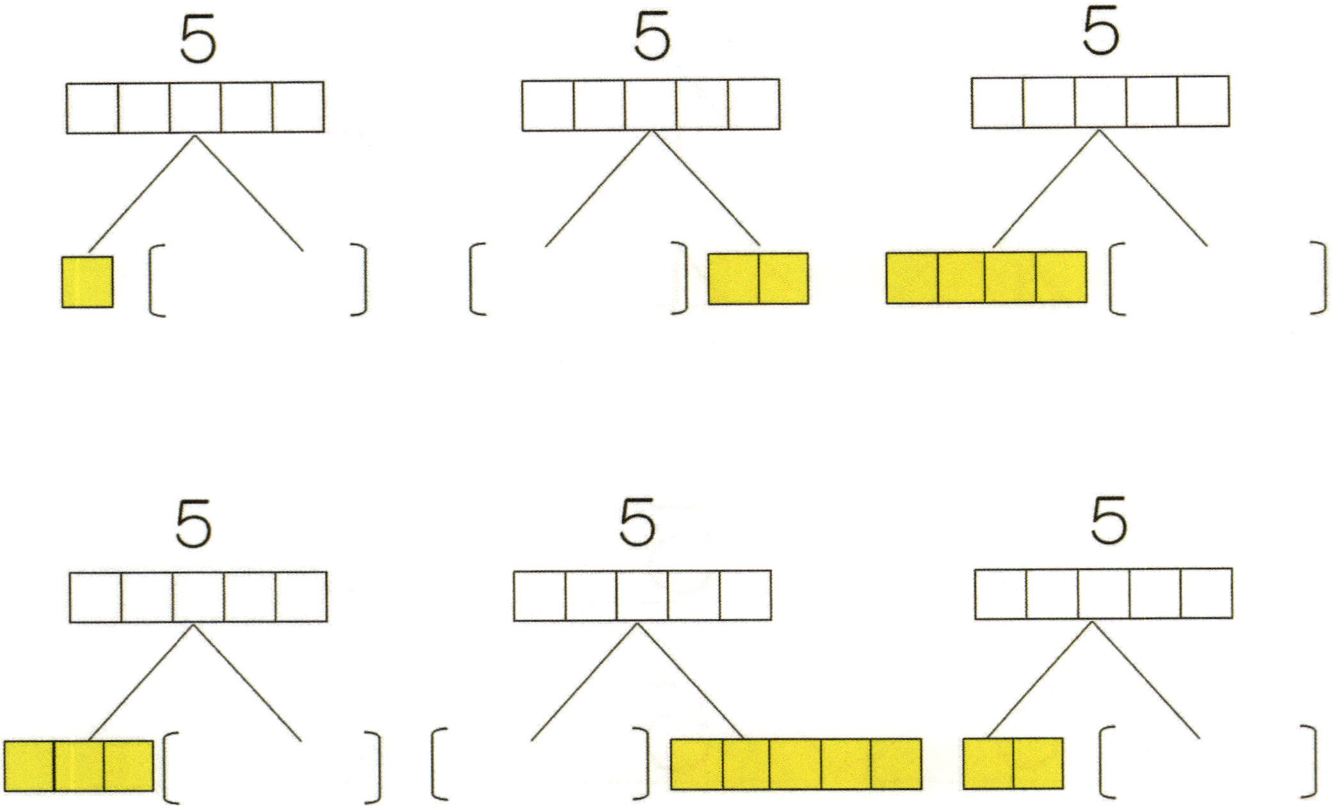

教材 43 ③

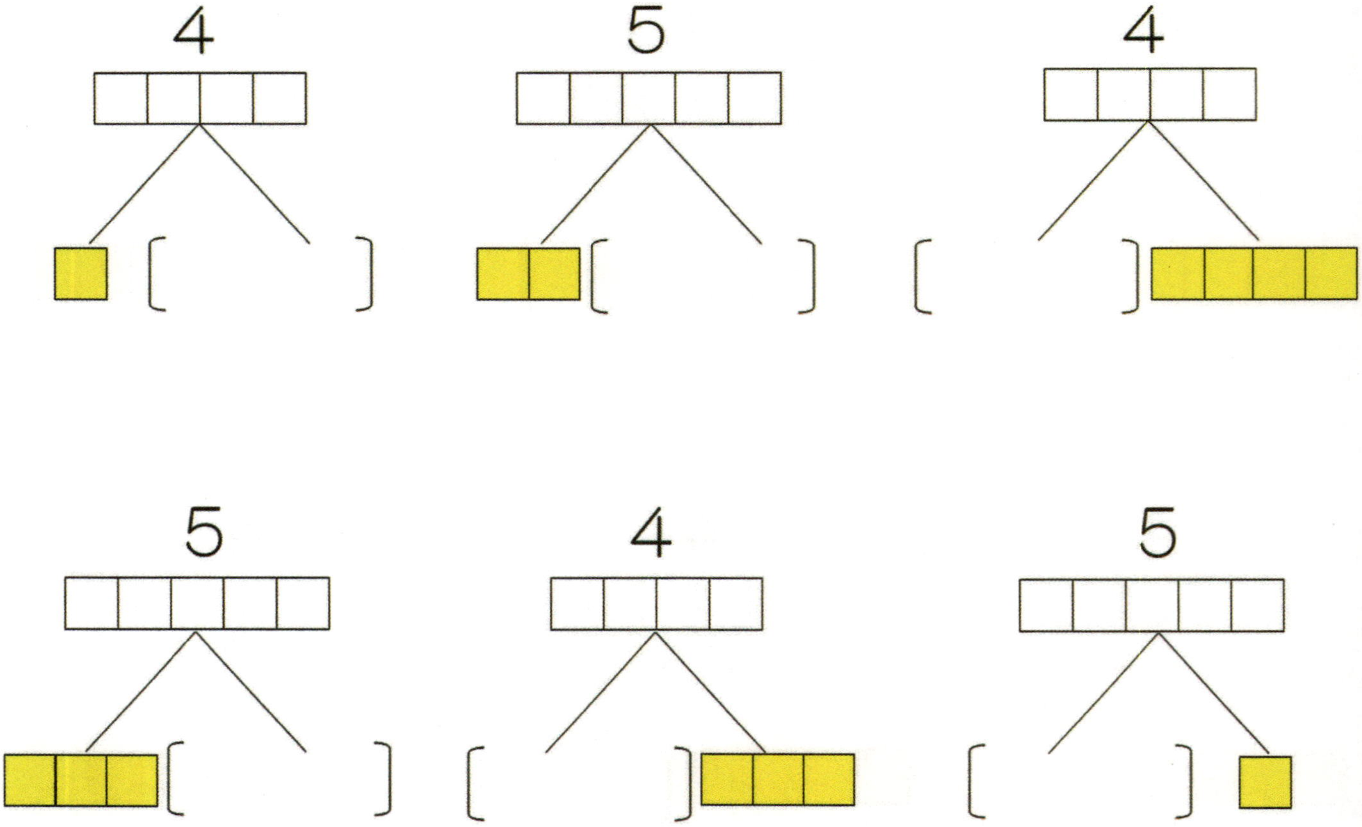

教材 43 ④

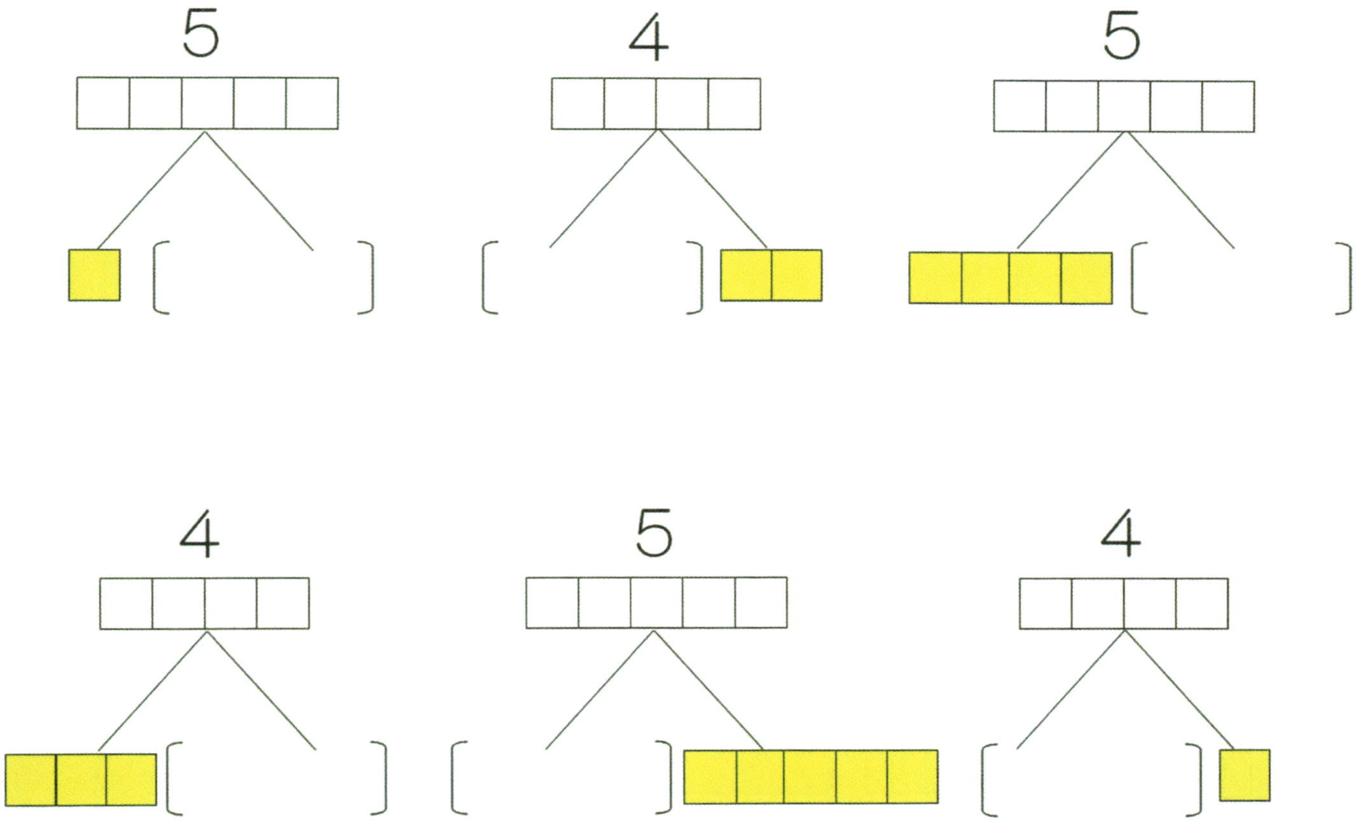

教材 44

教材 45 ①

教材 45 ②

教材 46 ①

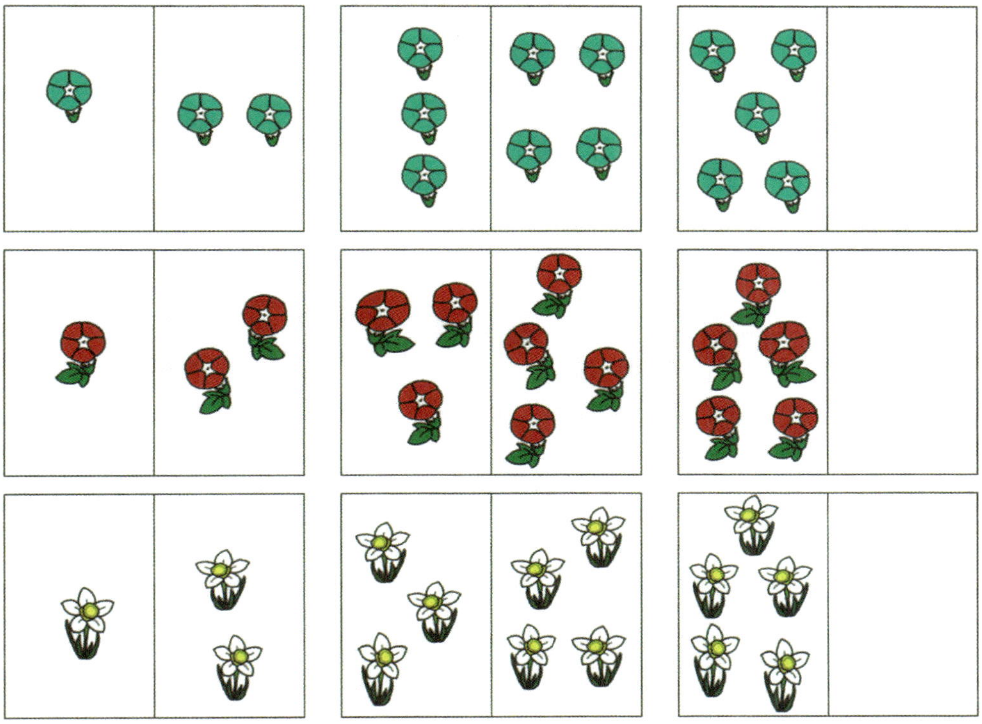

教材 46 ②

教材 46 ③

教材 46 ④

教材 46 ⑤

教材 47 ①

教材 47 ②

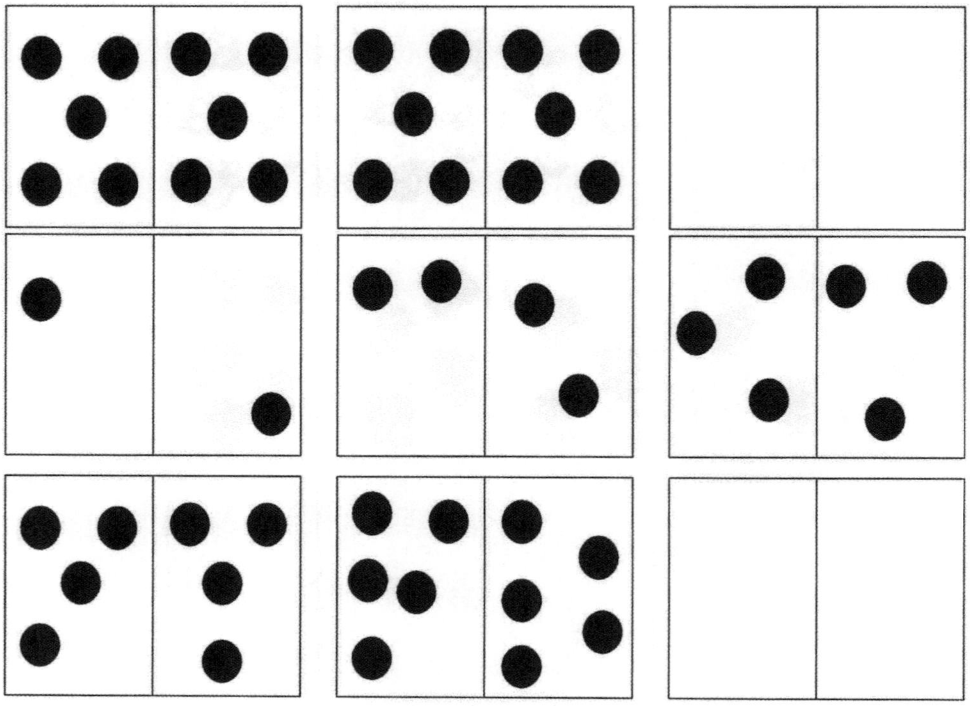

教材 48 ①

教材 48 ②

教材 48 ③

教材 48 ④

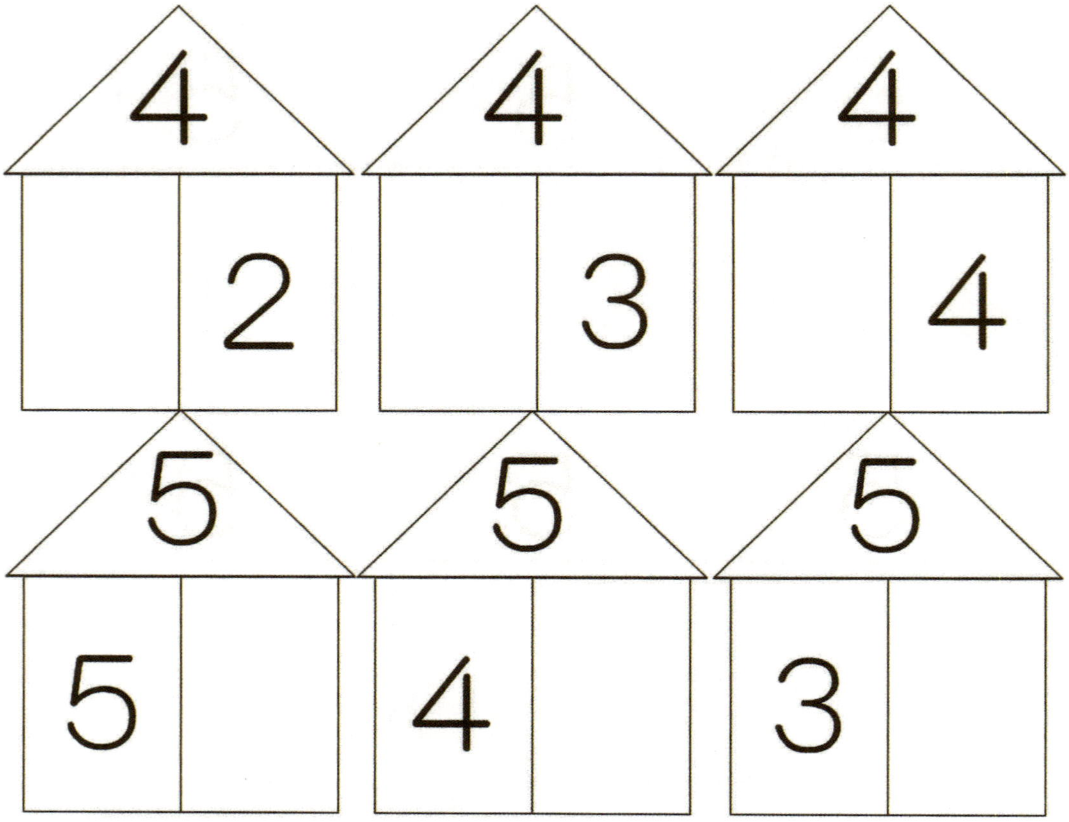

教材 48 ⑤

教材 48 ⑥

5		5		5	
	4		5		0

教材 49 ①

1	1	1	1	1	1
2	2	2	2	2	2
3	3	3	3	3	3

教材 49 ②

4	4	4	4	4	4
5	5	5	5	5	5
0	0	0	0	0	0

教材 50

									4
									5

教材 51

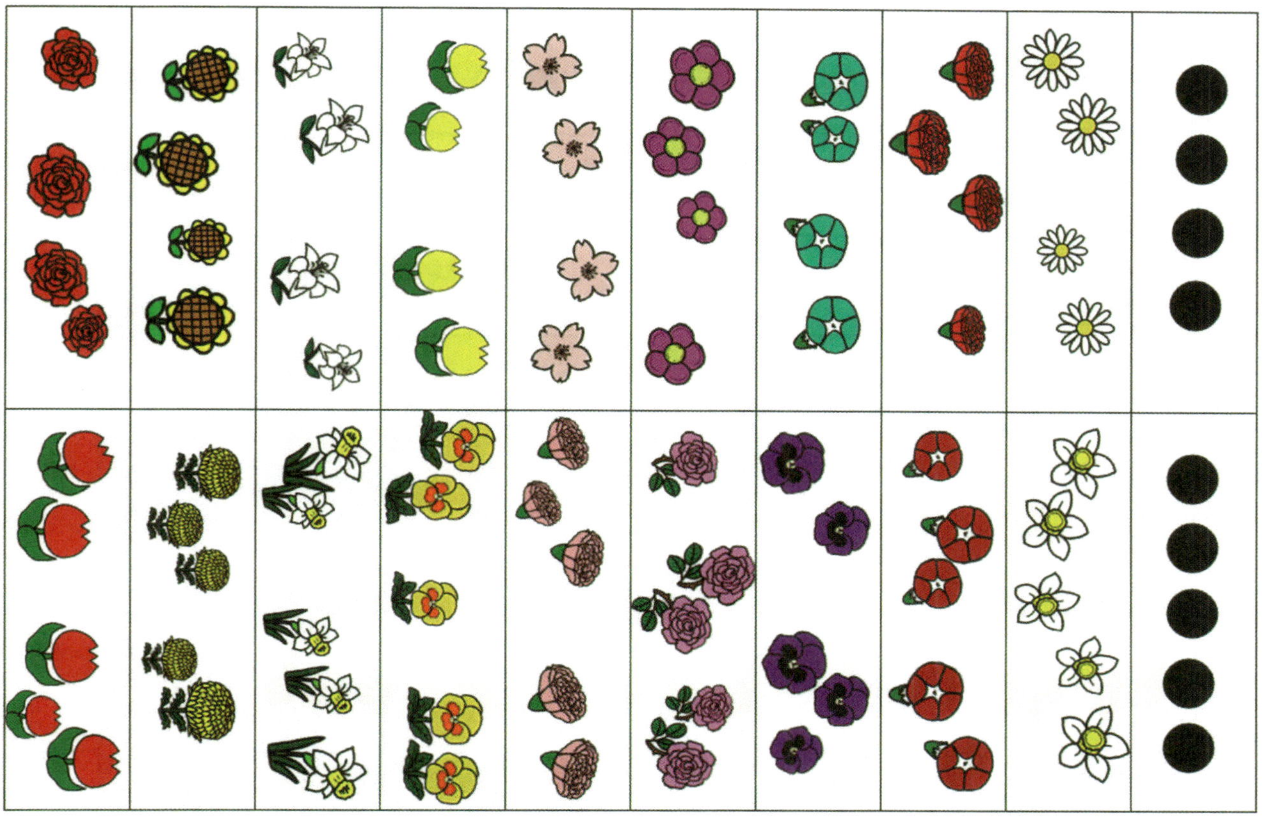

教材 52

6 ろく	7 しち	8 はち

教材 53

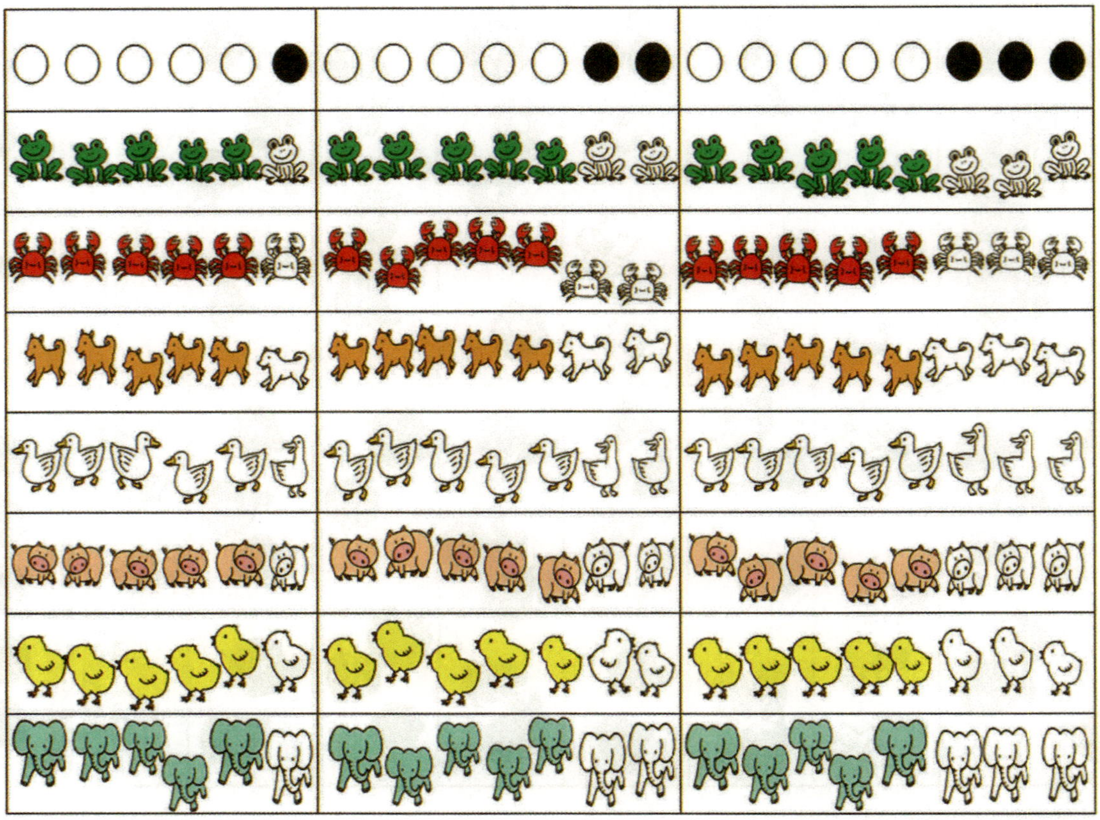

教材 54

教材 55

7 しち

教材 56

8 はち

教材 57 ①

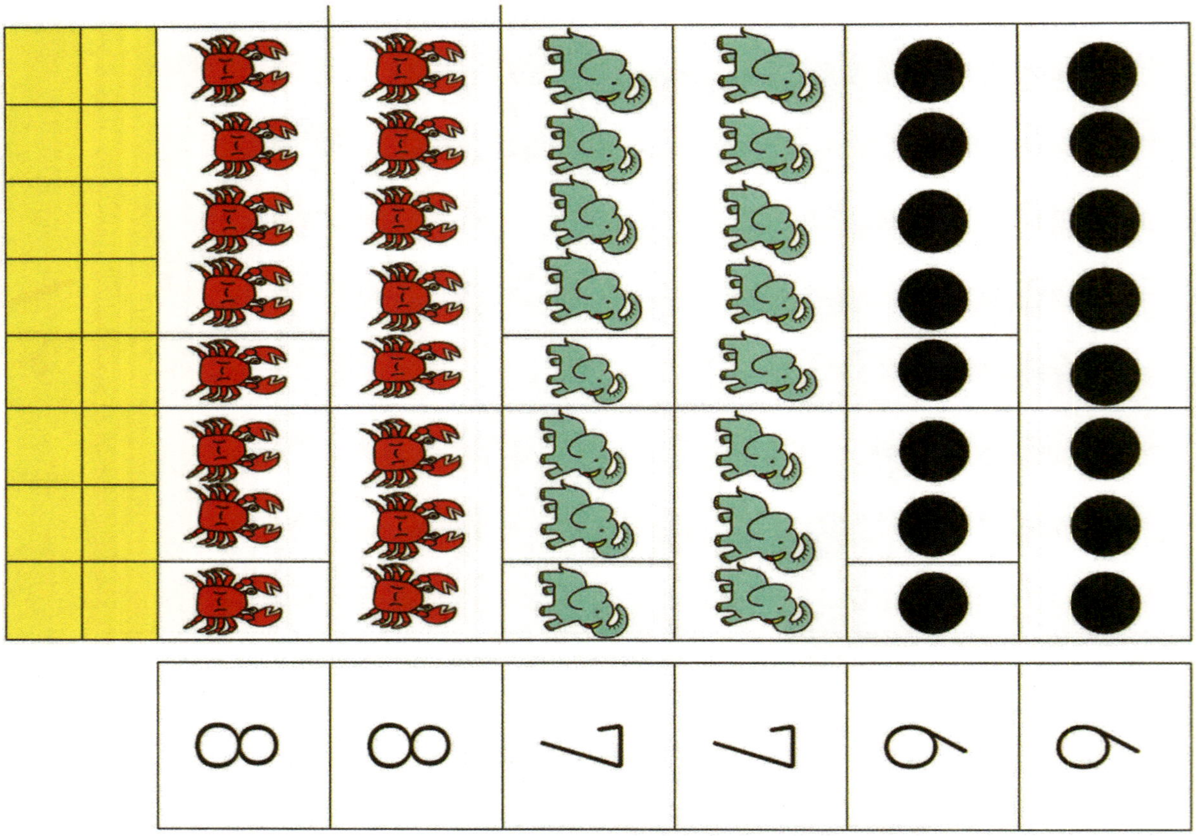

教材 57 ②

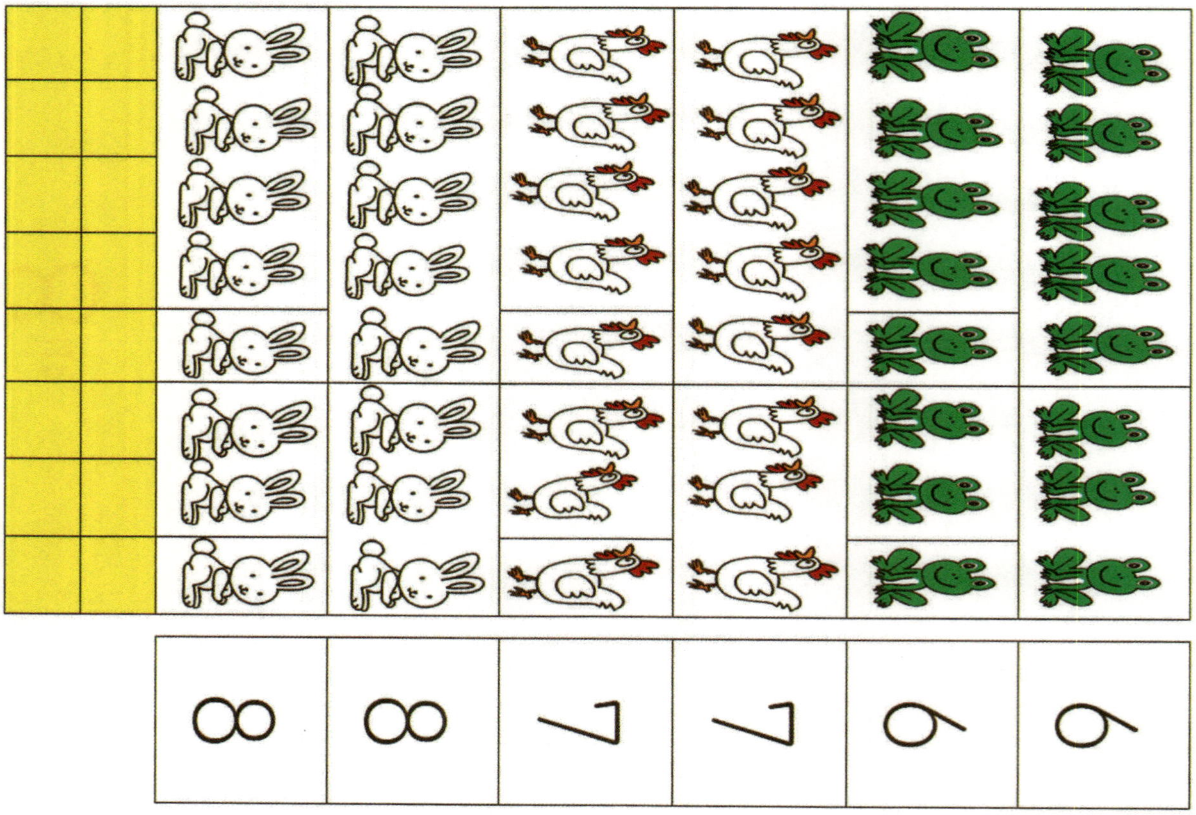

教材 57 ③

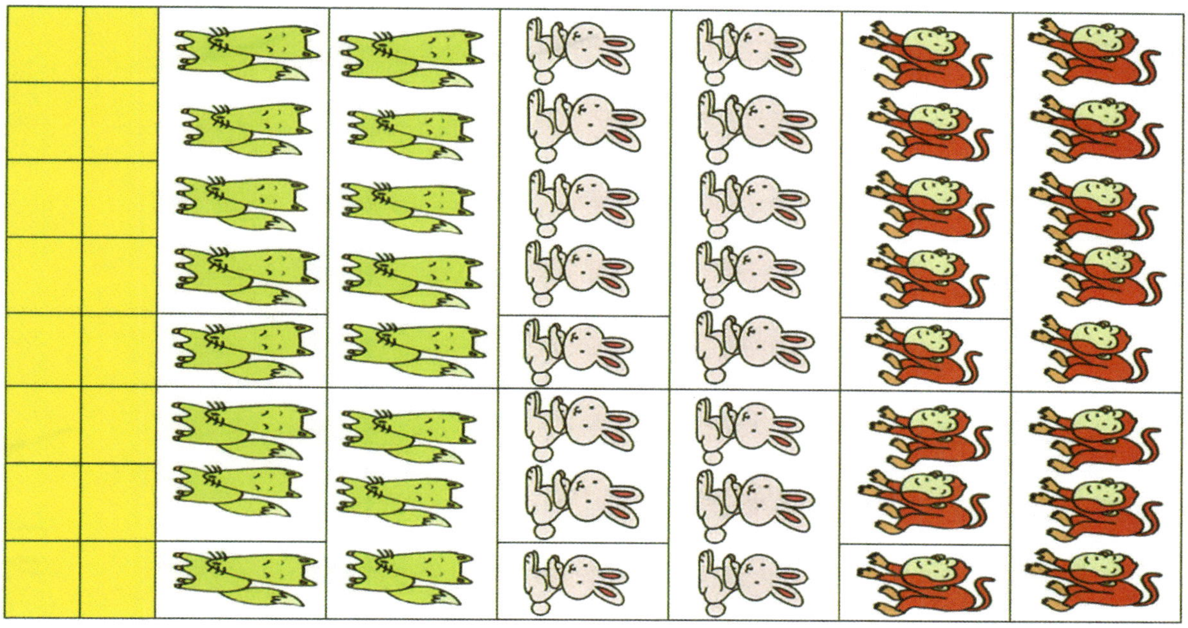

8	8	7	7	6	6

教材 58

6　6　6　6

6

ろく

教材 59

7 しち

7

7

7

7

教材 60

8 はち

8

8

8

8

教材 61 ①

教材 61 ②

教材 62

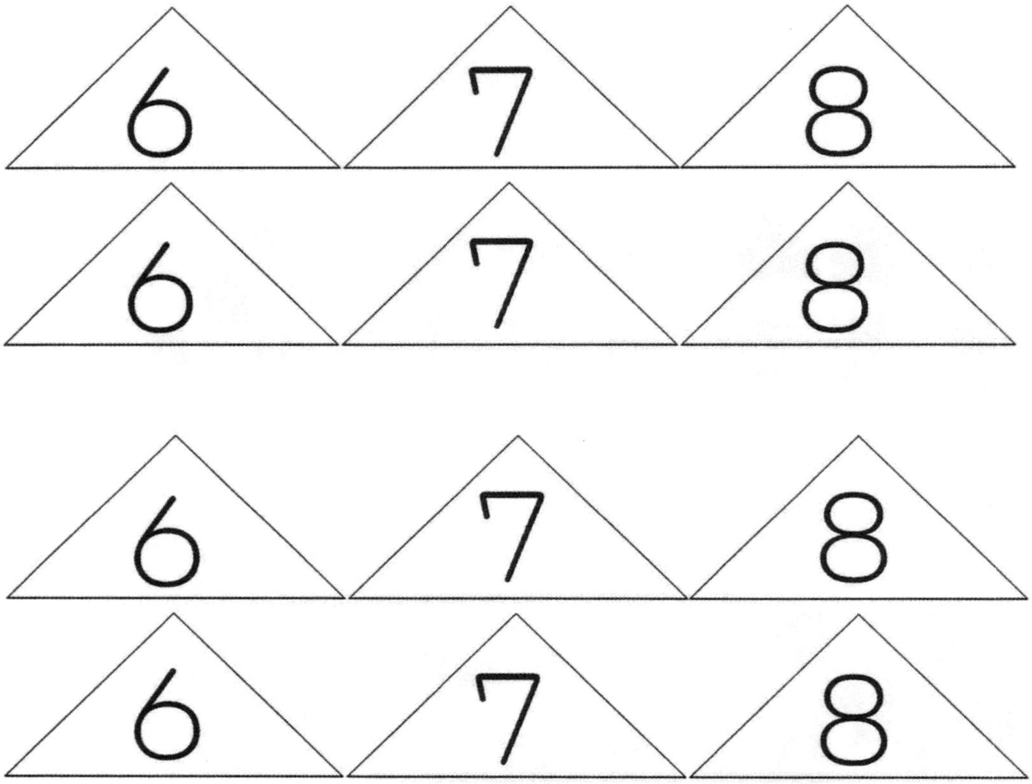

教材 63

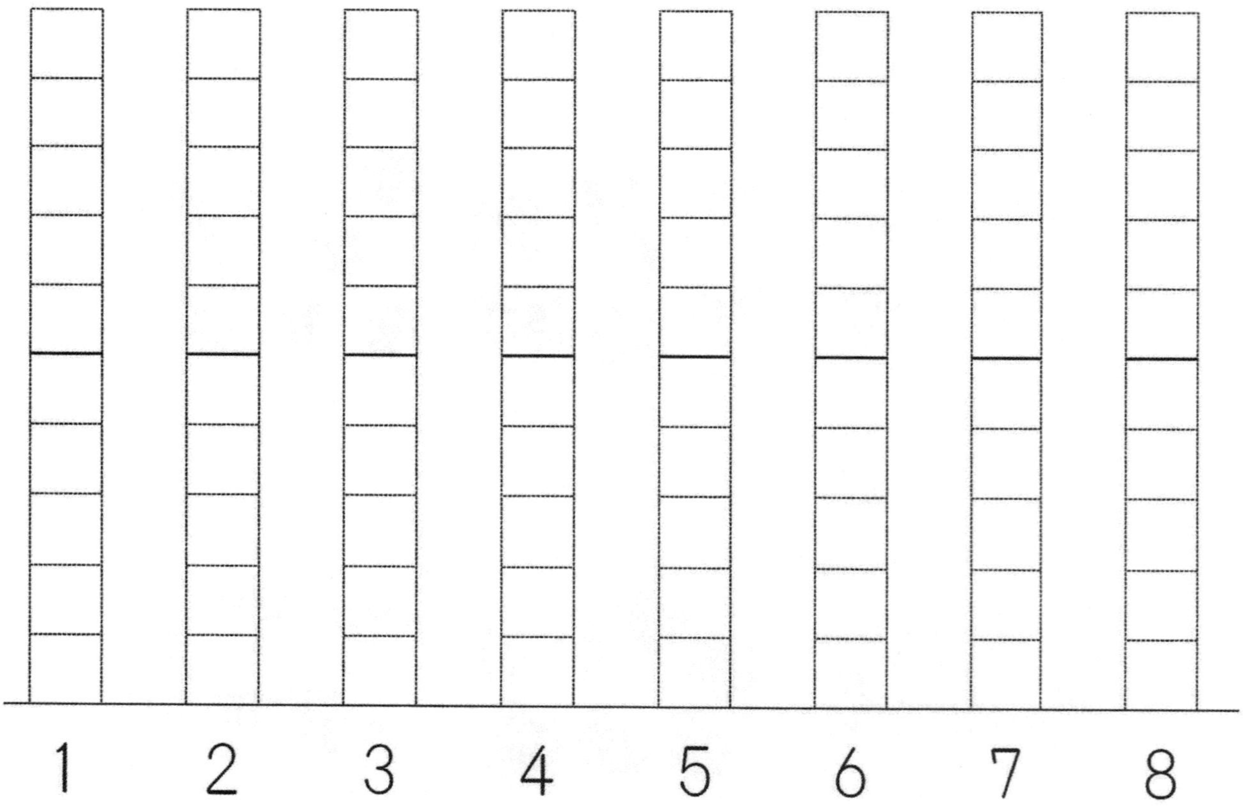

教材 64

教材 65 ①

教材 65 ②

教材 66

教材 67

教材 68 ①

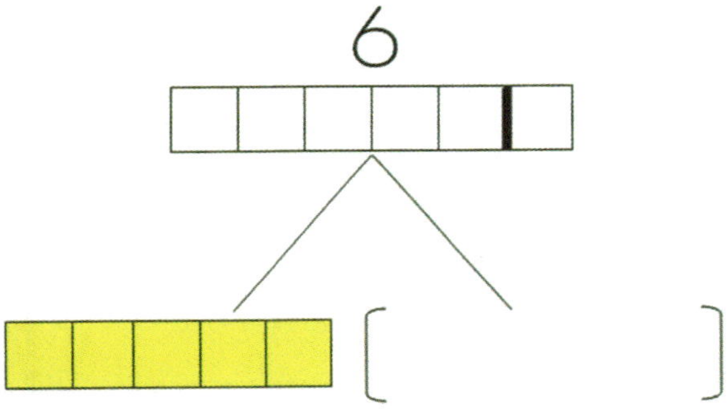

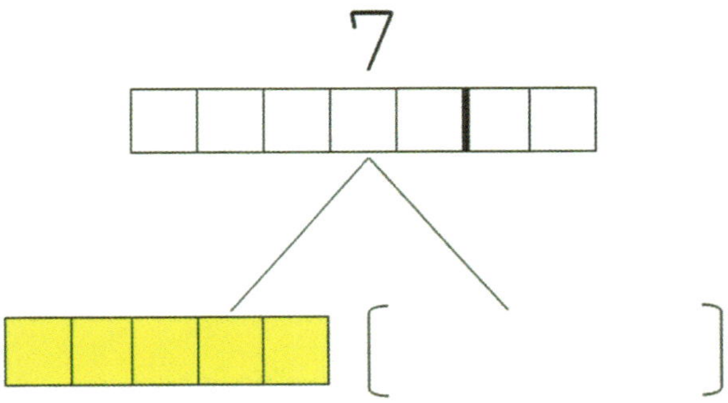

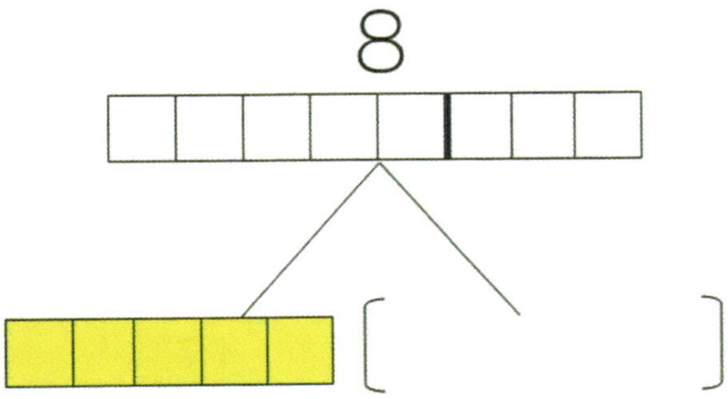

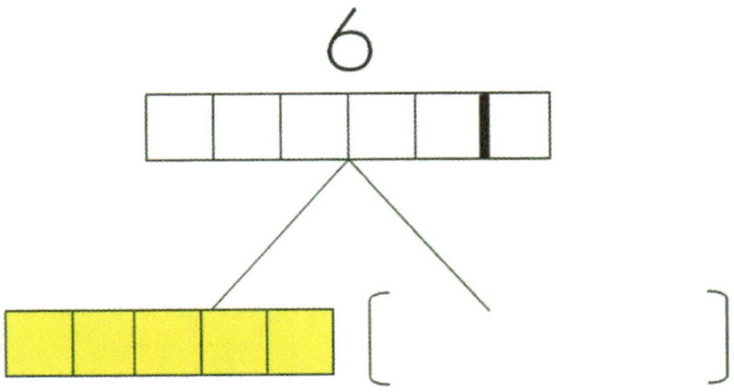

教材 68 ②

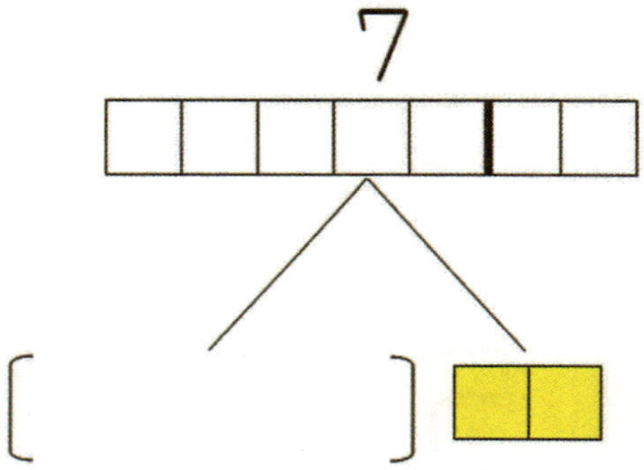

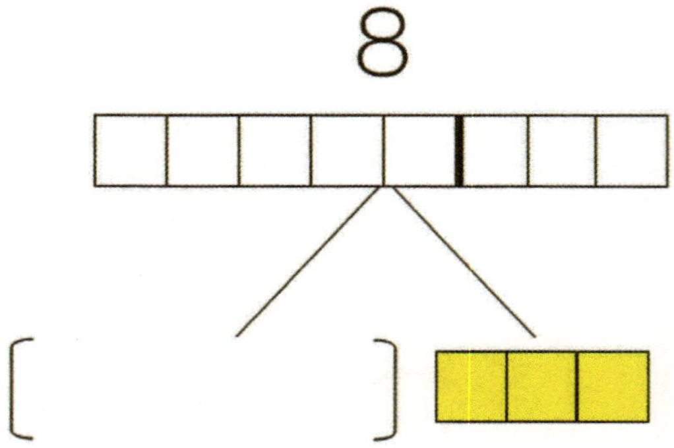

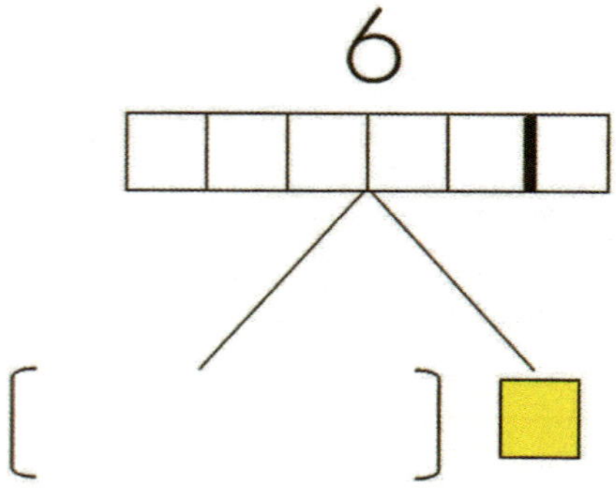

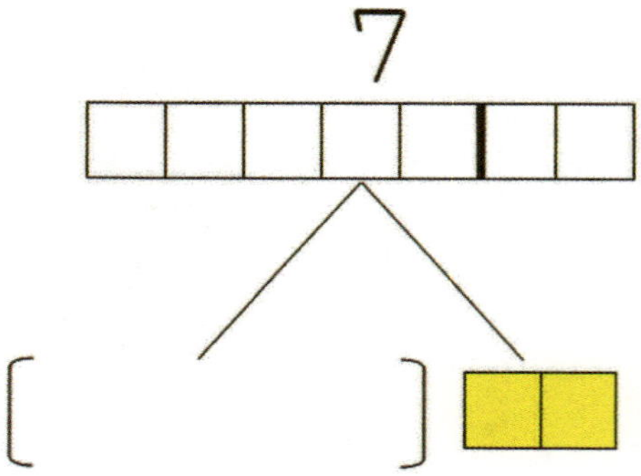

教材 68 ③

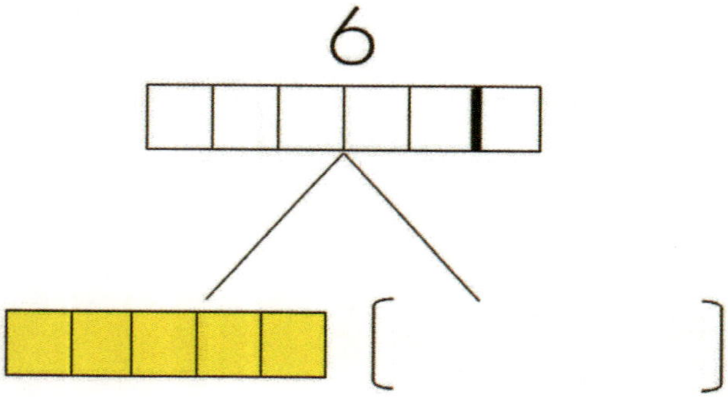

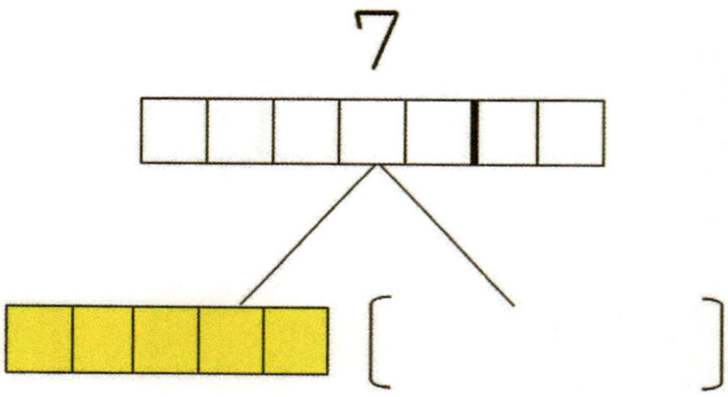

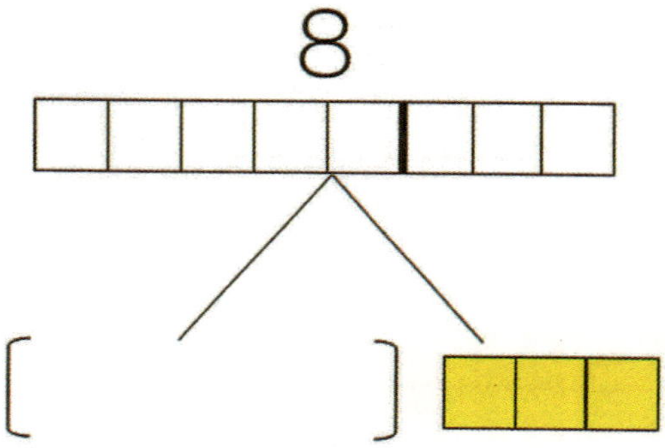

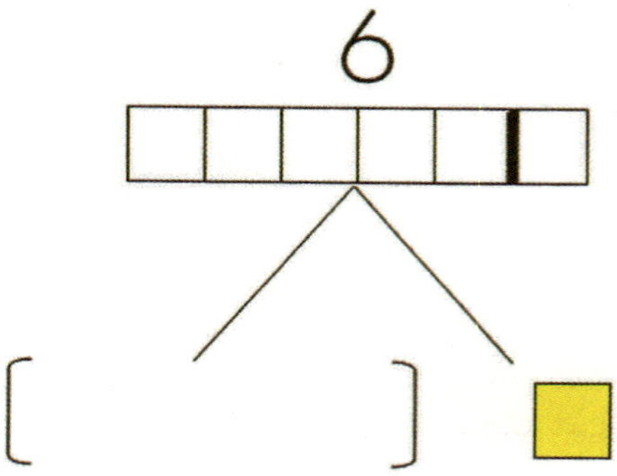

教材 68 ④

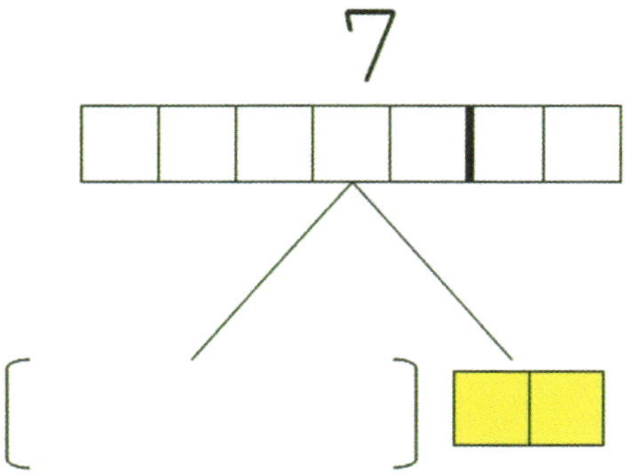

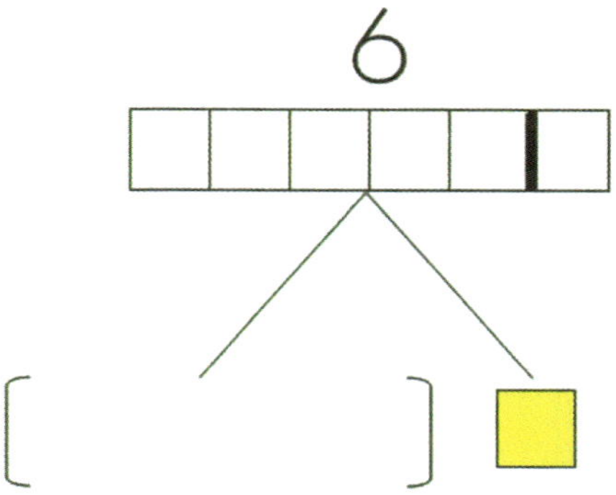

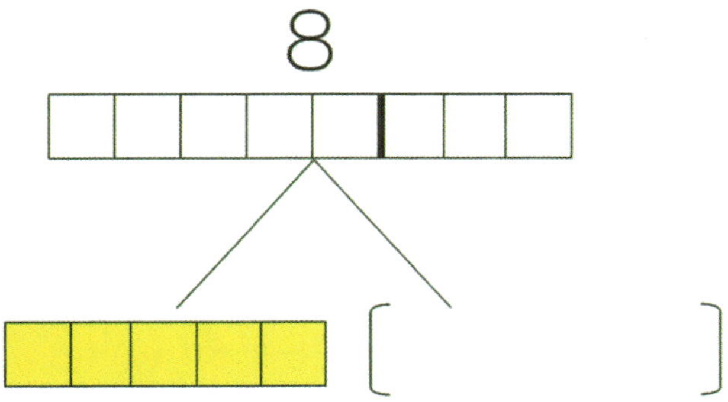

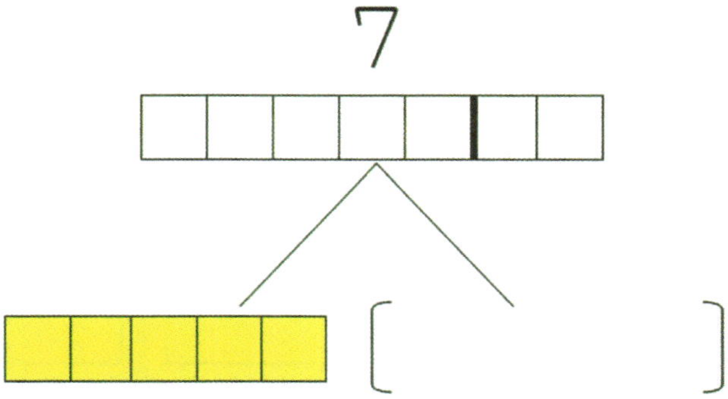

教材 69

教材 70 ①

教材 70 ②

教材 70 ③

教材 71 ①

教材 71 ②

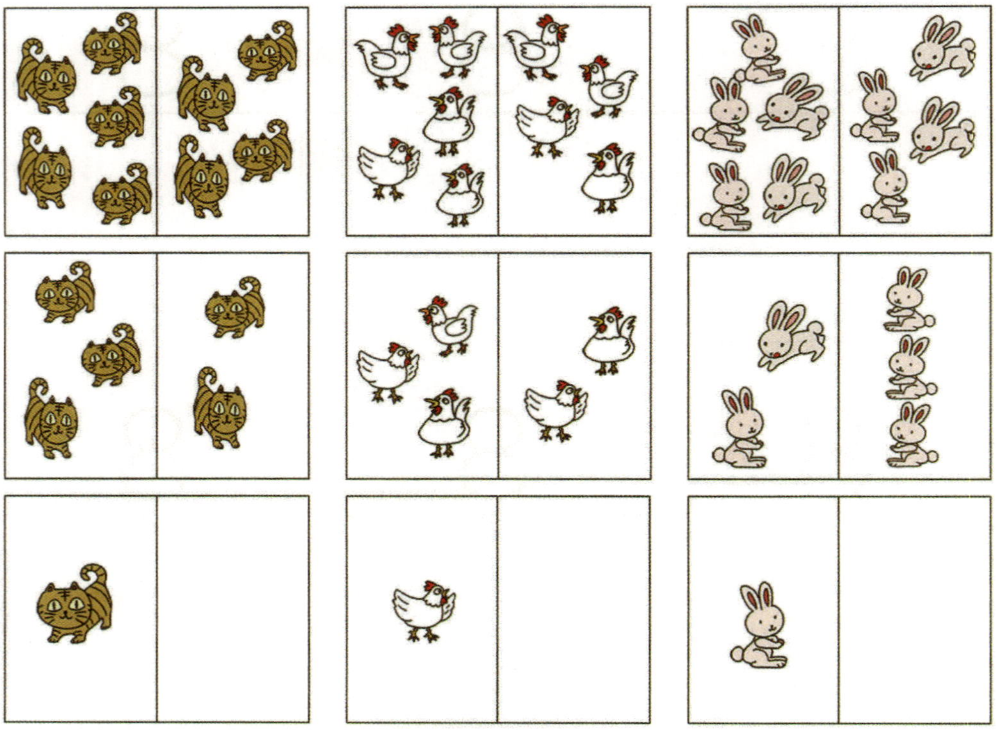

教材 71 ③

教材 71 ④

教材 72 ①

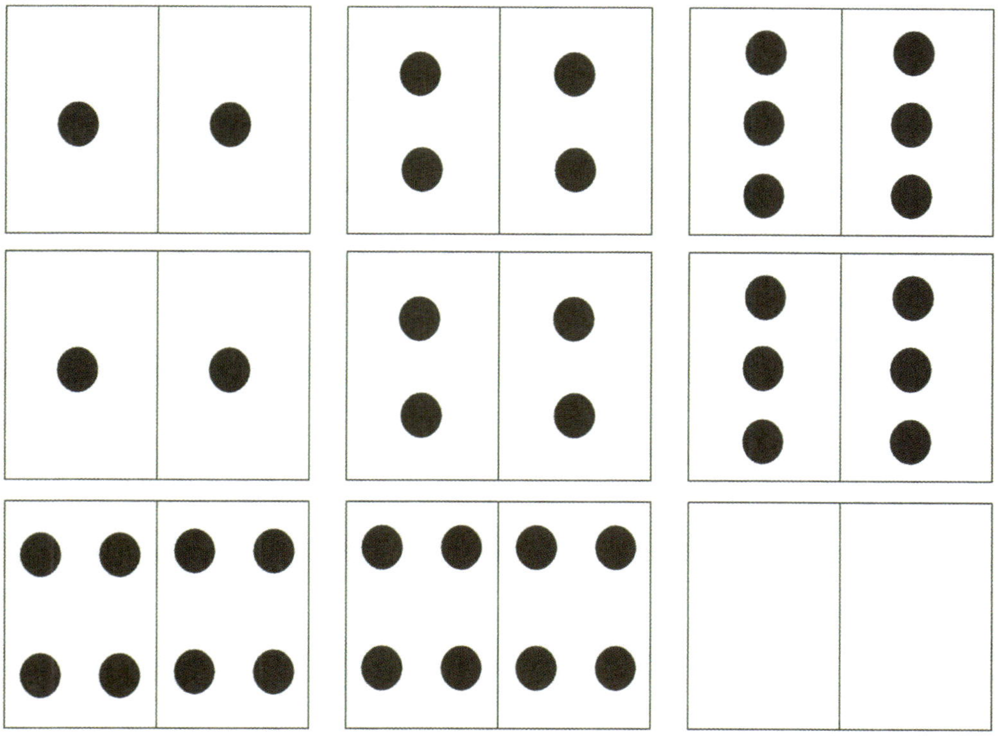

教材 72 ②

教材 73 ①

教材 73 ②

教材 73 ③

教材 73 ④

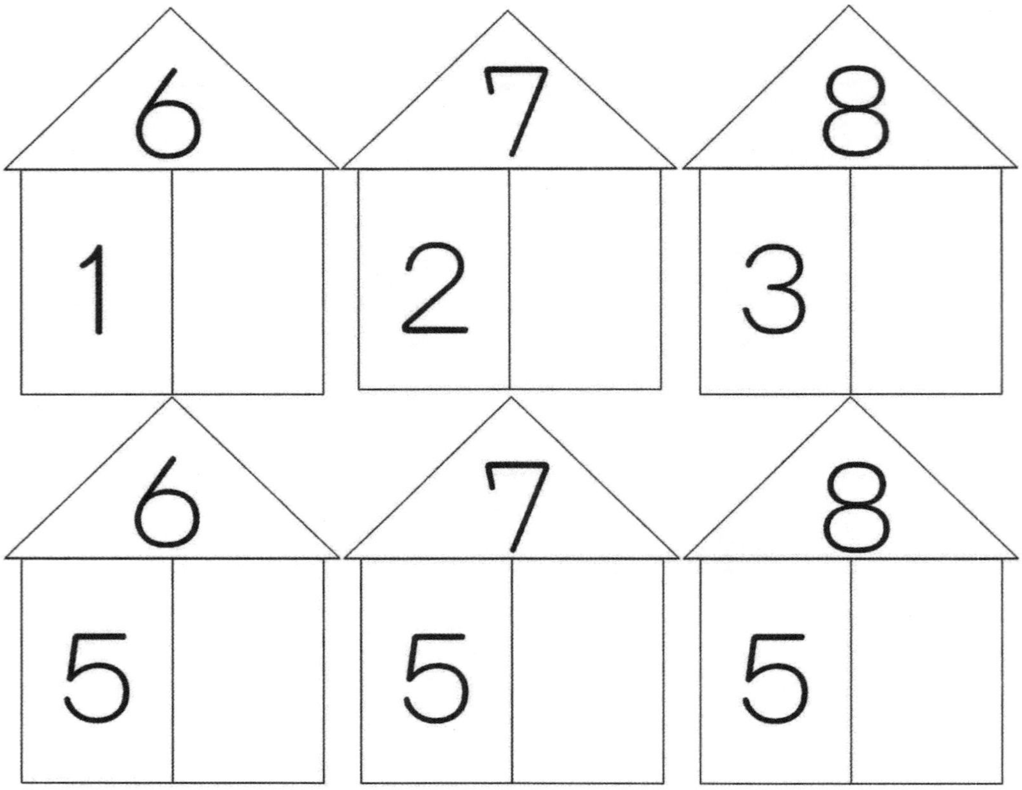
6
7
8
1
2
3
6
7
8
5
5
5

教材 73 ⑤

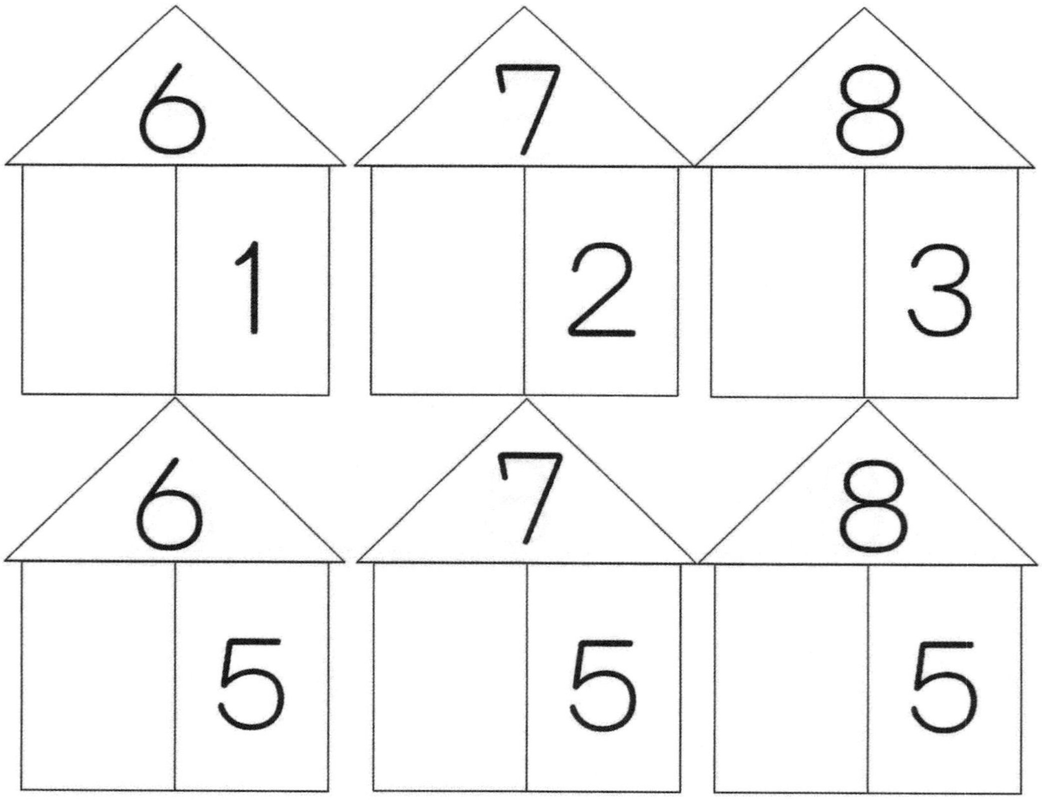
6
7
8
1
2
3
6
7
8
5
5
5

教材 74 ①

1	1	1	1	1	1
2	2	2	2	2	2
3	3	3	3	3	3

教材 74 ②

4	4	4	4	4	4
5	5	5	5	5	5
0	0	0	0	0	0

教材 75

6	7	8

教材 76

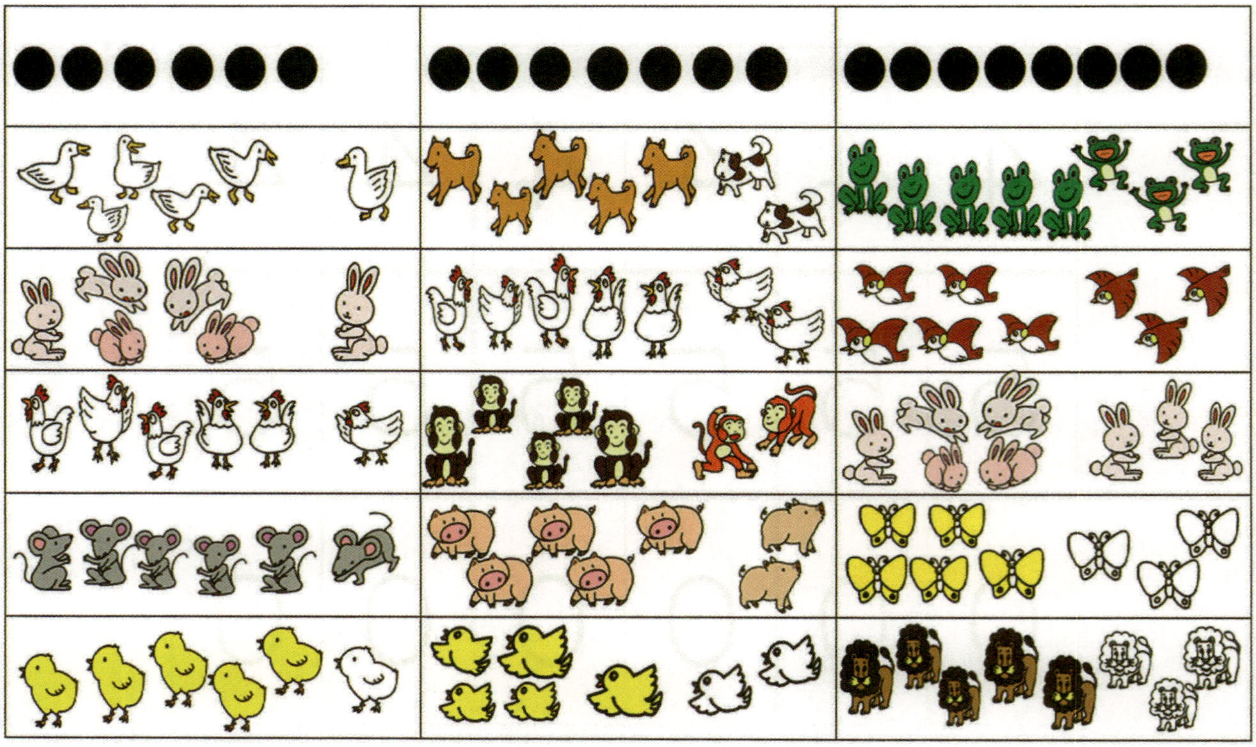

教材 77

9 く	10 じゅう

教材 78

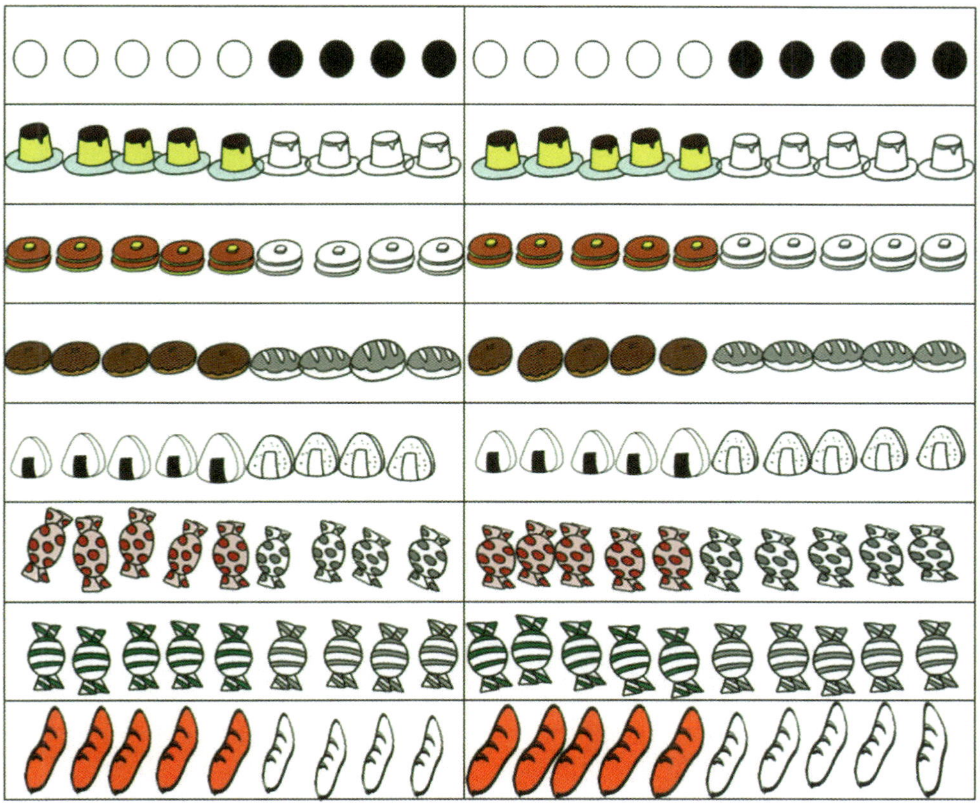

教材 79

9 く

教材 80

10 じゅう

教材 81 ①

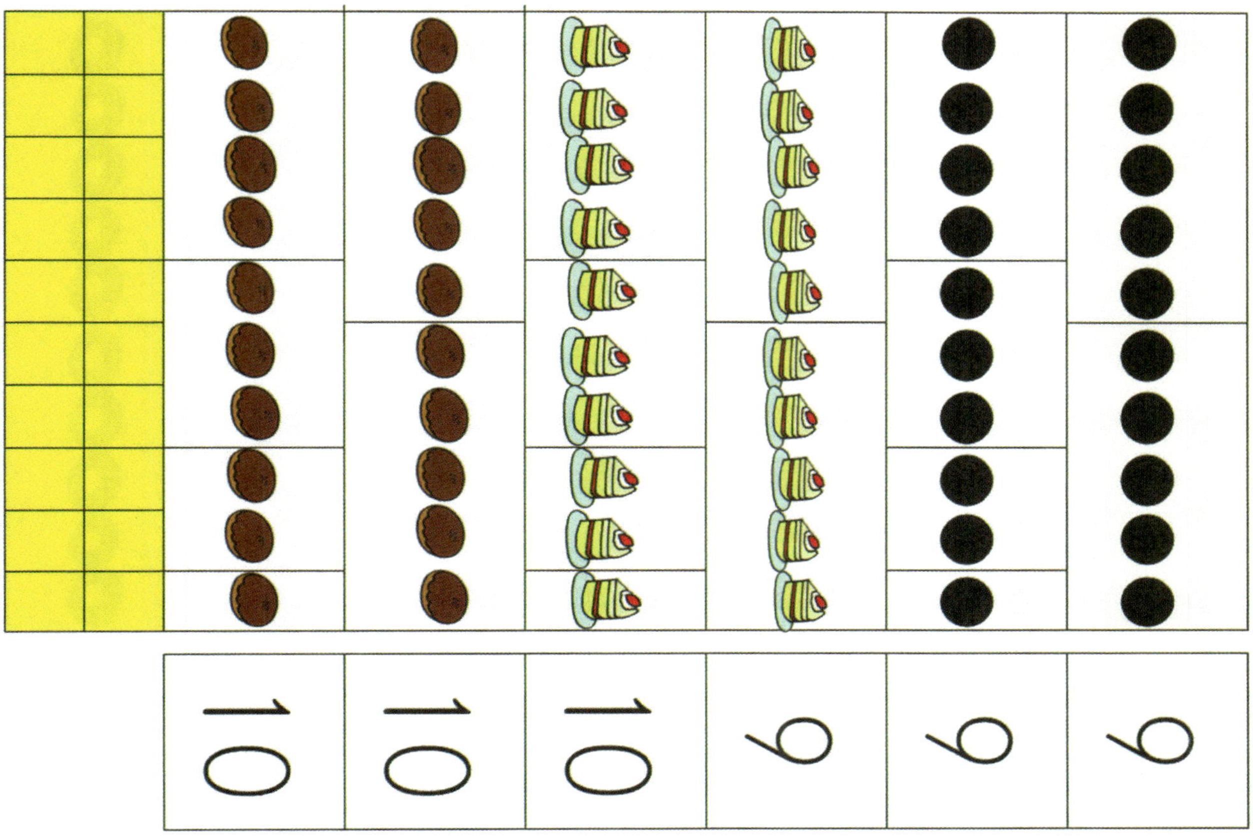

教材 81 ②

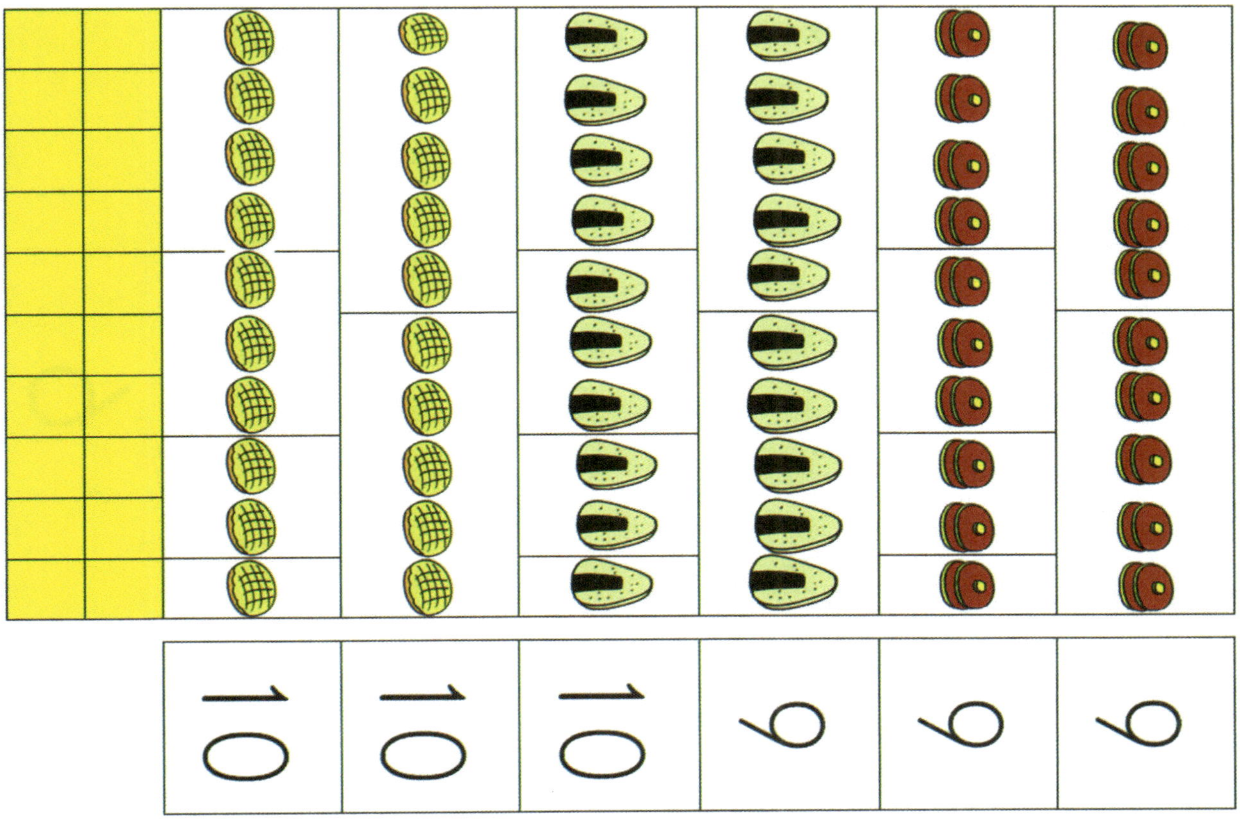

教材 81 ③

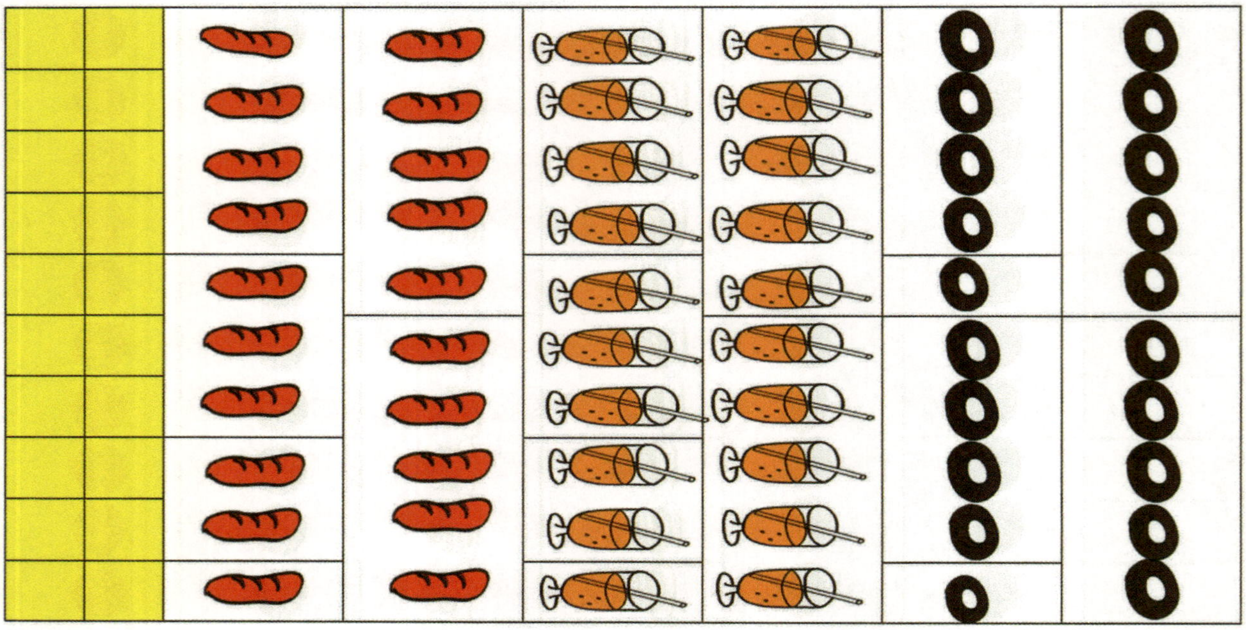

10	10	10	9	9	9

教材 82

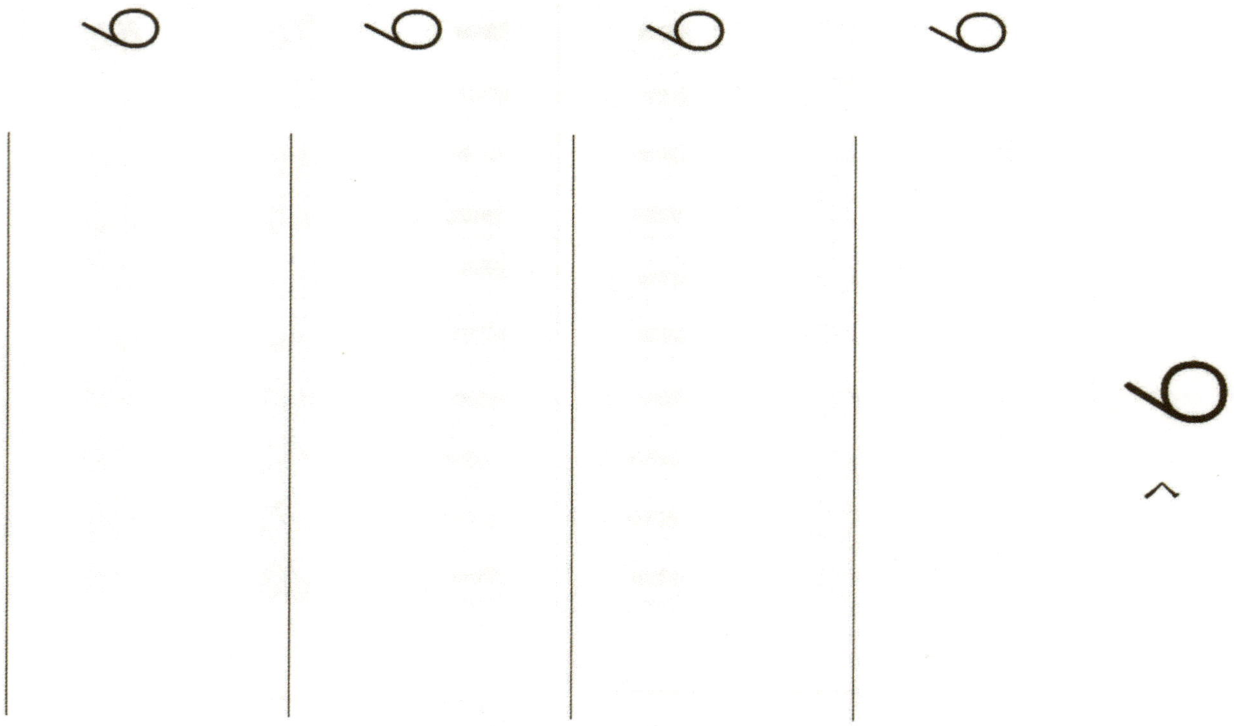

教材 83

10 じゅう

10

10

10

10

教材 84 ①

教材 84 ②

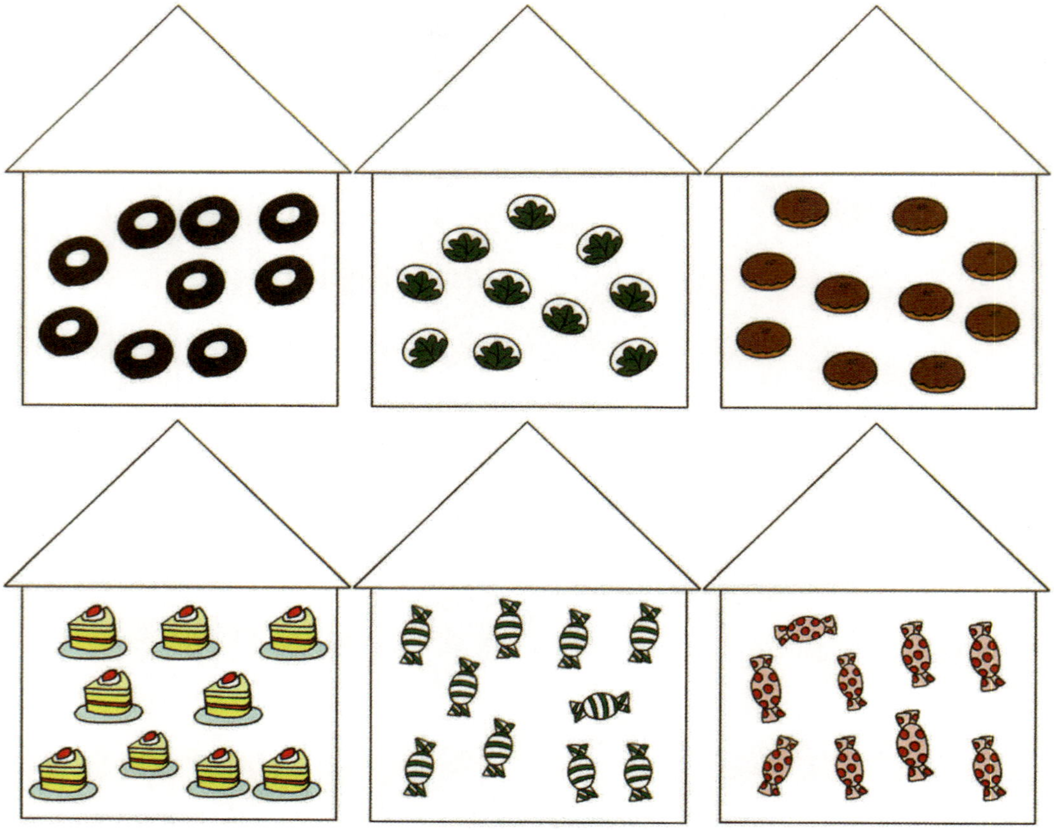

教材 85

教材 86

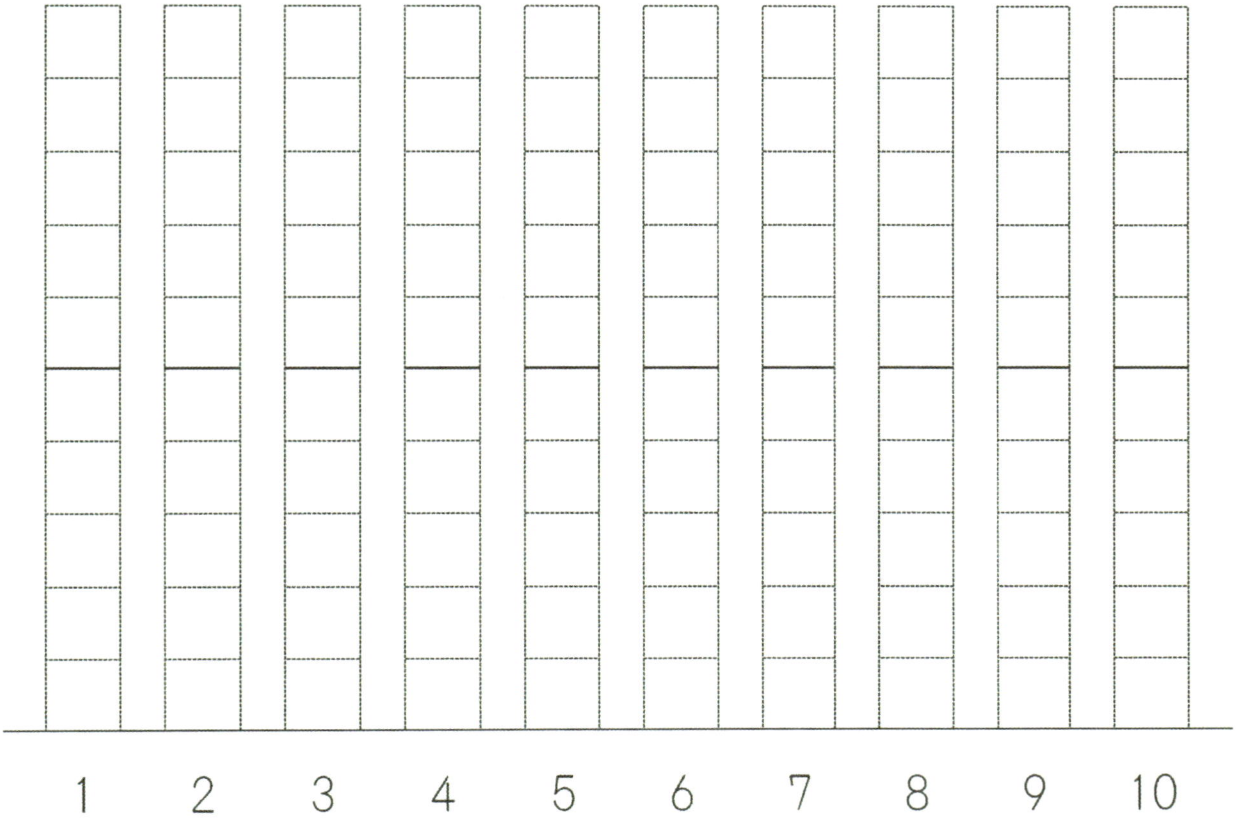

教材 87

教材 88 ①

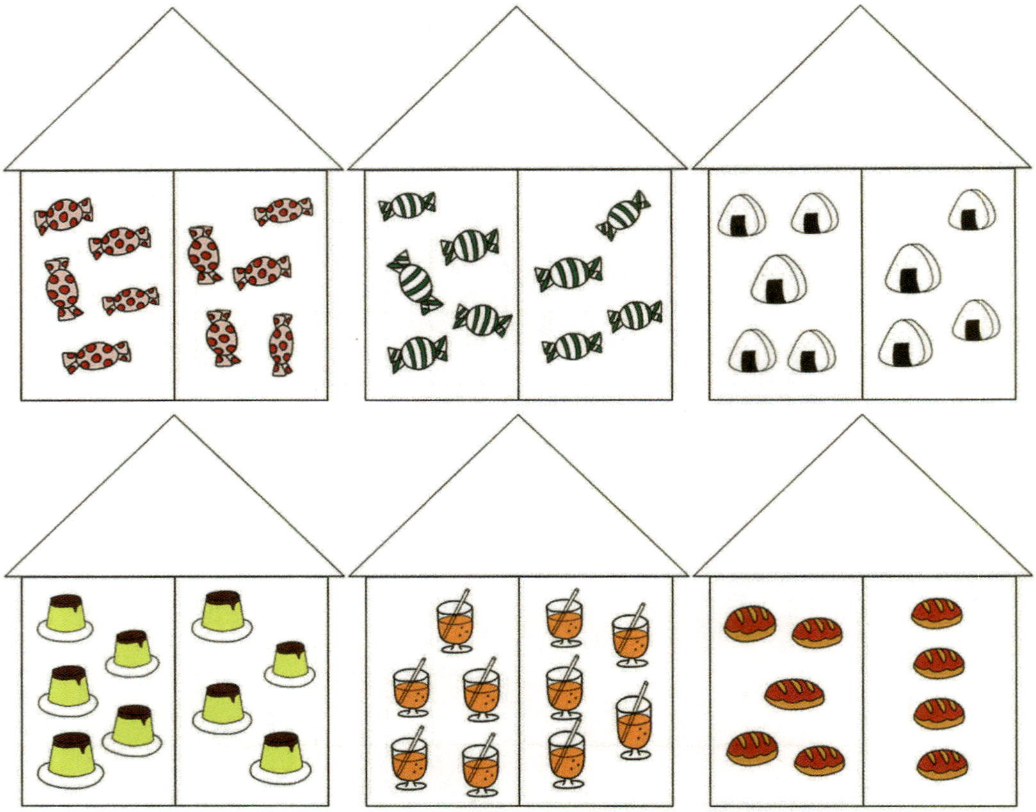

教材 88 ②

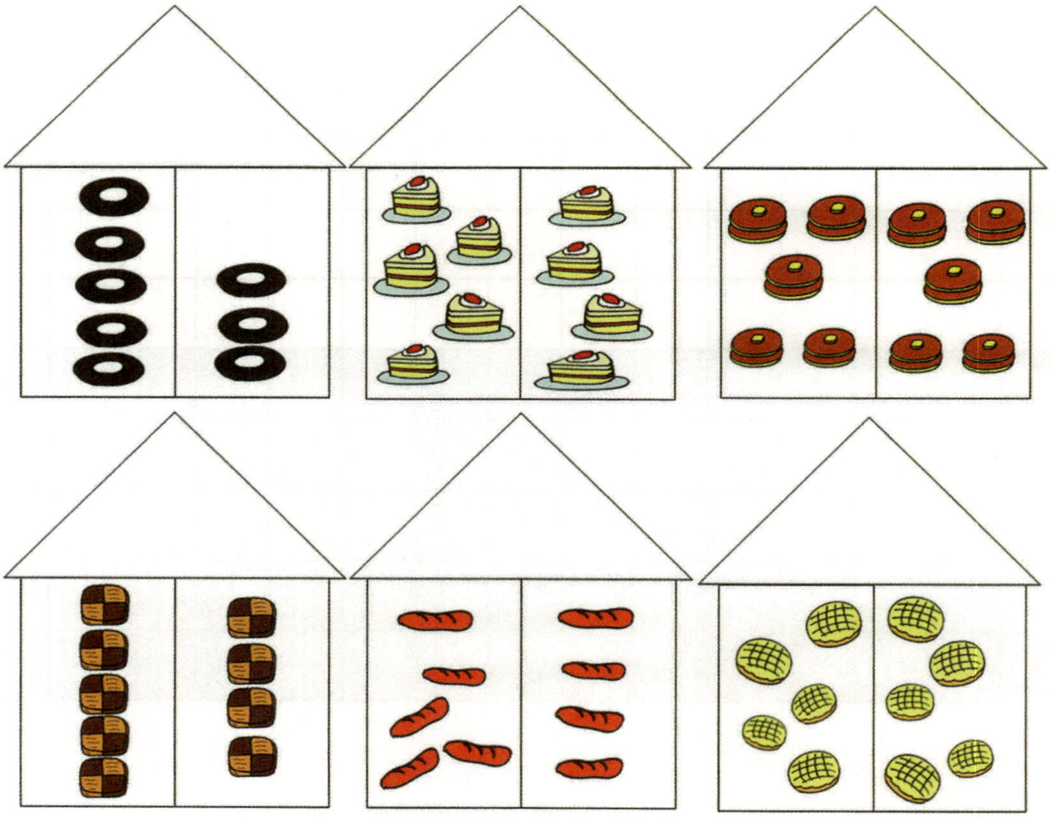

教材 89

教材 90

教材 91

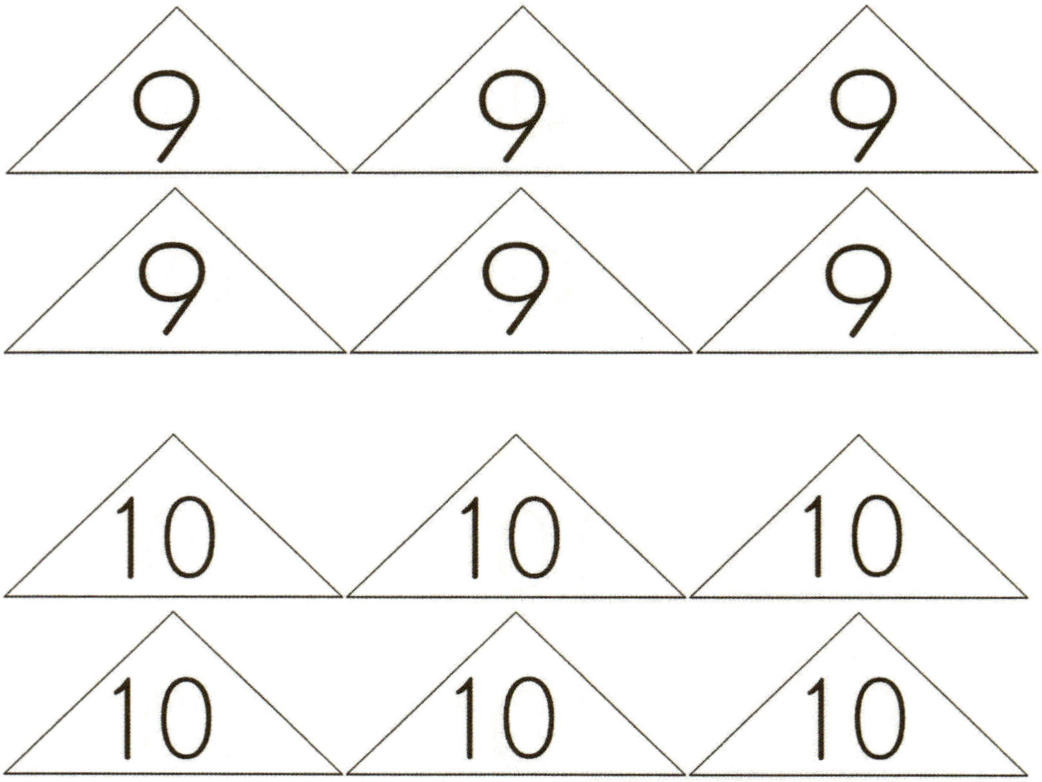
9
9
9
9
9
9
10
10
10
10
10
10

教材 92 ①

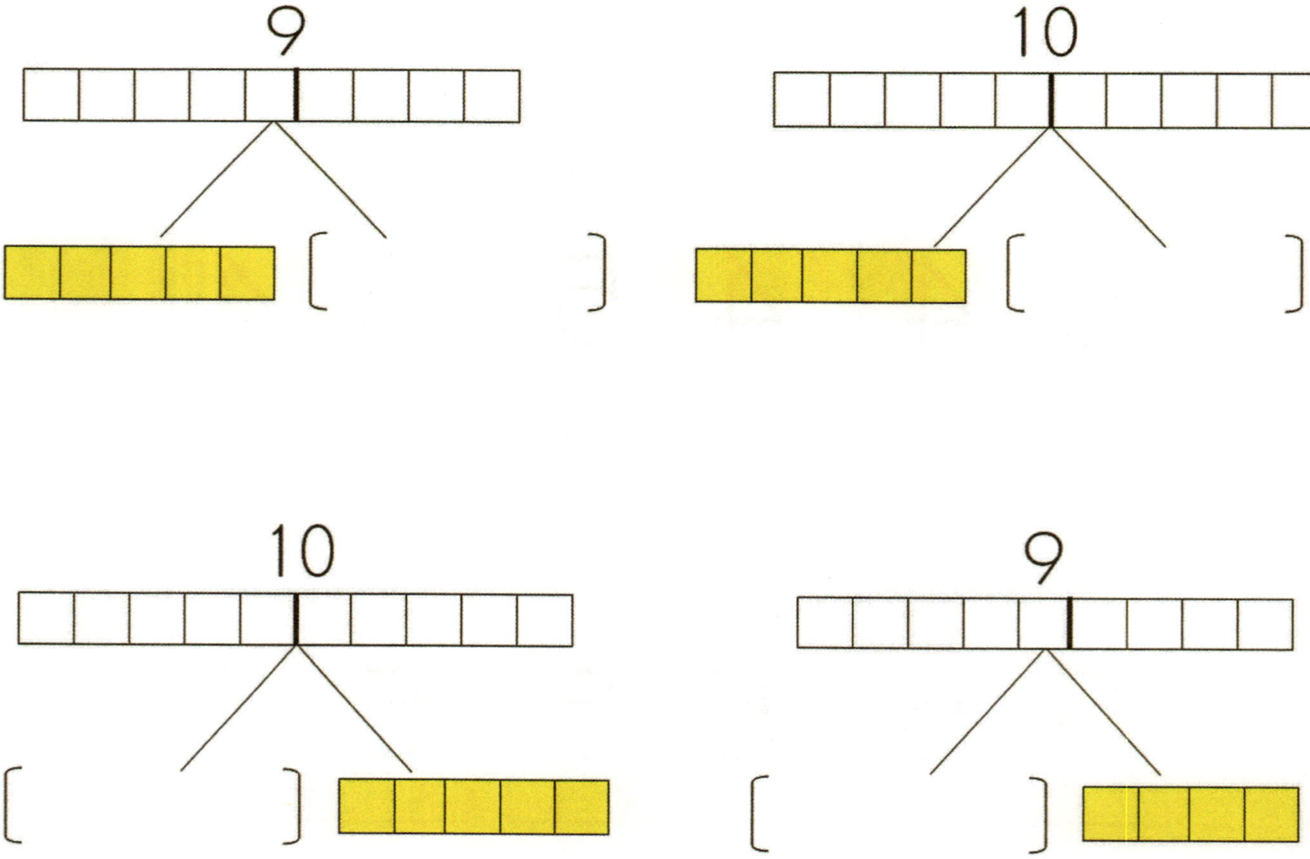
9
10
10
9

教材 92 ②

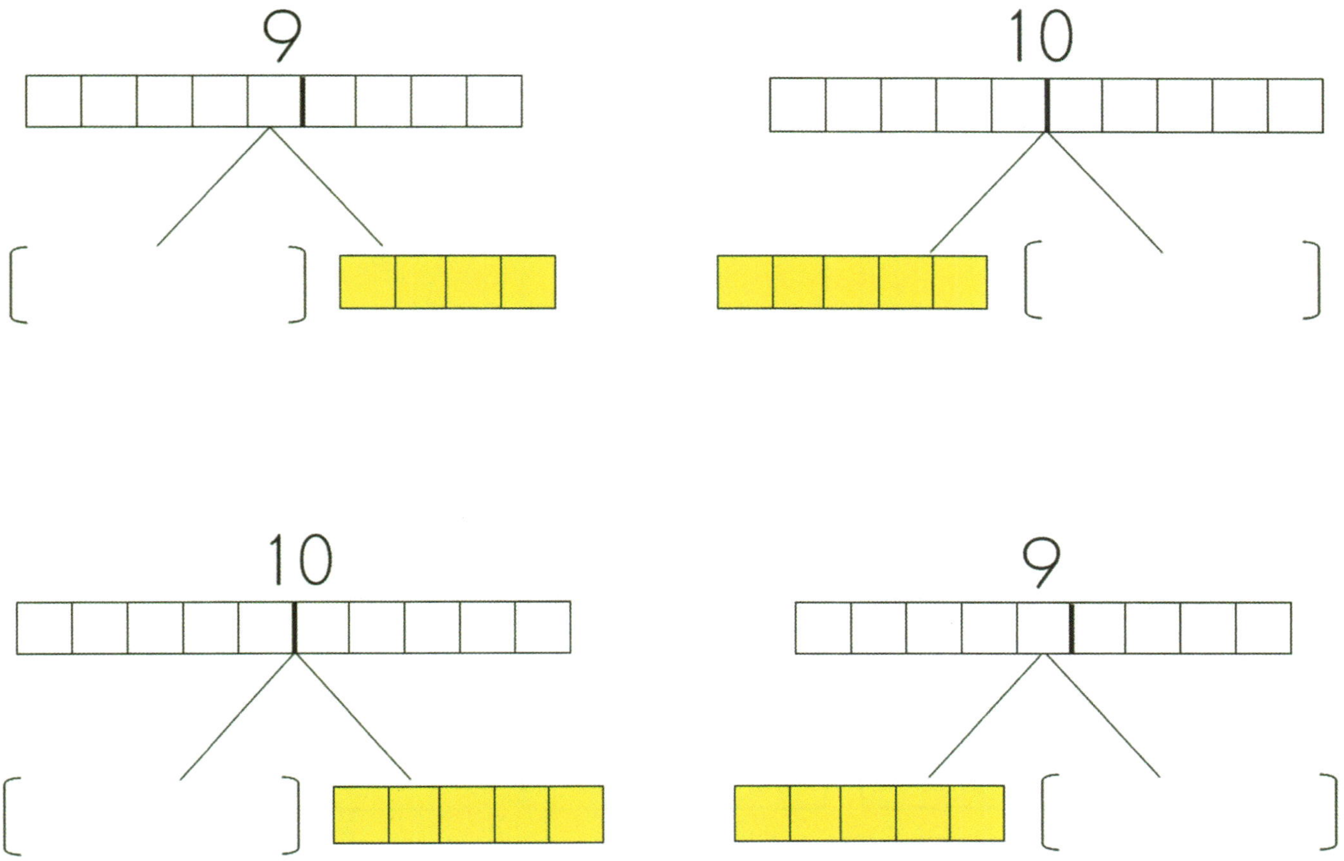

教材 93

教材 94 ①

教材 94 ②

教材 95 ①

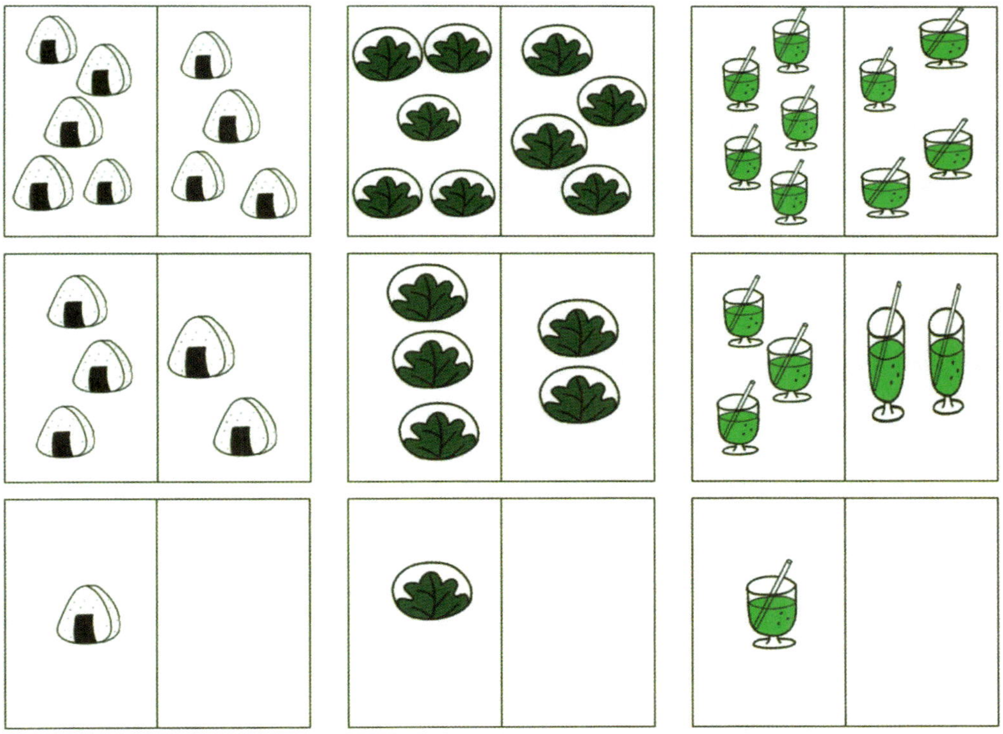

教材 95 ②

教材 95 ③

教材 95 ④

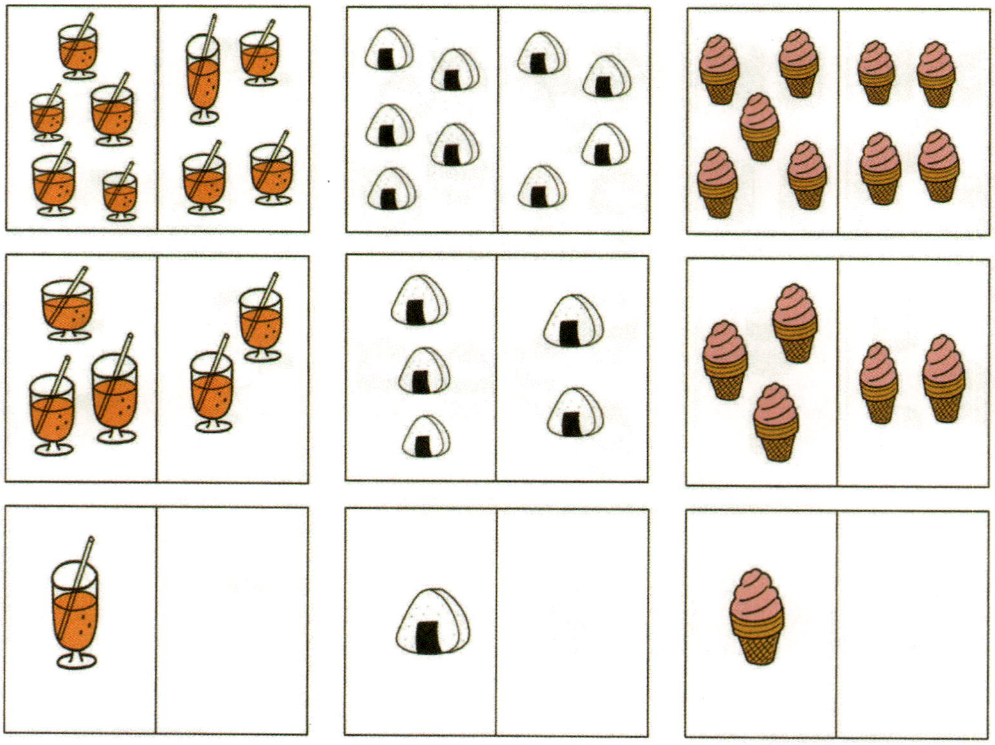

教材 96 ①

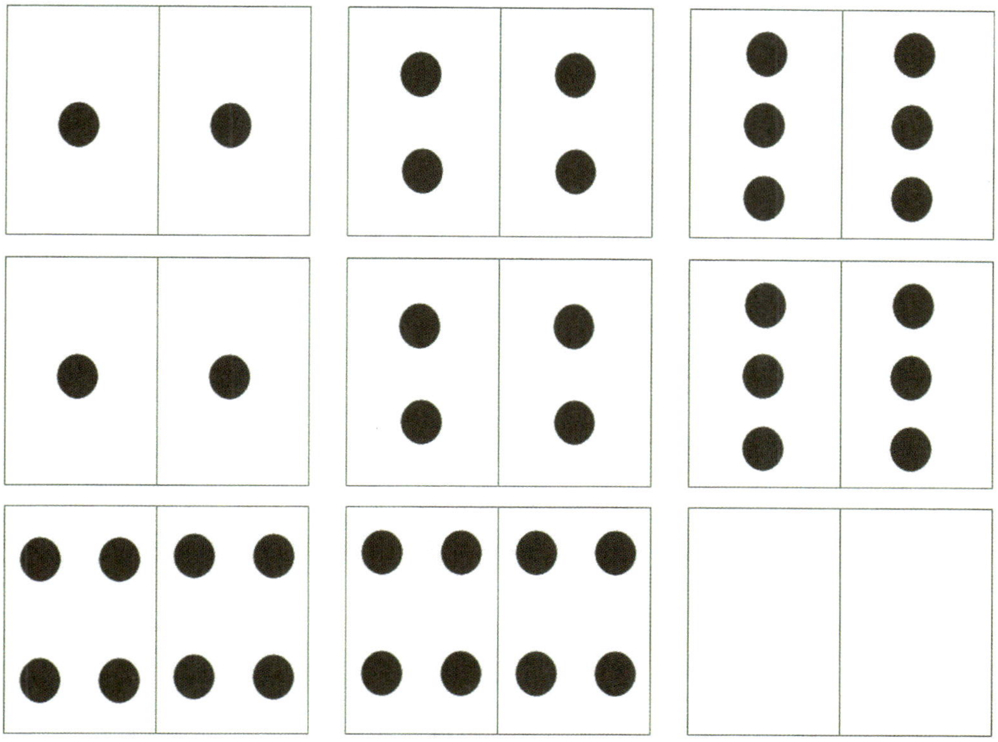

教材 96 ②

教材 97 ①

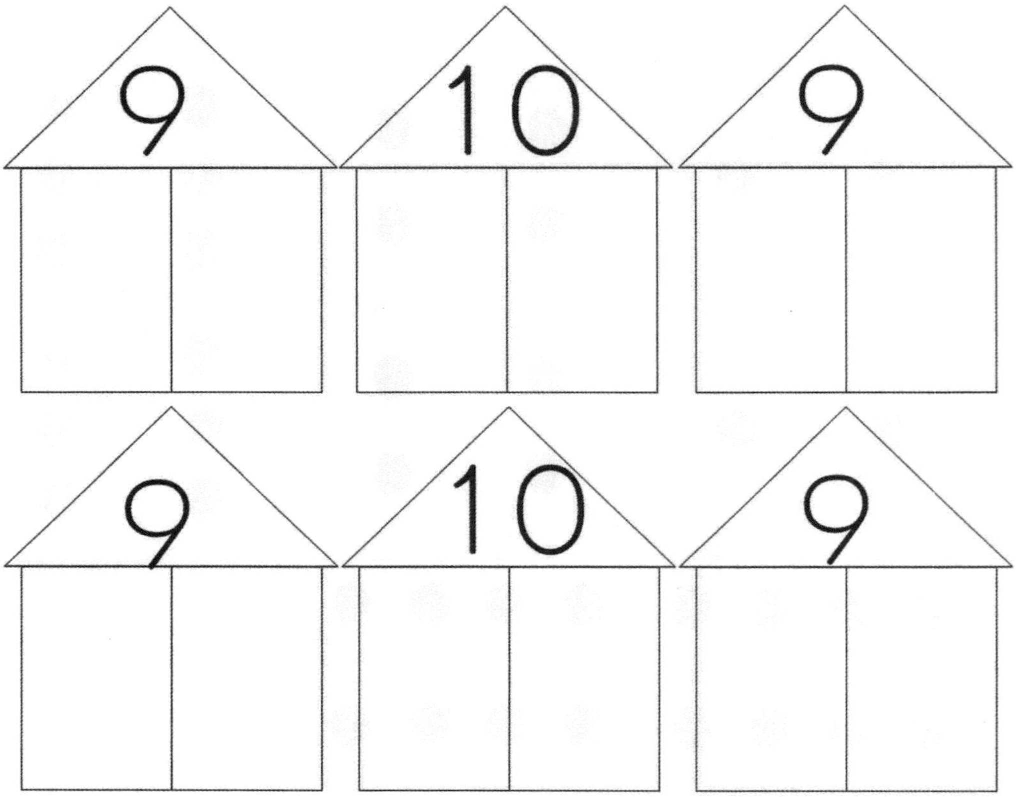
9
10
9
9
10
9

教材 97 ②

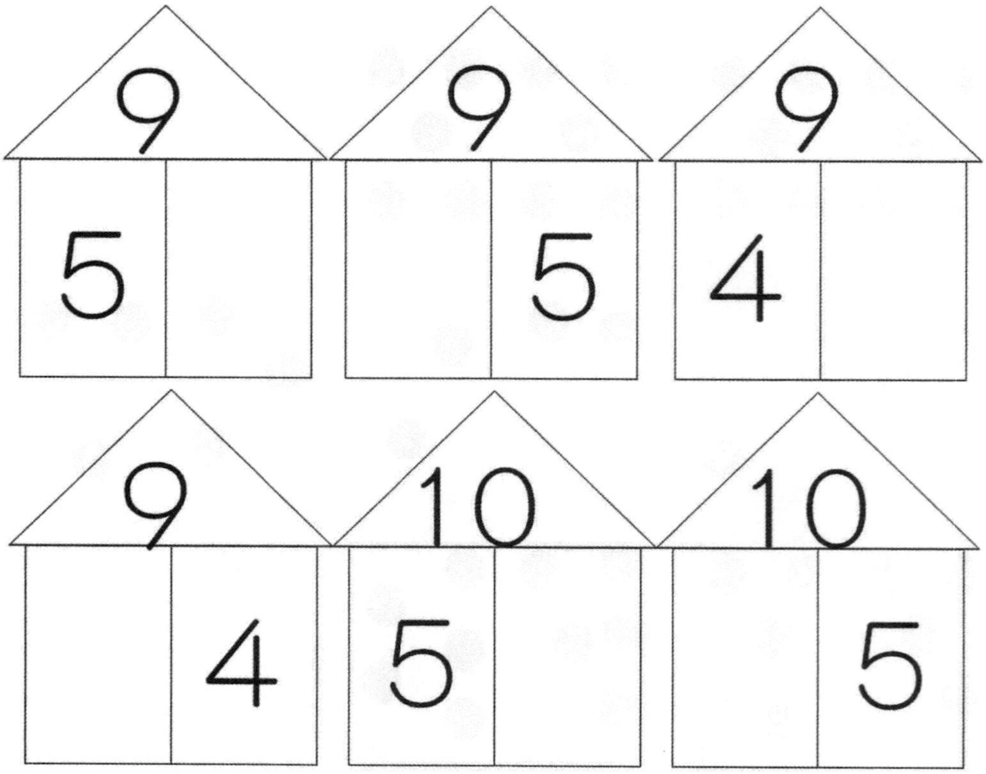
9
5
9
5
9
4
9
4
10
5
10
5

教材 98

4	4	4	4	4	4
5	5	5	5	5	5

教材 99

									9
									10

教材 100

教材 101

☆ 10を　つくろう。

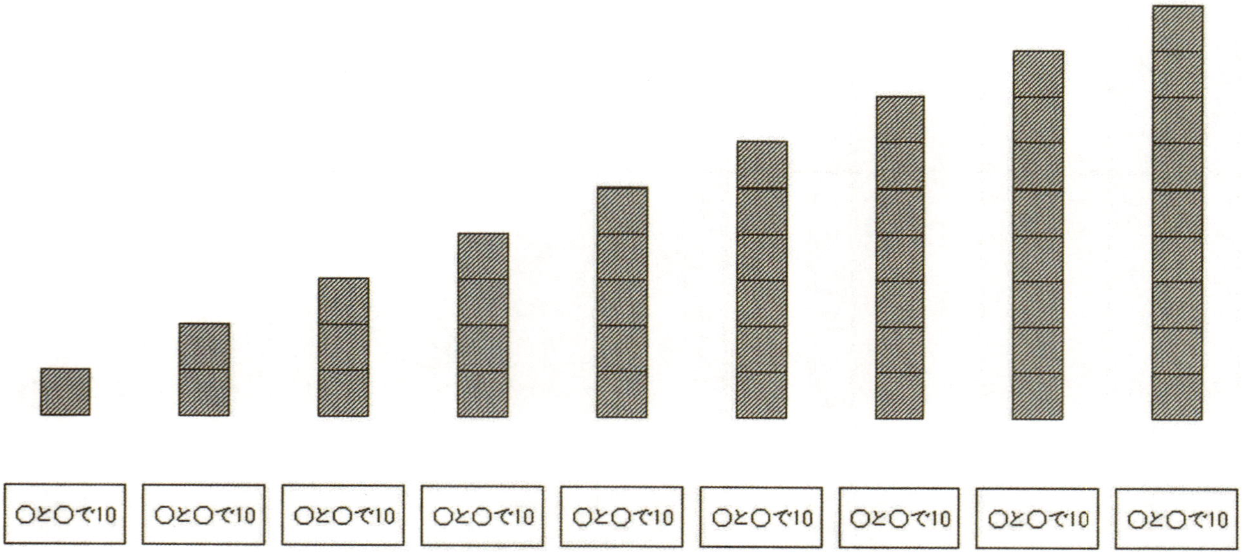

教材 102

教材 103 ①

教材 103 ②

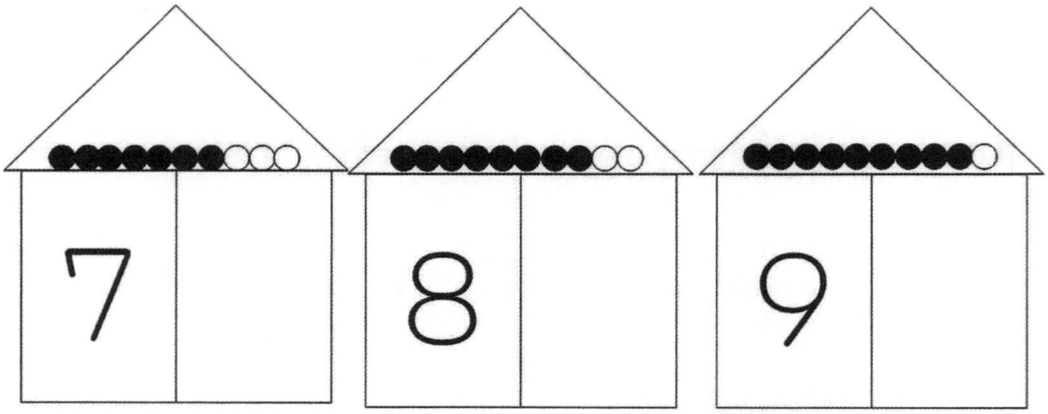

教材 104

1	2	3	4	5	6	7	8	9
1	2	3	4	5	6	7	8	9
1	2	3	4	5	6	7	8	9

1部

3章　ワークシート一覧

１章で用いたすべてのワークシートを一覧で掲載しています。付録のCD－ROMにPDFデータを収録していますので、パソコンでプリントしてご使用ください。

ワークシート 1

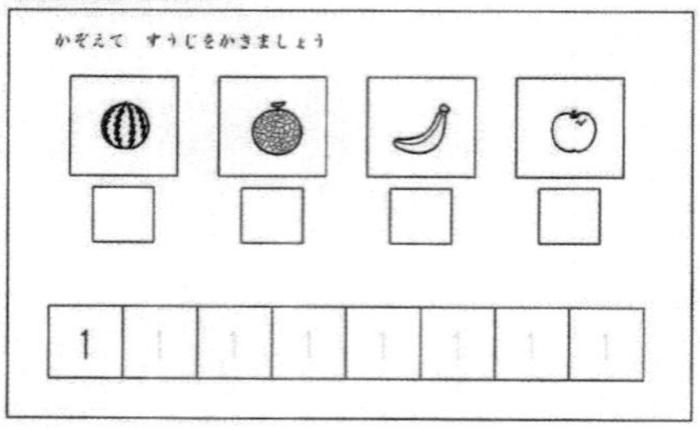

ワークシート 2

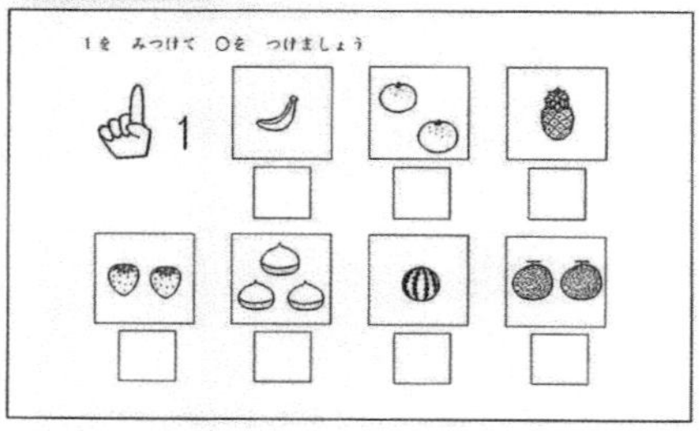

ワークシート 3

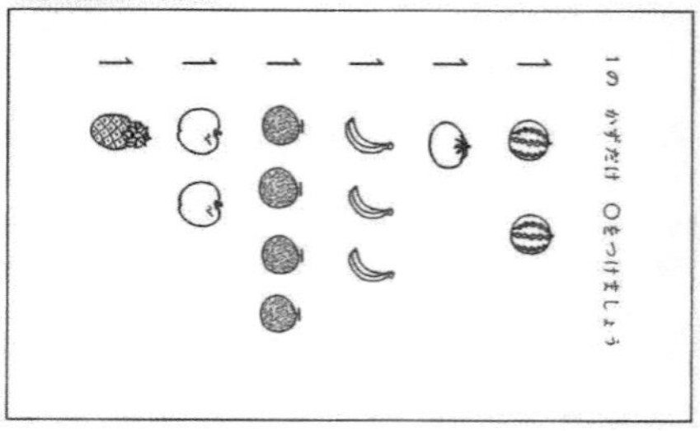

ワークシート 4

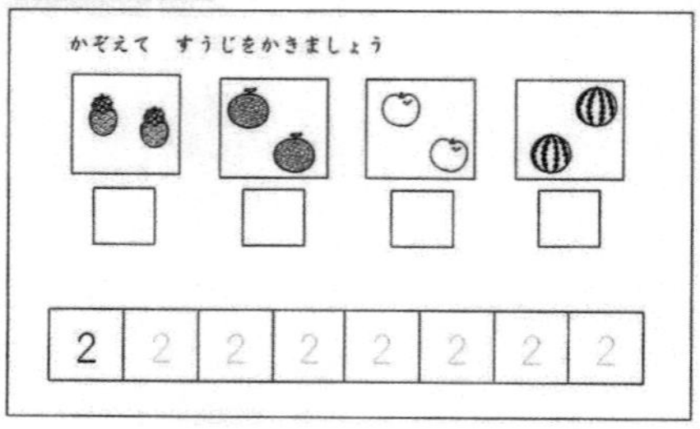

ワークシート 5

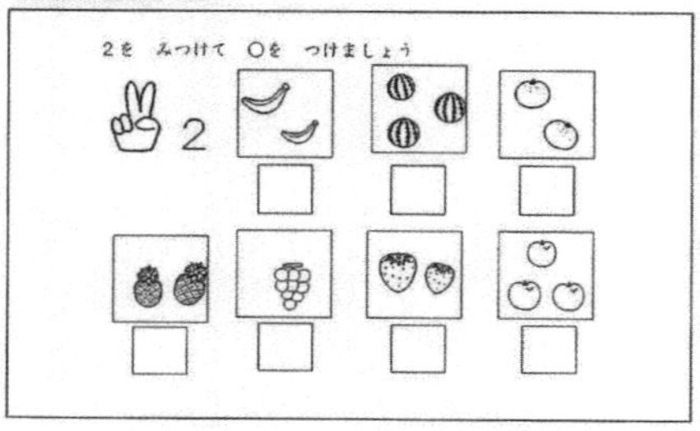

ワークシート 6

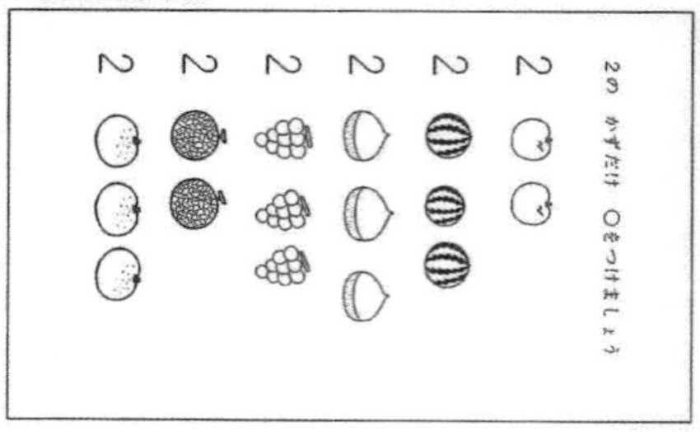

ワークシート 7

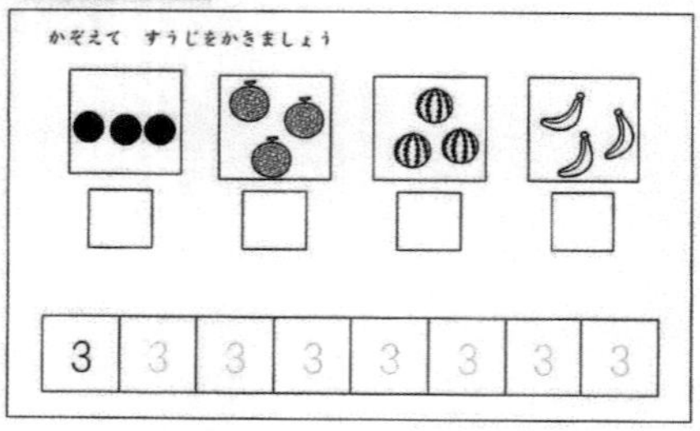

ワークシート 8

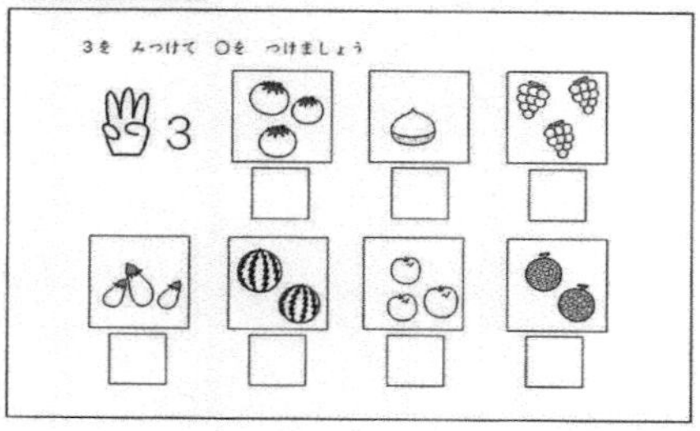

ワークシート 9

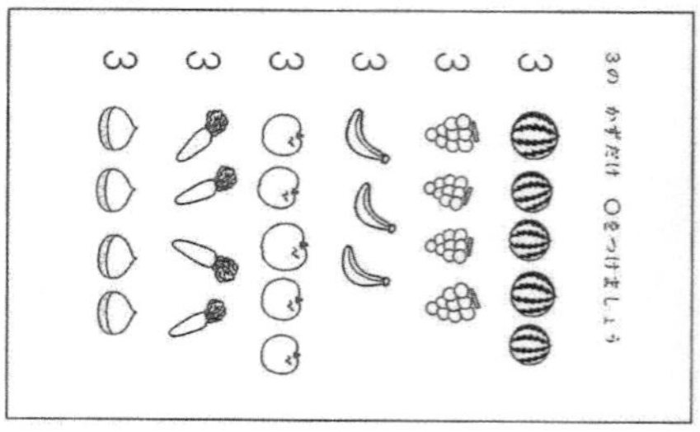

ワークシート 10

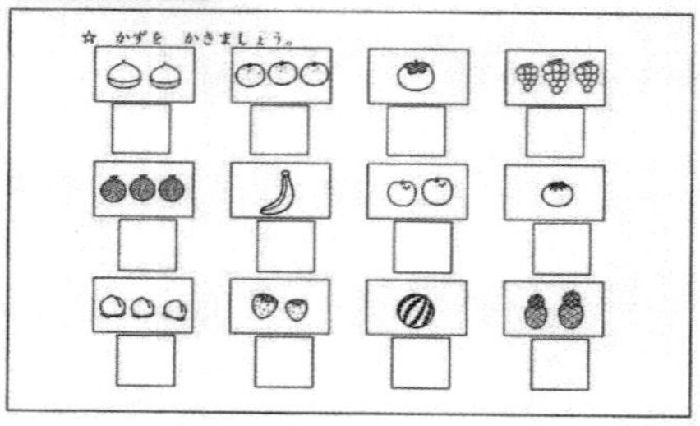

ワークシート 11

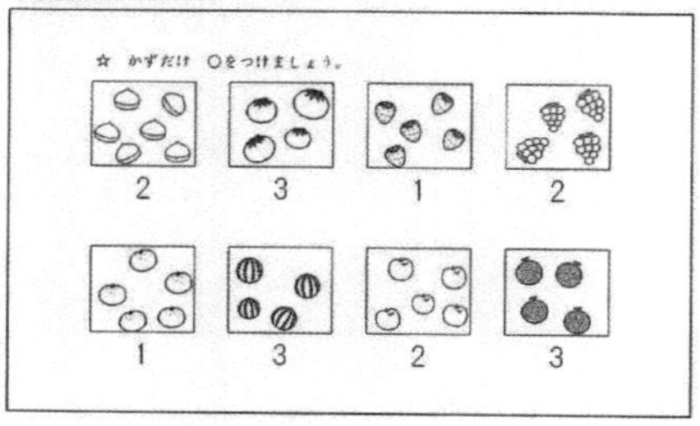

ワークシート 12

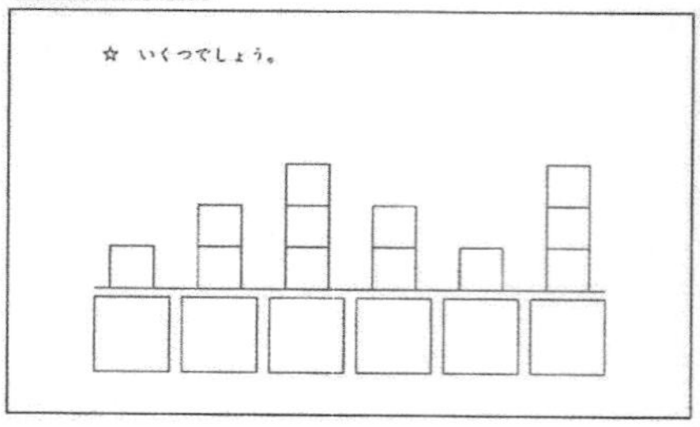

ワークシート 13

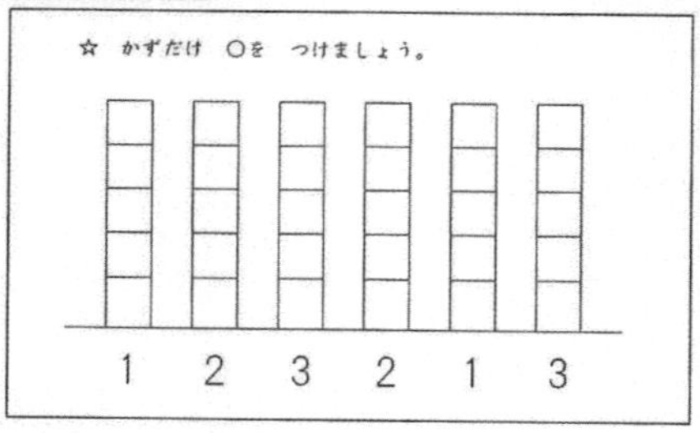

ワークシート 14

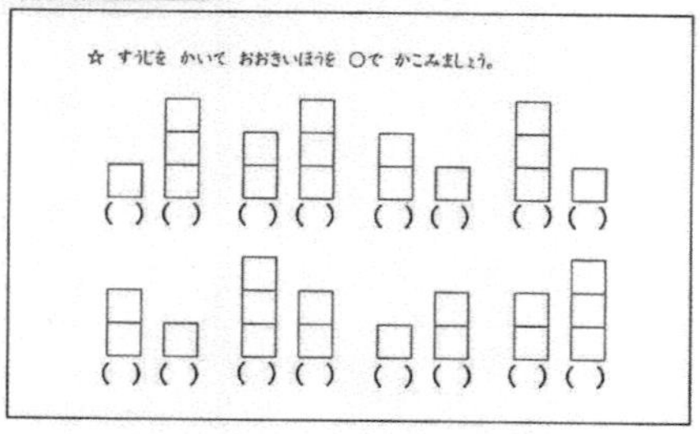

ワークシート 15 ①

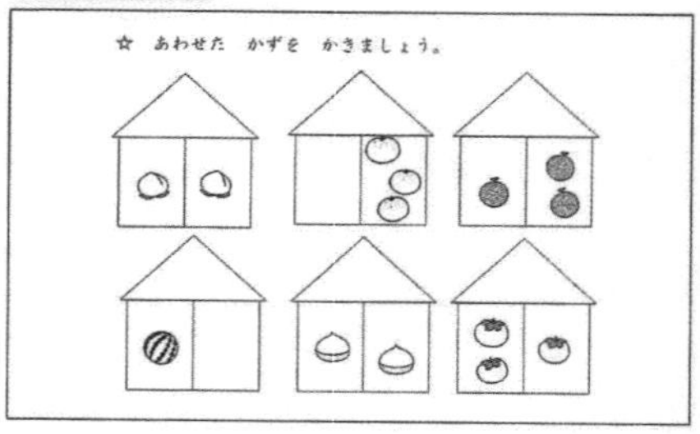

ワークシート 15 ②

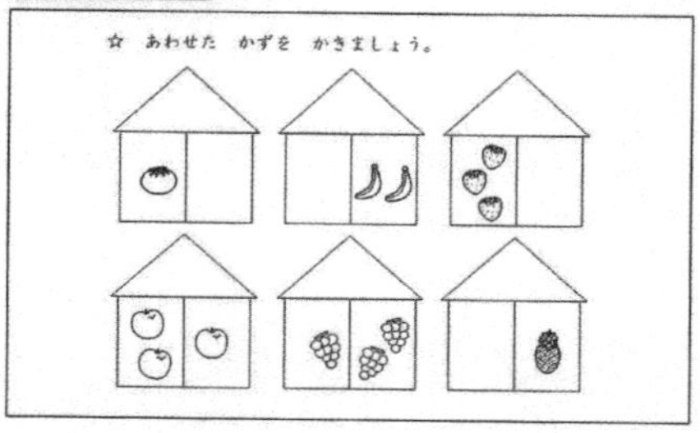

ワークシート 16 ①

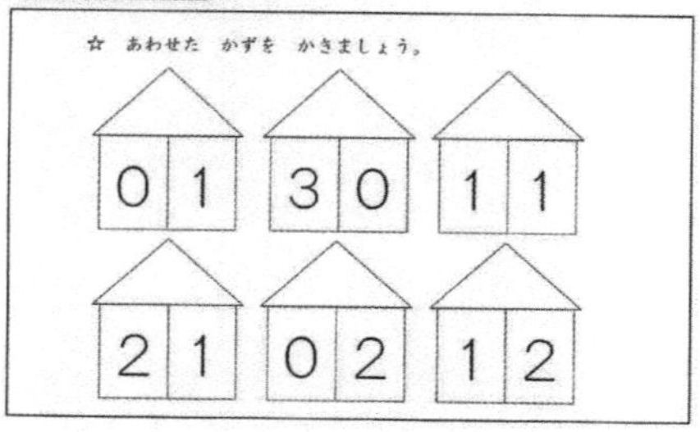

ワークシート 16 ②

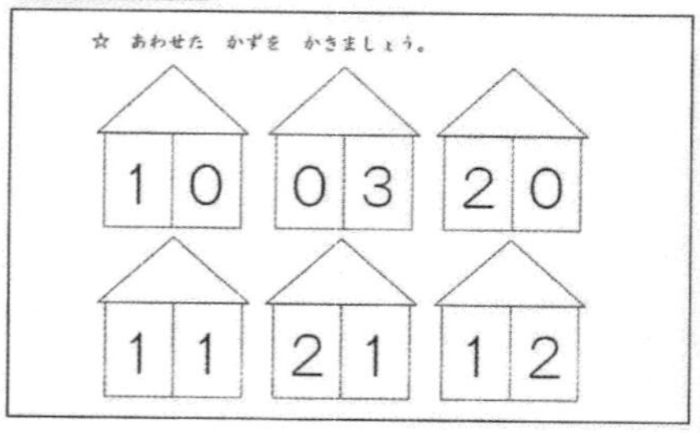

ワークシート 17

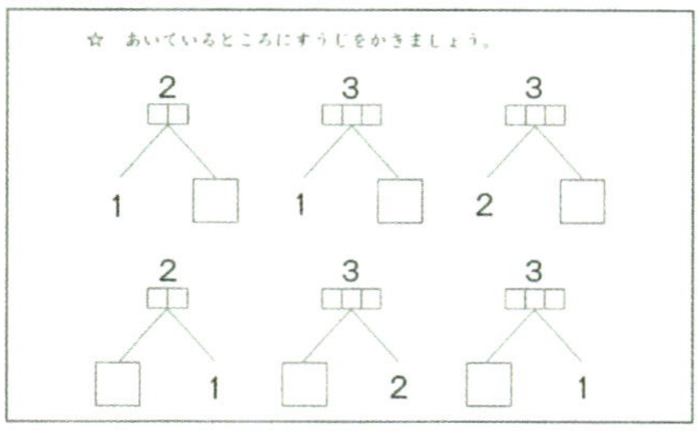

ワークシート 18 ①

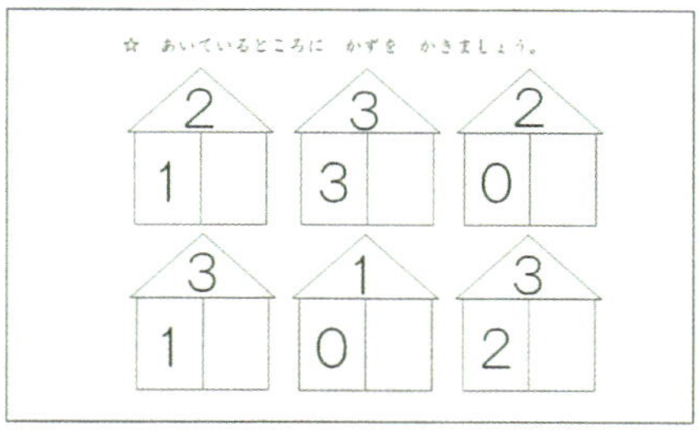
☆ あいているところに かずを かきましょう。

ワークシート 18 ②

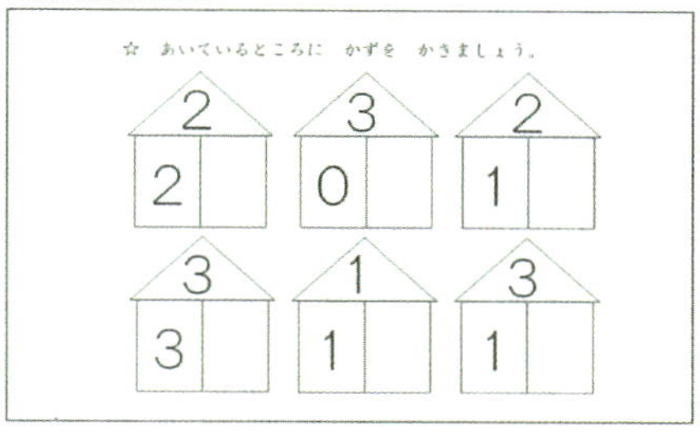
☆ あいているところに かずを かきましょう。

ワークシート 18 ③

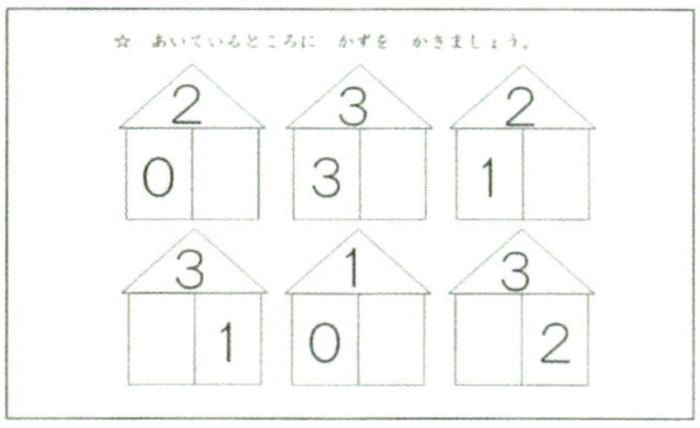
☆ あいているところに かずを かきましょう。

ワークシート 18 ④

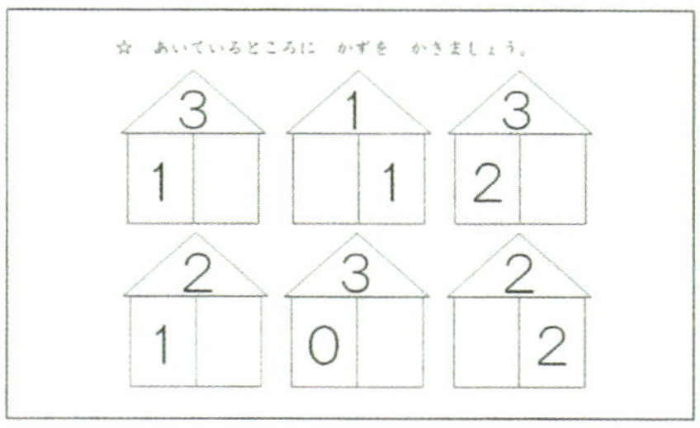
☆ あいているところに かずを かきましょう。

ワークシート 19

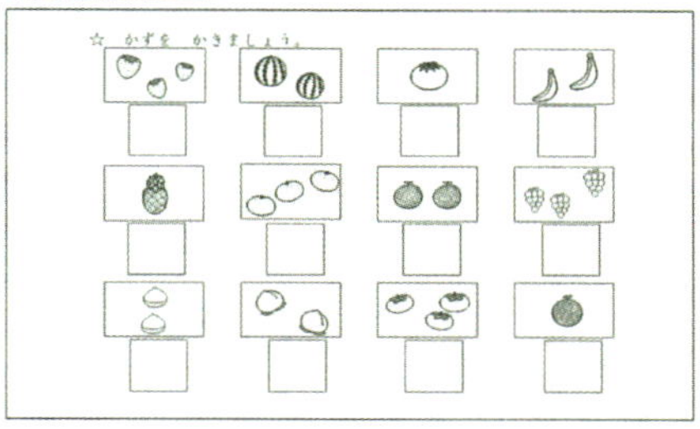

ワークシート 20

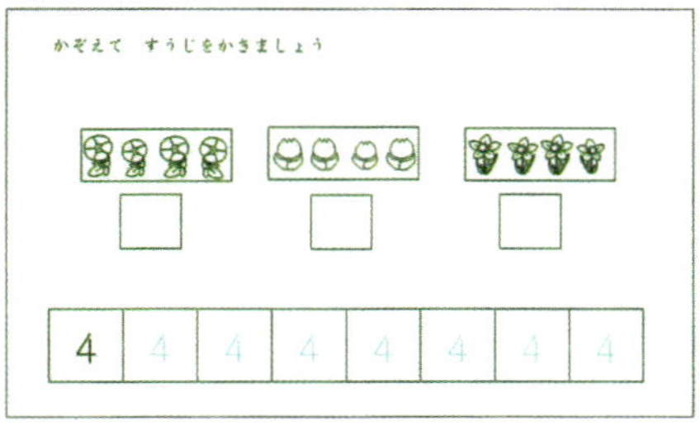

ワークシート 21

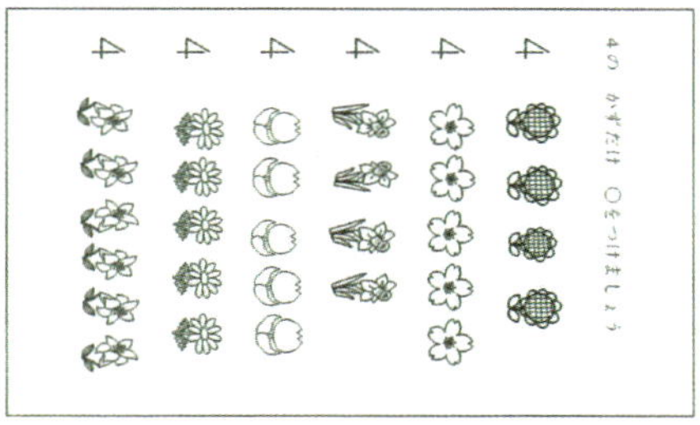

ワークシート 22

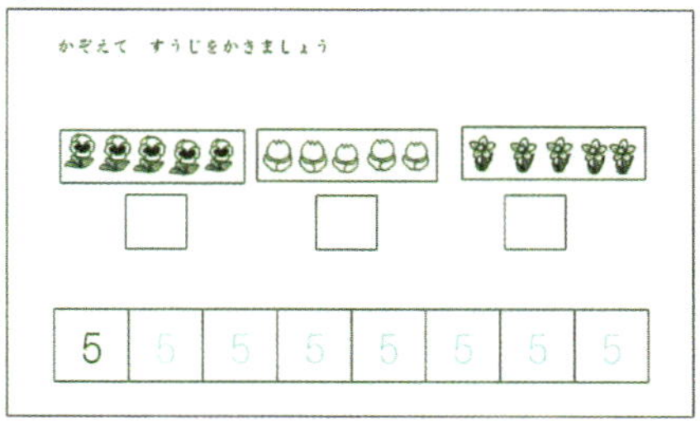

ワークシート 23 ①

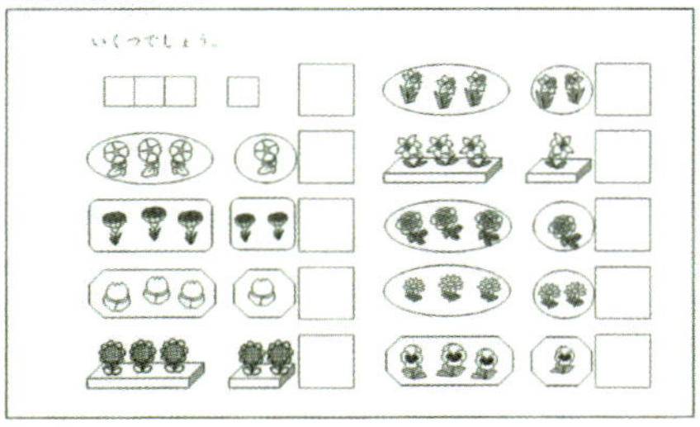

ワークシート 23 ②

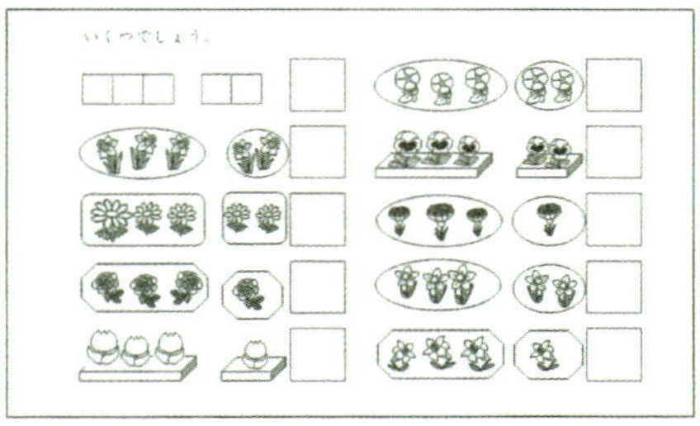

ワークシート 24

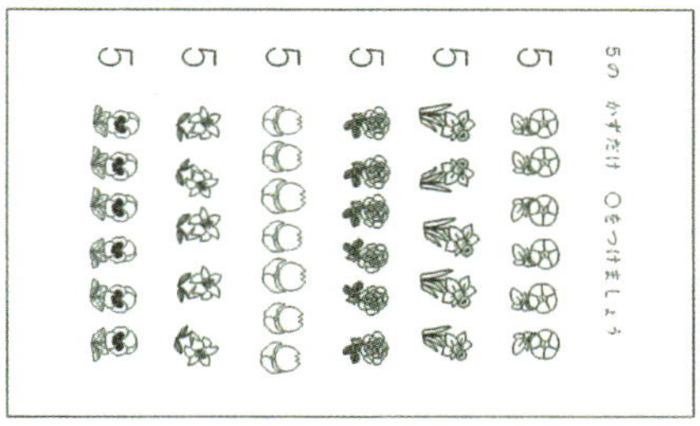

ワークシート 25

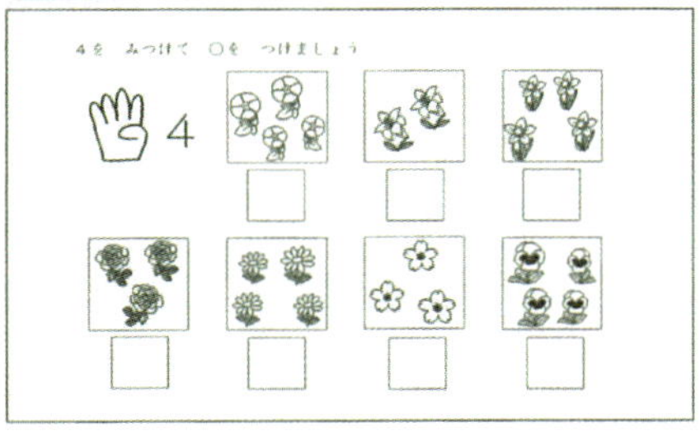

ワークシート 26

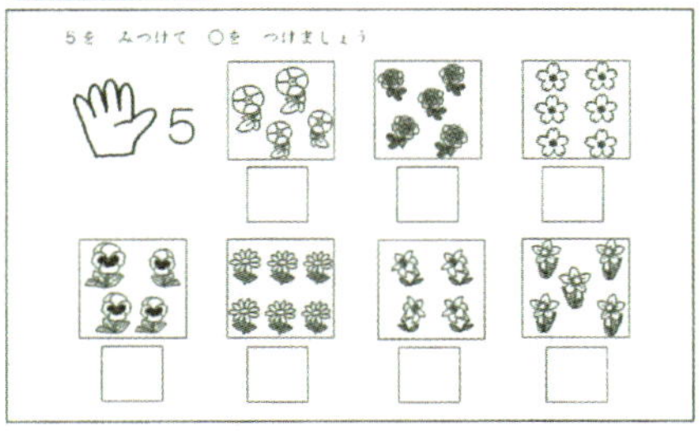

ワークシート 27 ①

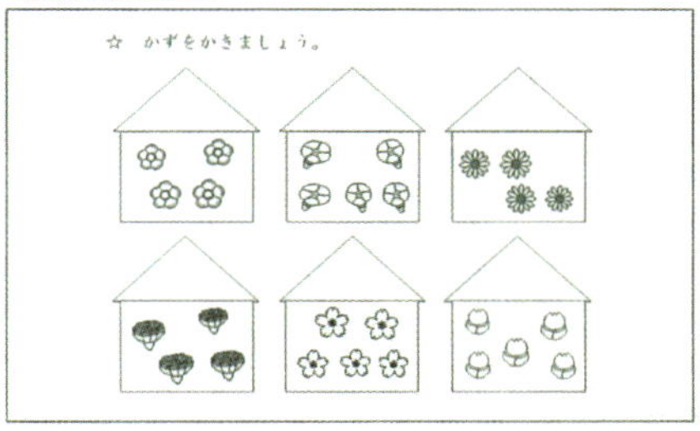

ワークシート 27 ②

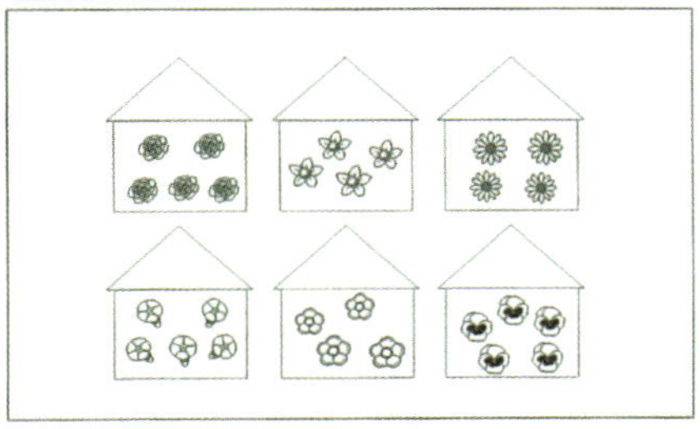

ワークシート 28

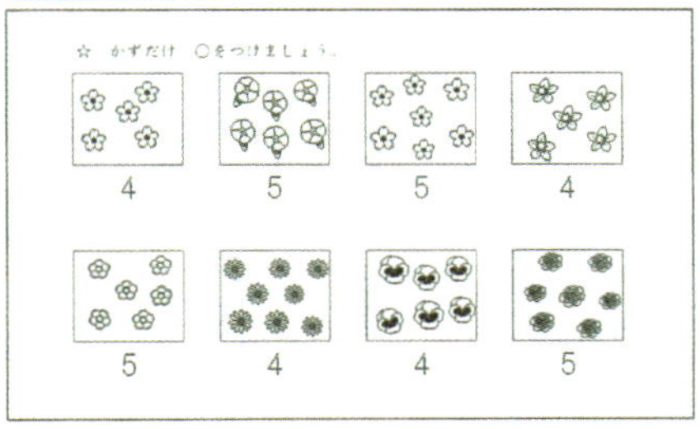

ワークシート 29

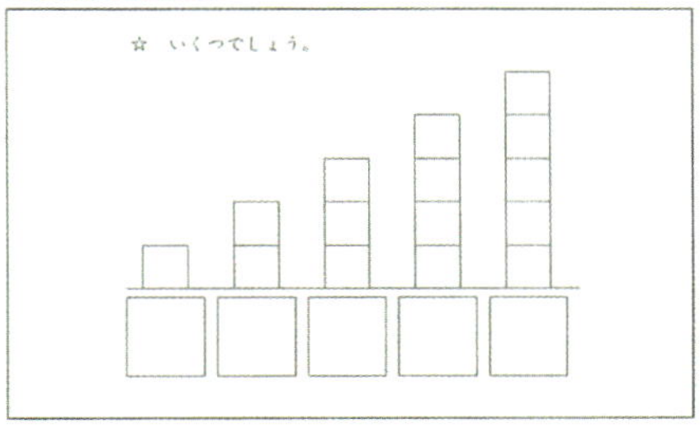

ワークシート 30

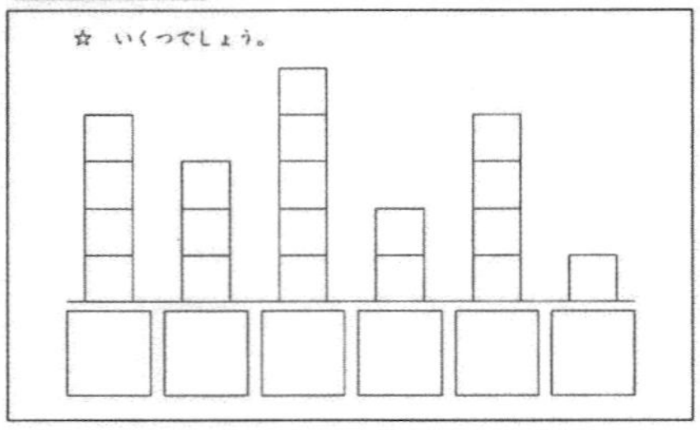
☆ いくつでしょう。

ワークシート 31 ①

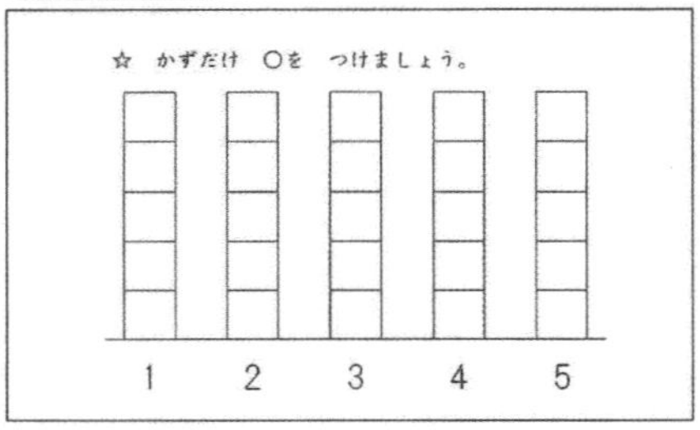
☆ かずだけ ○を つけましょう。
1 2 3 4 5

ワークシート 31 ②

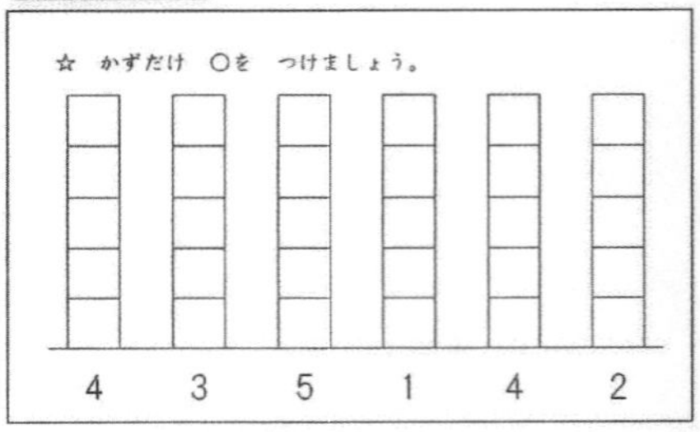
☆ かずだけ ○を つけましょう。
4 3 5 1 4 2

ワークシート 32

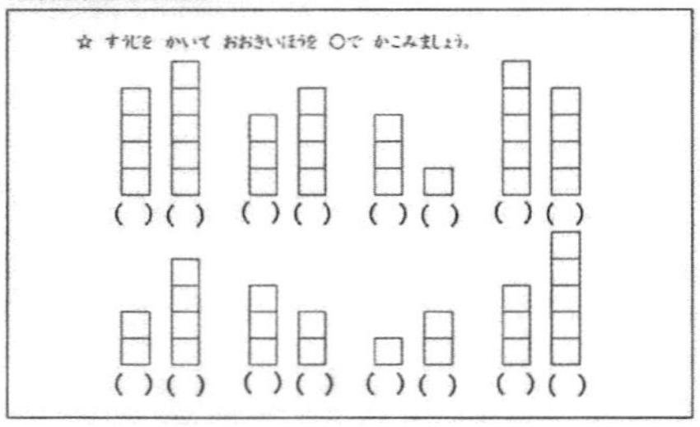
☆ すうじを かいて おおきいほうを ○で かこみましょう。

ワークシート 33 ①

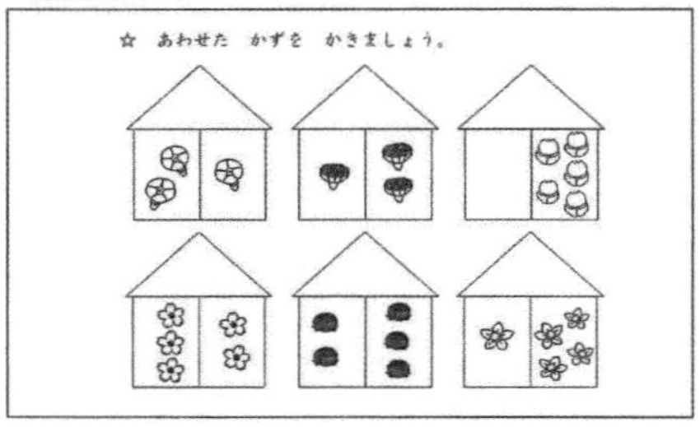
☆ あわせた かずを かきましょう。

ワークシート 33 ②

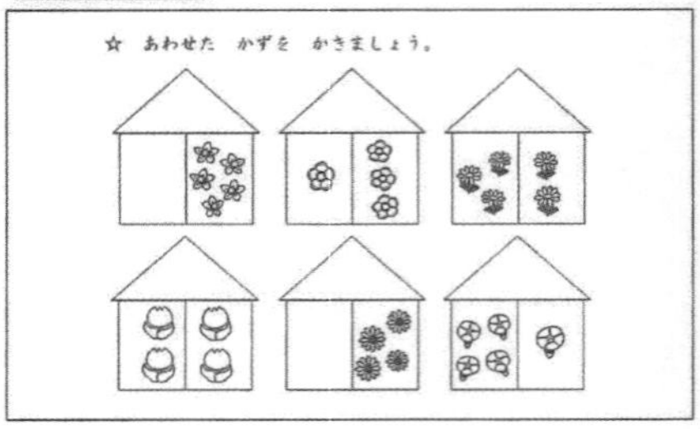
☆ あわせた かずを かきましょう。

ワークシート 34 ①

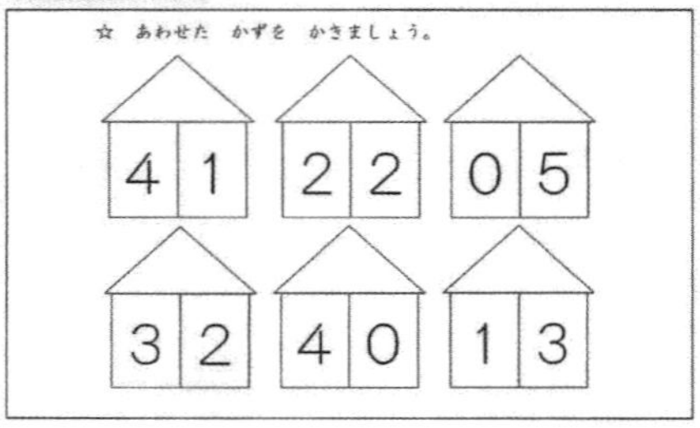
☆ あわせた かずを かきましょう。
4 1
2 2
0 5
3 2
4 0
1 3

ワークシート 34 ②

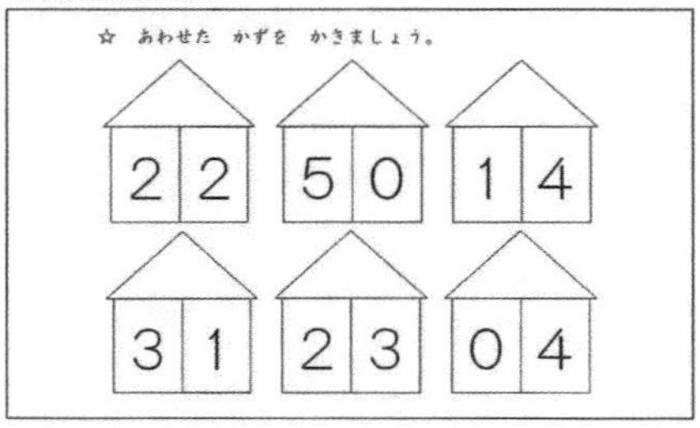
☆ あわせた かずを かきましょう。
2 2
5 0
1 4
3 1
2 3
0 4

ワークシート 35 ①

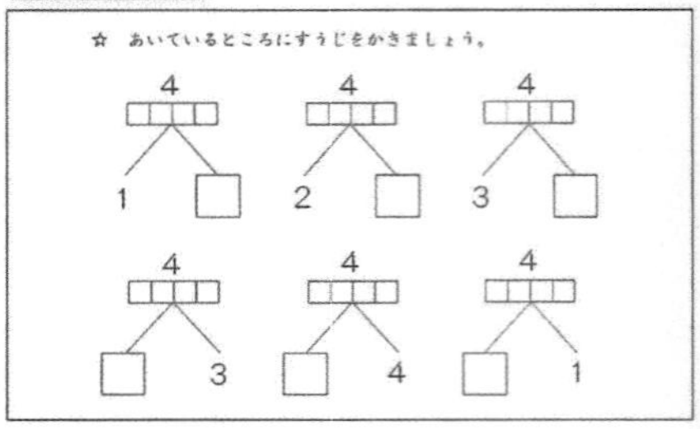
☆ あいているところにすうじをかきましょう。
4
1
4
2
4
3
4
3
4
4
4
1

ワークシート 35 ②

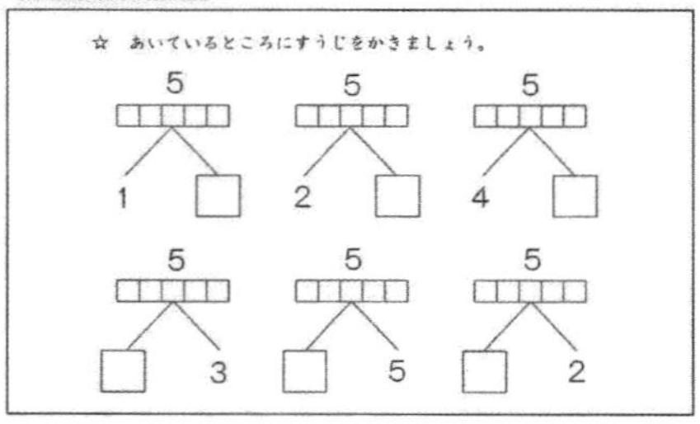
☆ あいているところにすうじをかきましょう。
5
1
5
2
5
4
5
3
5
5
5
2

ワークシート 35 ③

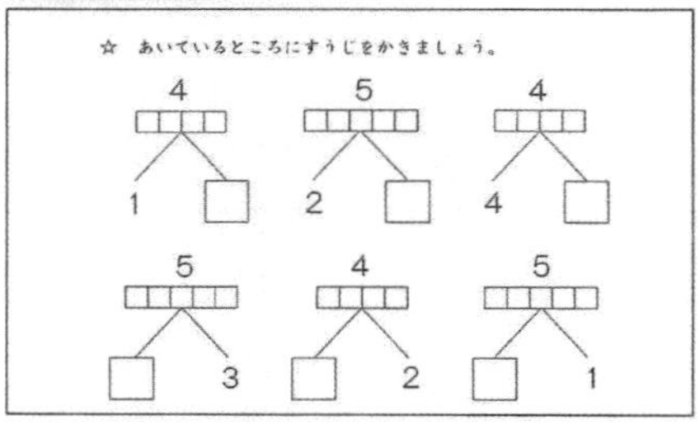
☆ あいているところにすうじをかきましょう。
4
1
5
2
4
4
5
3
4
2
5
1

ワークシート 35 ④

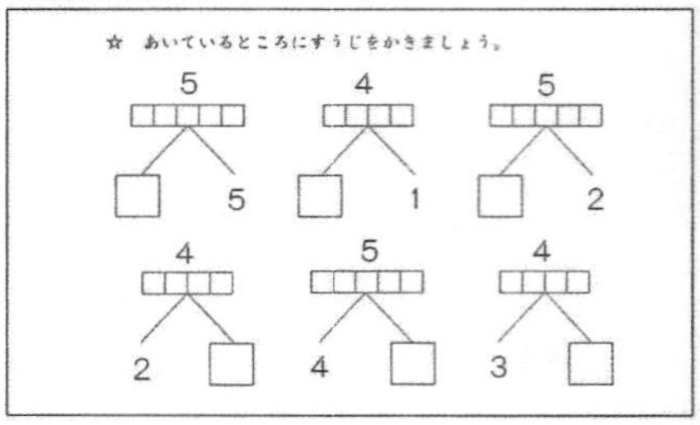
☆ あいているところにすうじをかきましょう。
5
5
4
1
5
2
4
2
5
4
4
3

ワークシート 36 ①

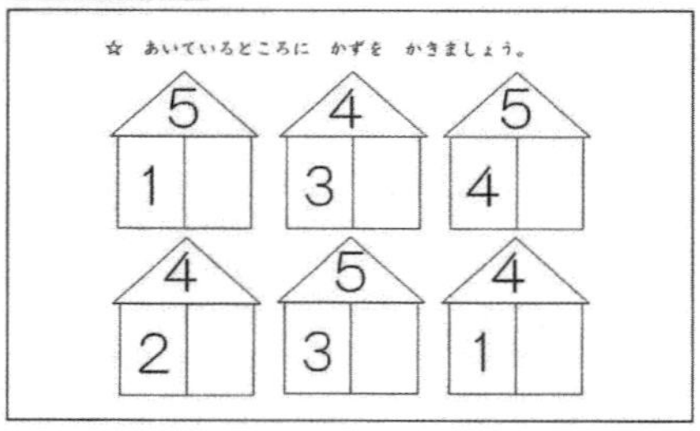
☆ あいているところに かずを かきましょう。
5 1
4 3
5 4
4 2
5 3
4 1

ワークシート 36 ②

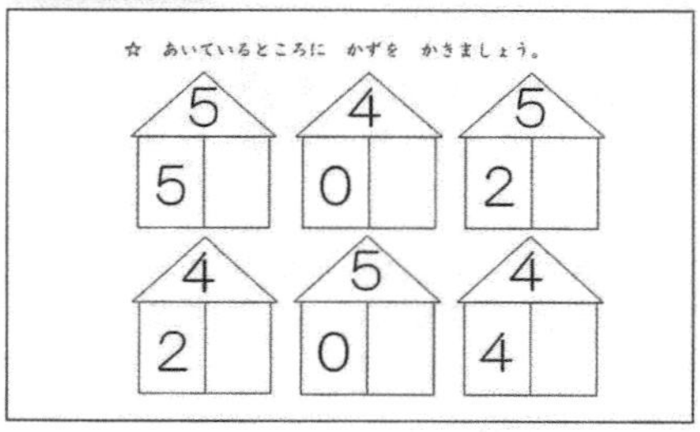
☆ あいているところに かずを かきましょう。
5 5
4 0
5 2
4 2
5 0
4 4

ワークシート 36 ③

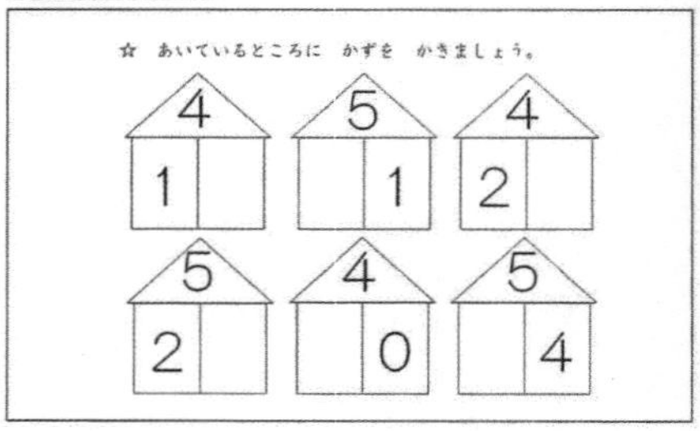
☆ あいているところに かずを かきましょう。
4 1
5 1
4 2
5 2
4 0
5 4

ワークシート 36 ④

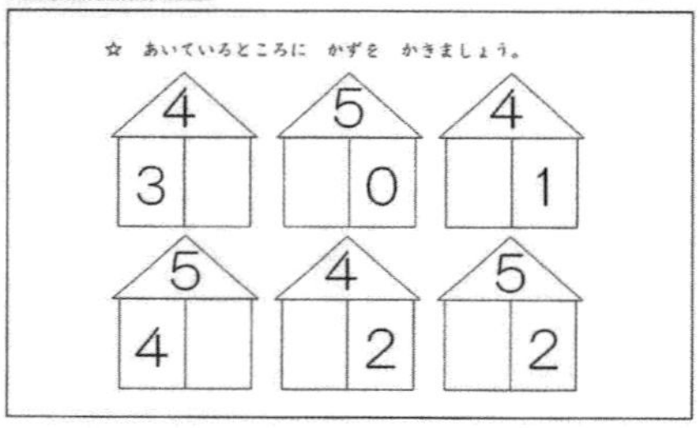
☆ あいているところに かずを かきましょう。
4 3
5 0
4 1
5 4
4 2
5 2

ワークシート 37

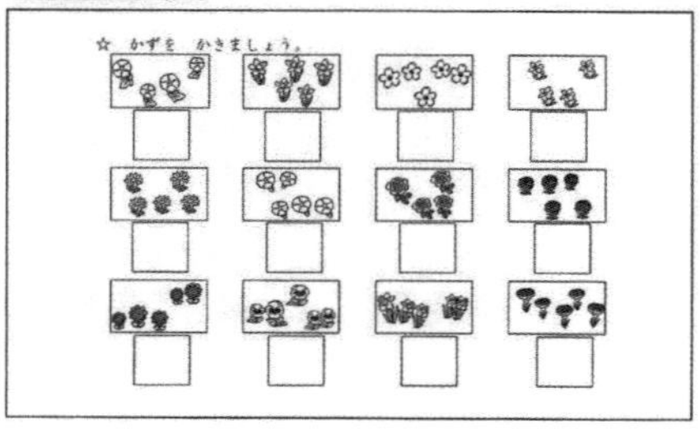
☆ かずを かきましょう。

ワークシート 38

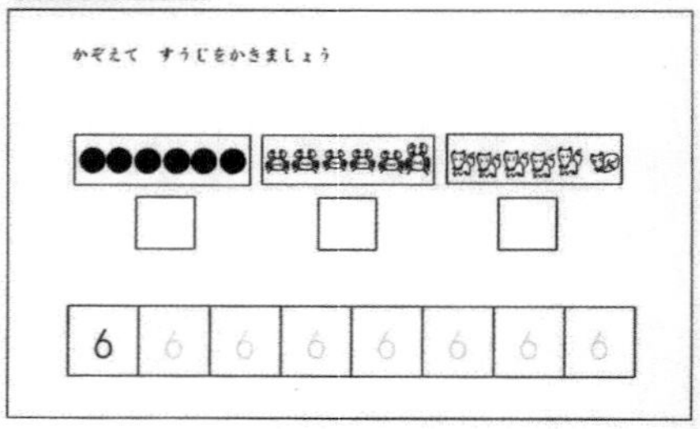
かぞえて すうじをかきましょう
6 6 6 6 6 6 6 6

ワークシート 39

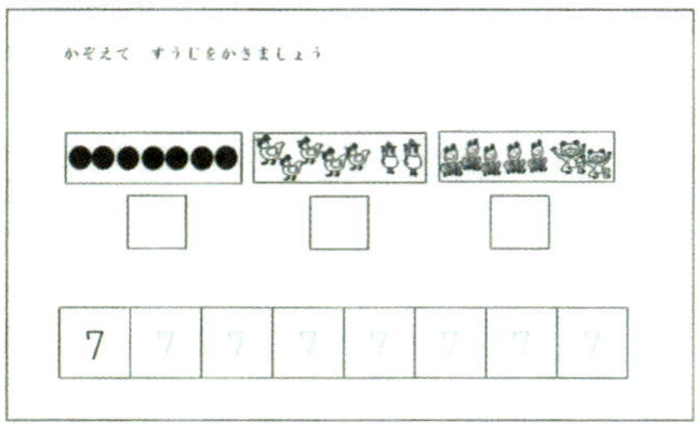

ワークシート 40

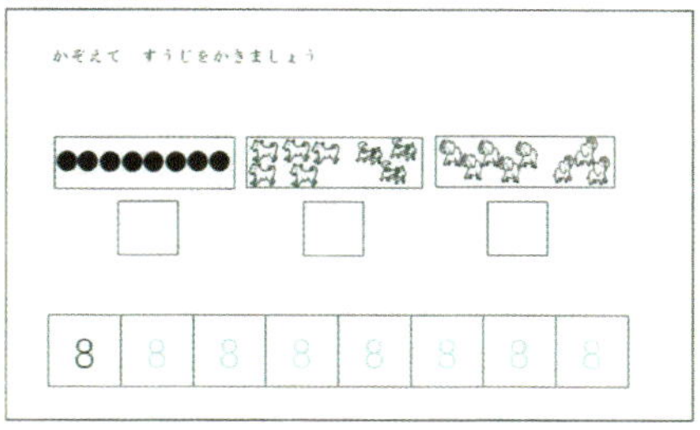

ワークシート 41 ①

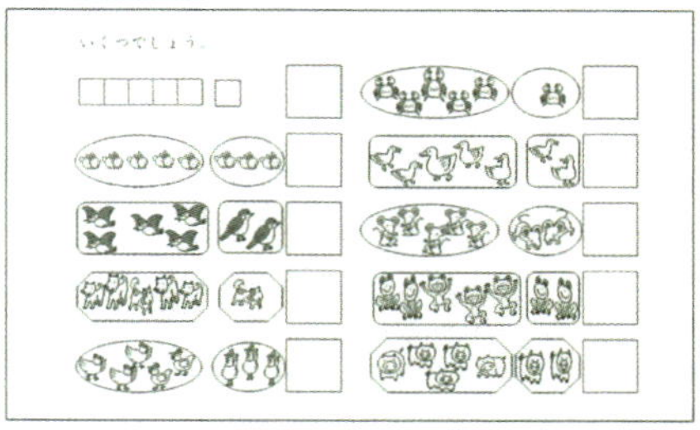

ワークシート 41 ②

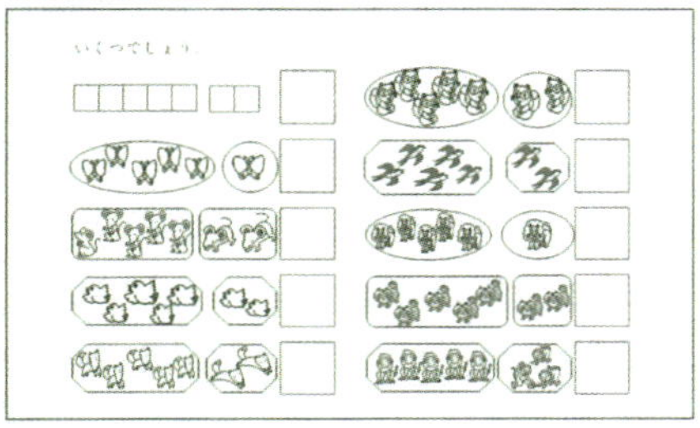

ワークシート 41 ③

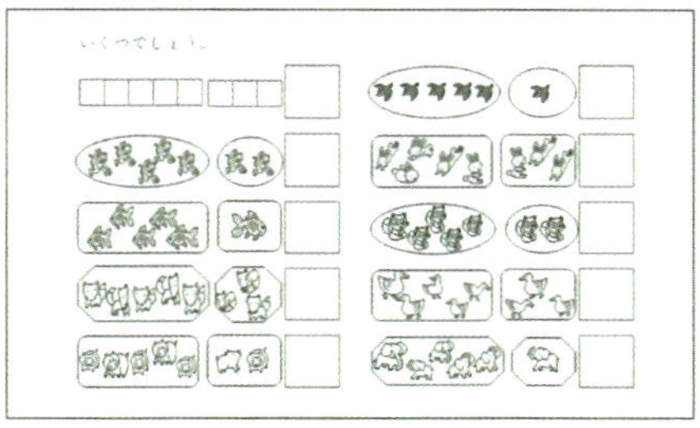

ワークシート 42

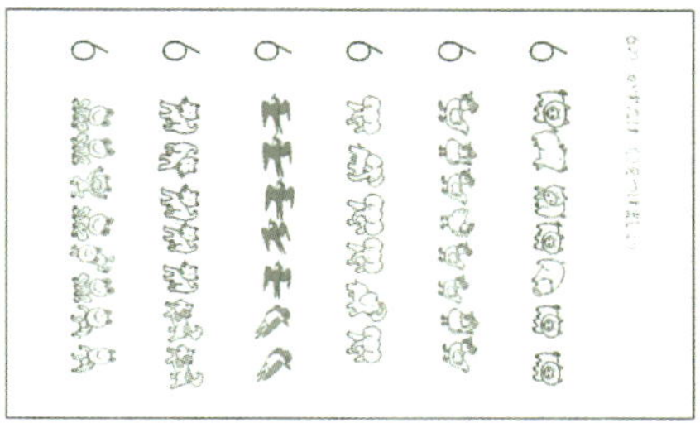

ワークシート 43

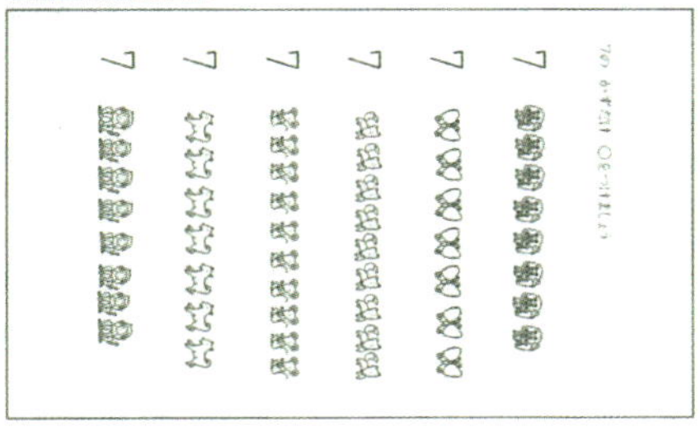

ワークシート 44

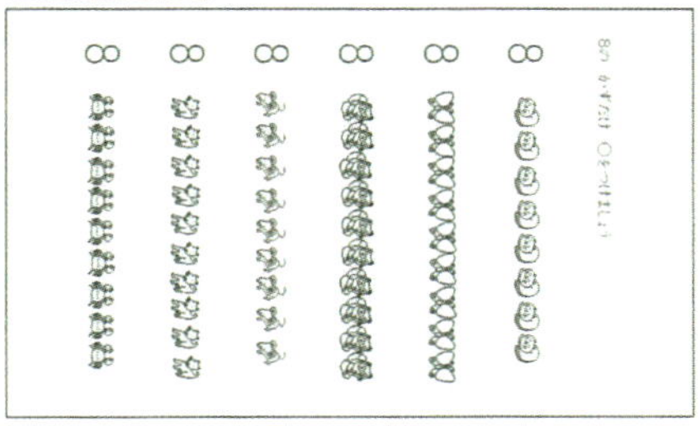

ワークシート 45 ①

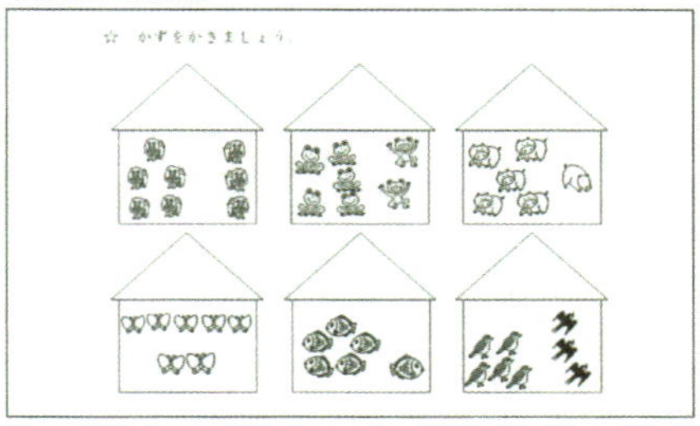

ワークシート 45 ②

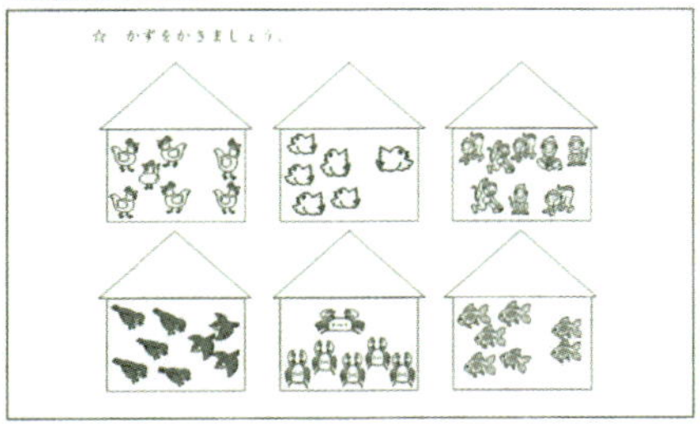

ワークシート 46 ①

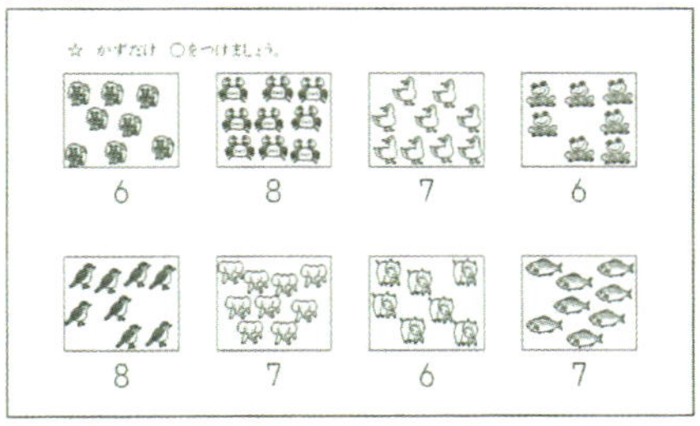

ワークシート 46 ②

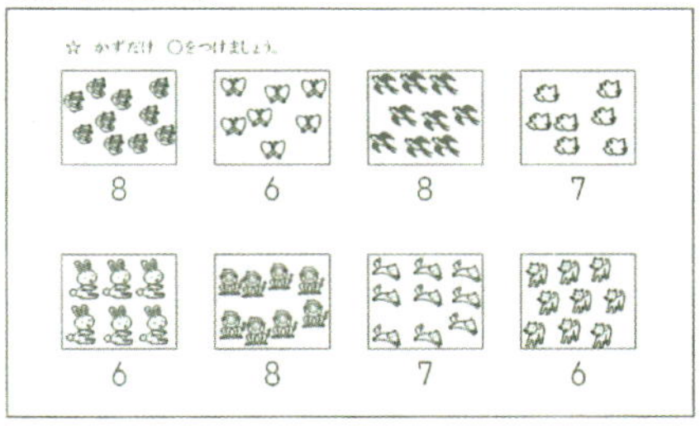

ワークシート 46 ③

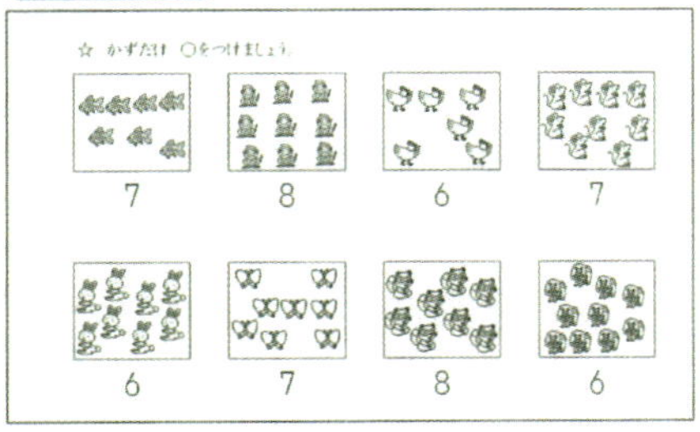

ワークシート 47

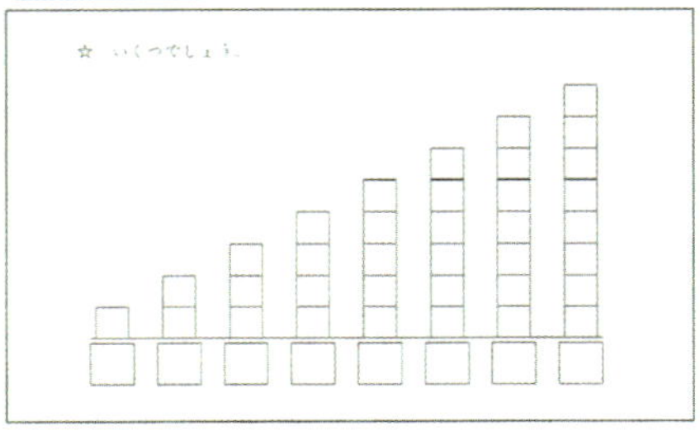

ワークシート 48

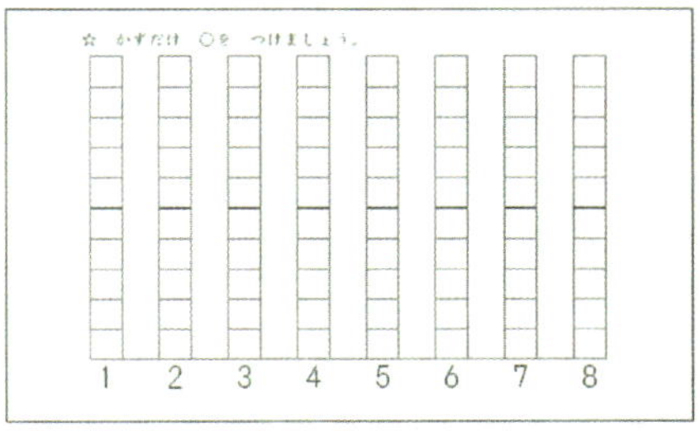

ワークシート 49

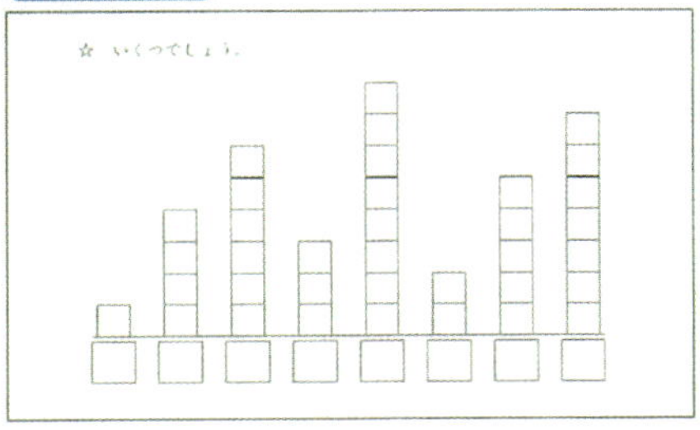

ワークシート 50

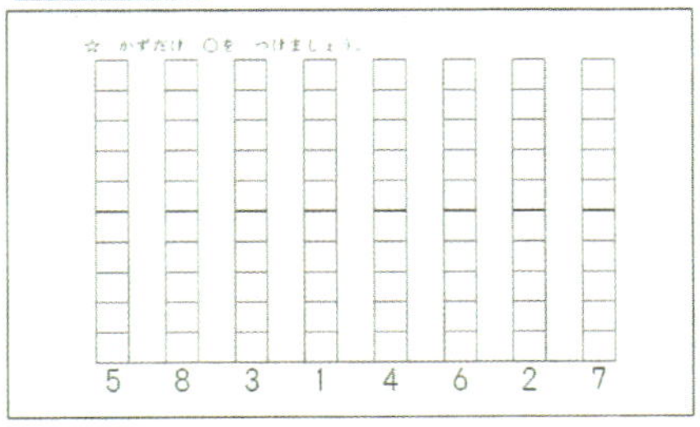

ワークシート 51 ①

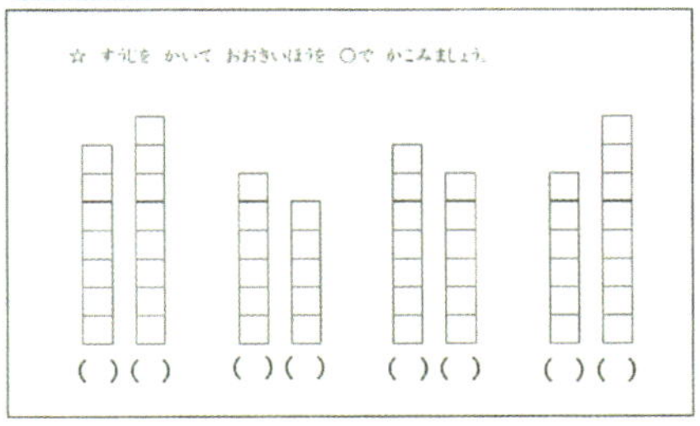

ワークシート 51 ②

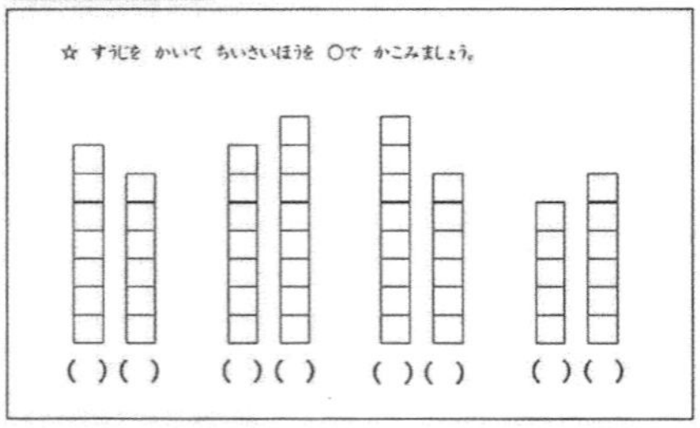

ワークシート 52 ①

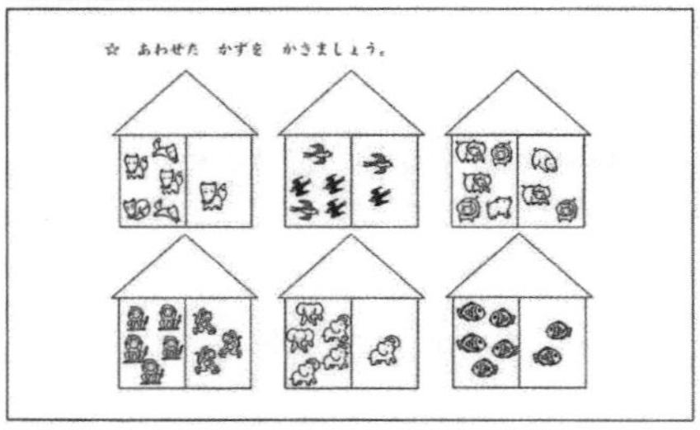

ワークシート 52 ②

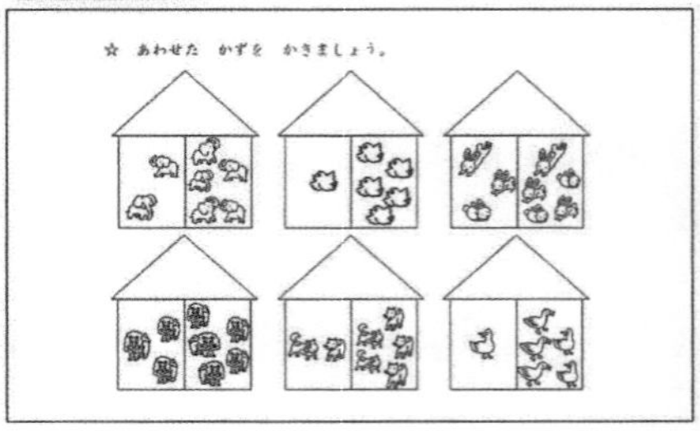

ワークシート 52 ③

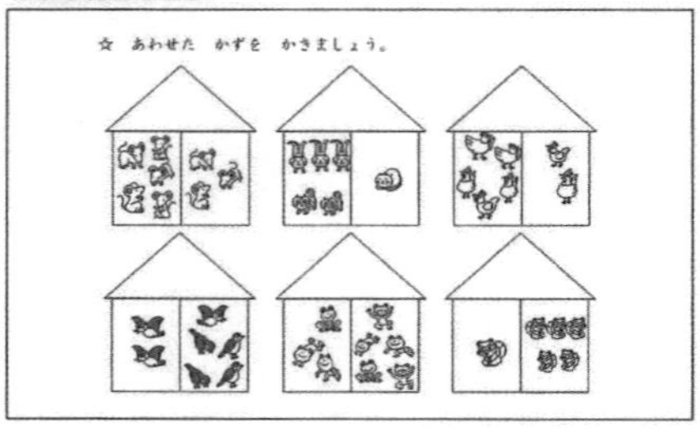

ワークシート 53 ①

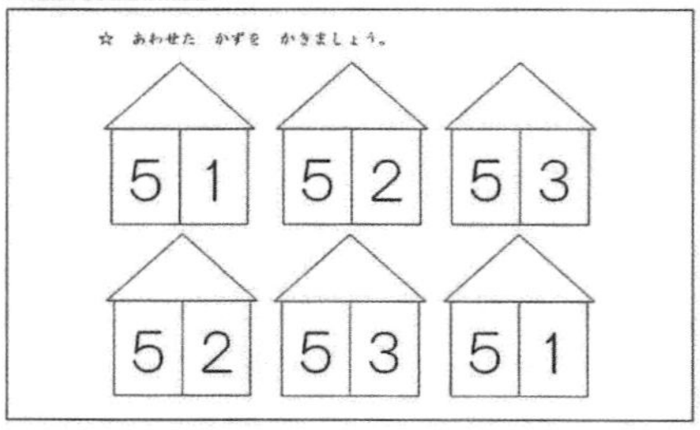

ワークシート 53 ②

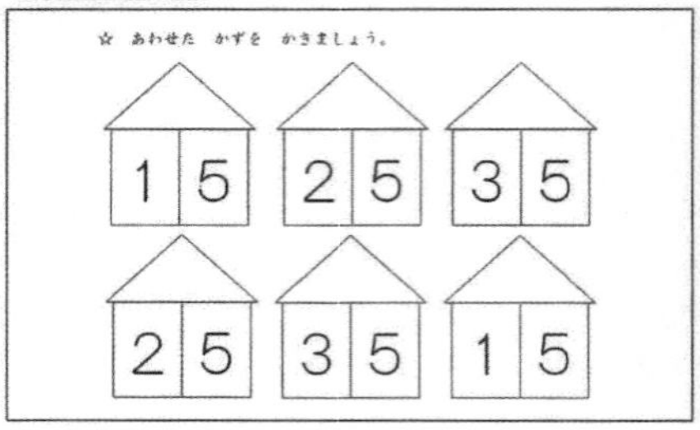

ワークシート 53 ③

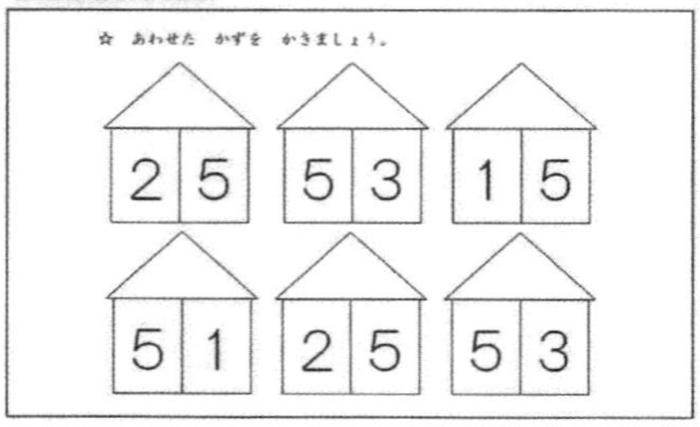

ワークシート 54 ①

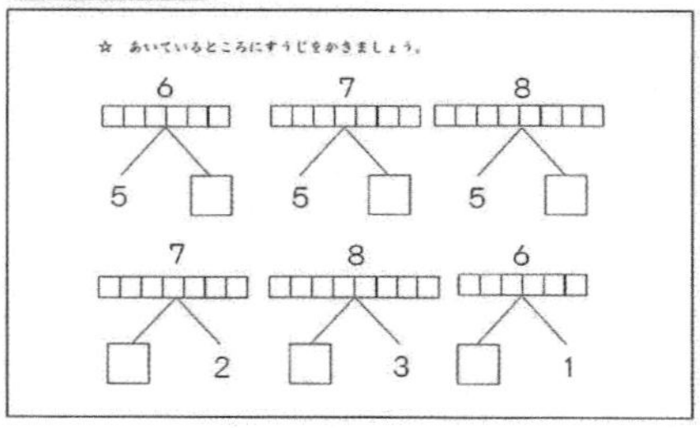

☆ あいているところにすうじをかきましょう。
6　7　8
5　5　5
7　8　6
2　3　1

ワークシート 54 ②

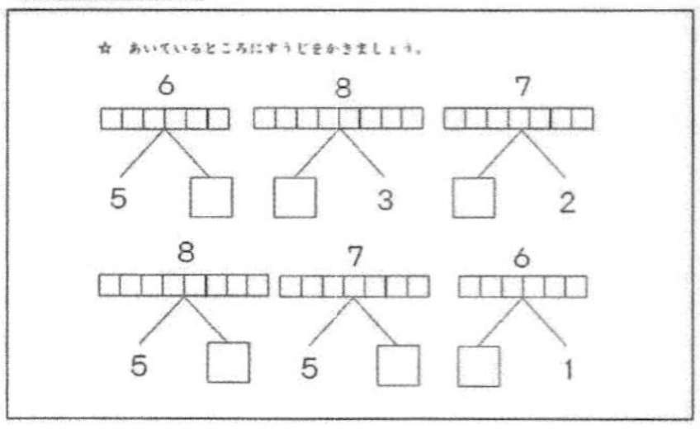

ワークシート 55 ①

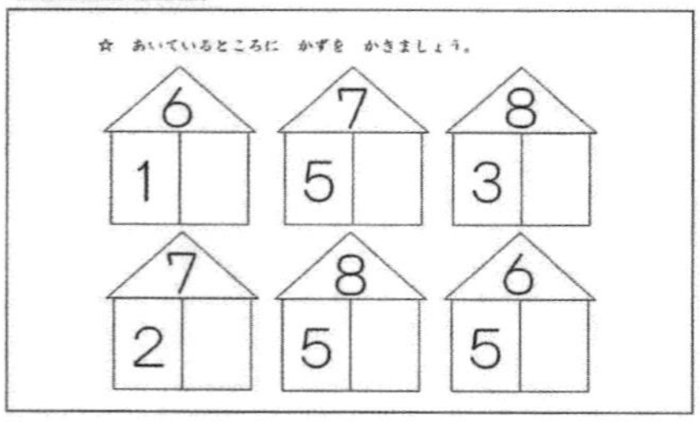

ワークシート 55 ②

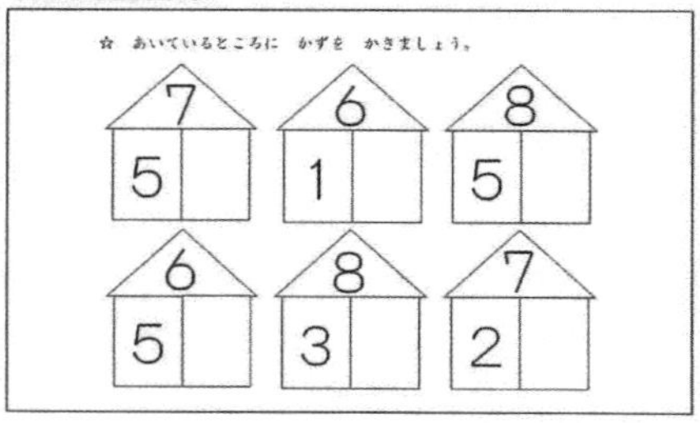

ワークシート 55 ③

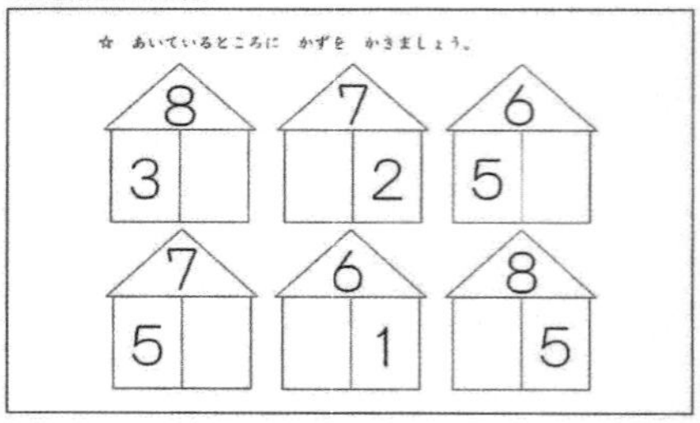

ワークシート 55 ④

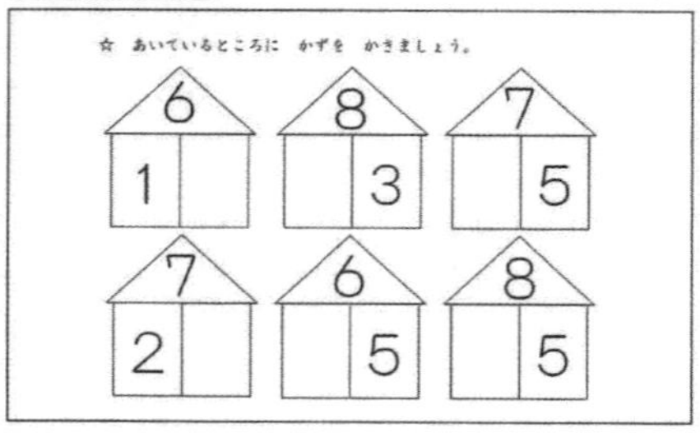

ワークシート 56

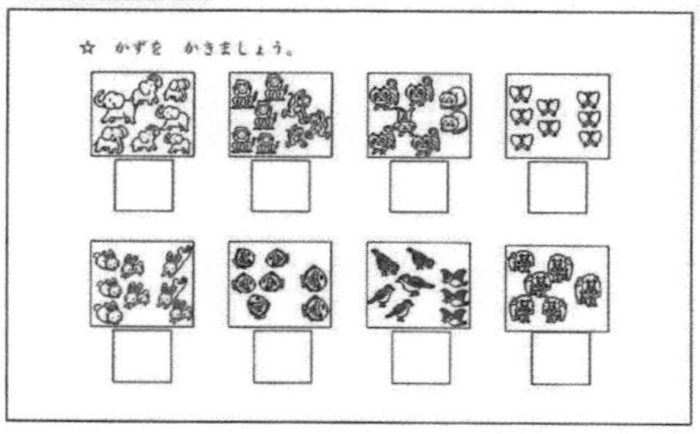

ワークシート 57

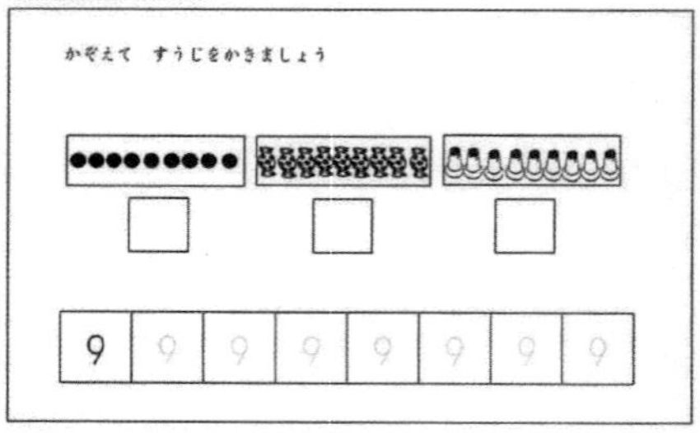

ワークシート 58

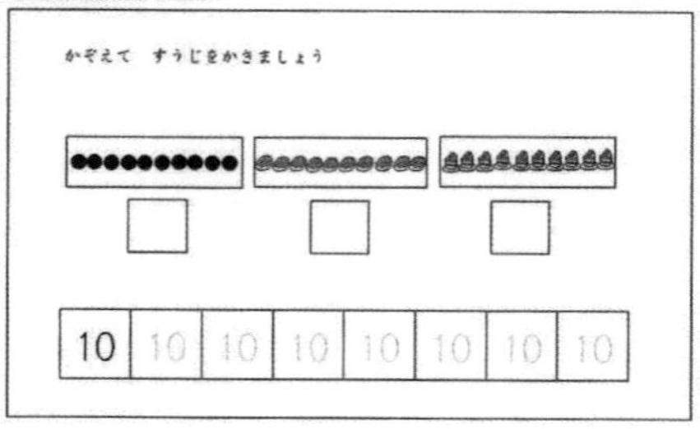

ワークシート 59 ①

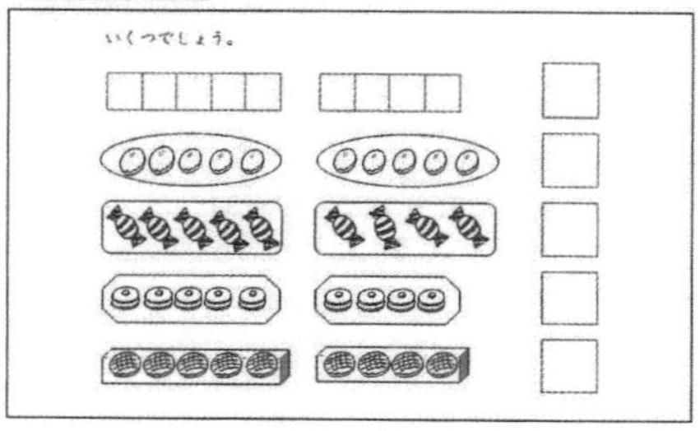

ワークシート 59 ②

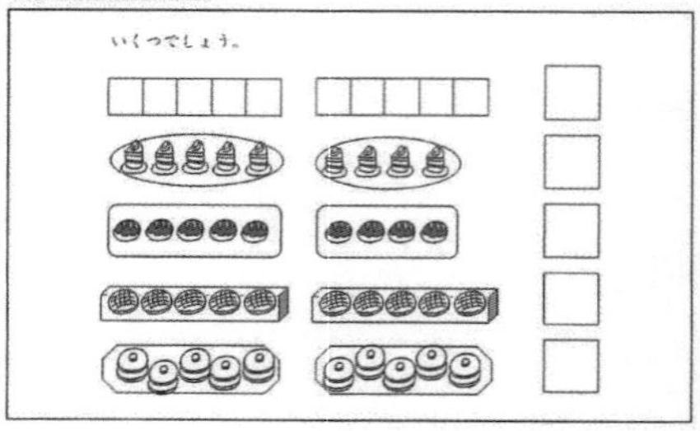

ワークシート 59 ③

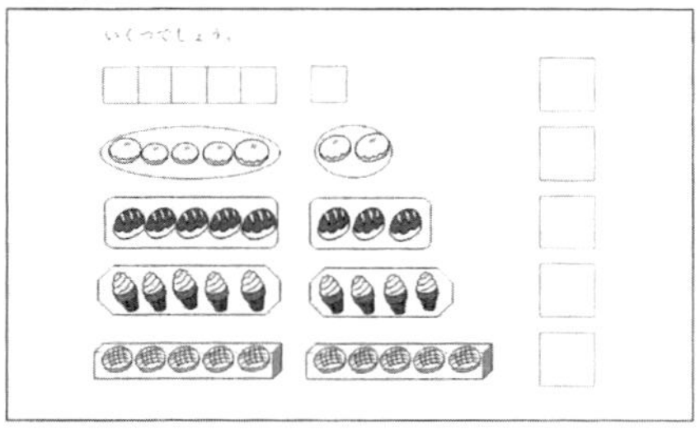

ワークシート 59 ④

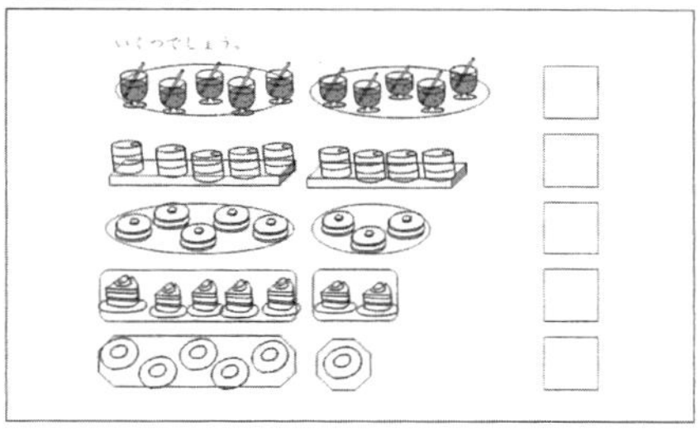

ワークシート 59 ⑤

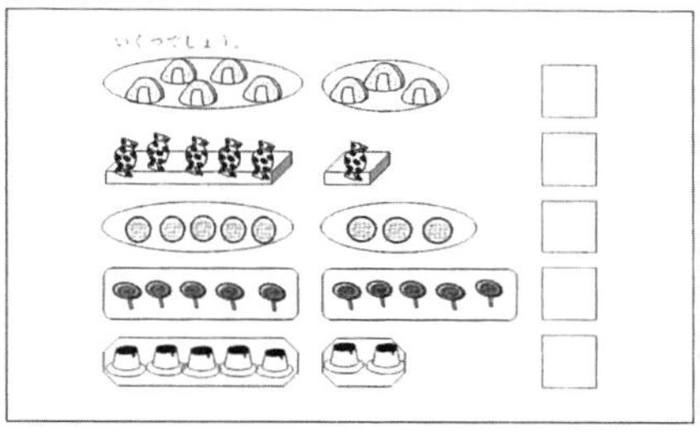

ワークシート 60

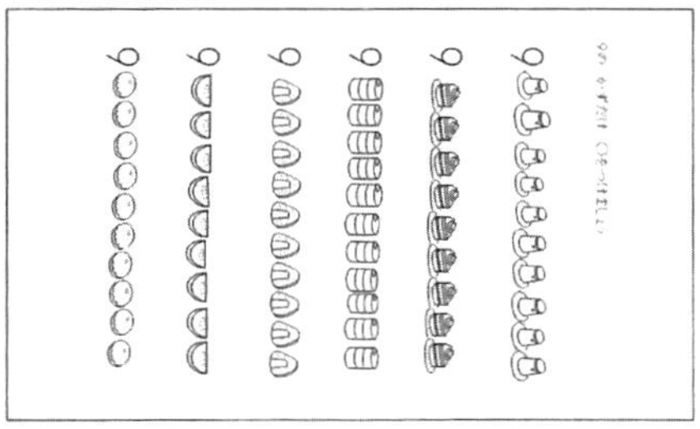

ワークシート 61

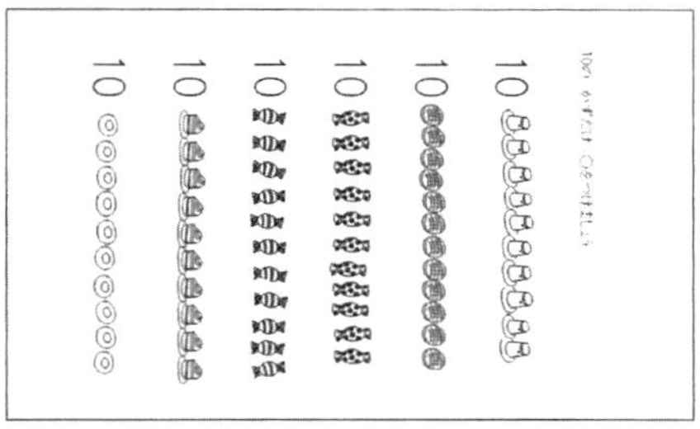

ワークシート 62 ①

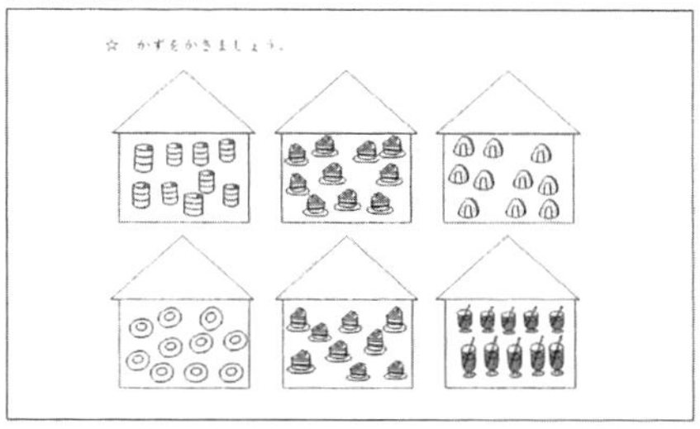

ワークシート 62 ②

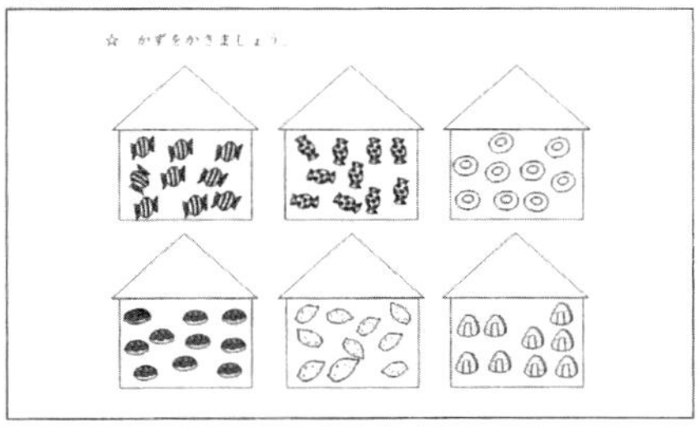

ワークシート 62 ③

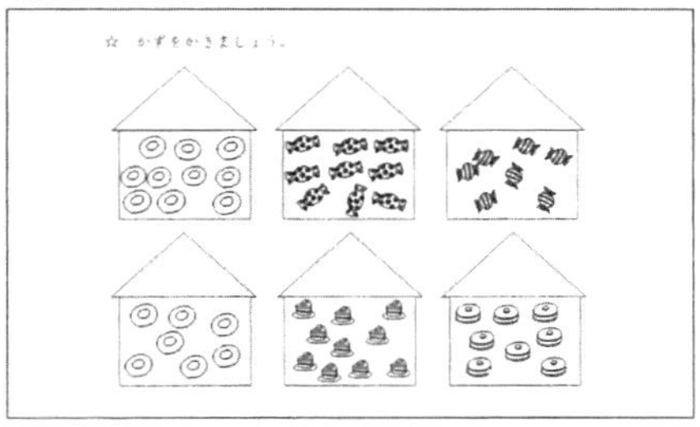

ワークシート 62 ④

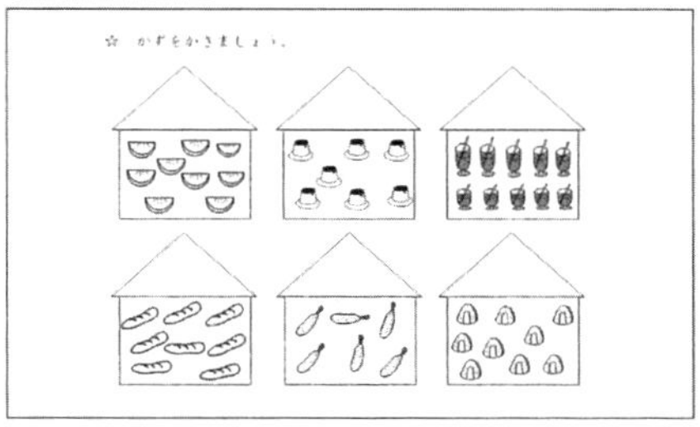

ワークシート 63 ①

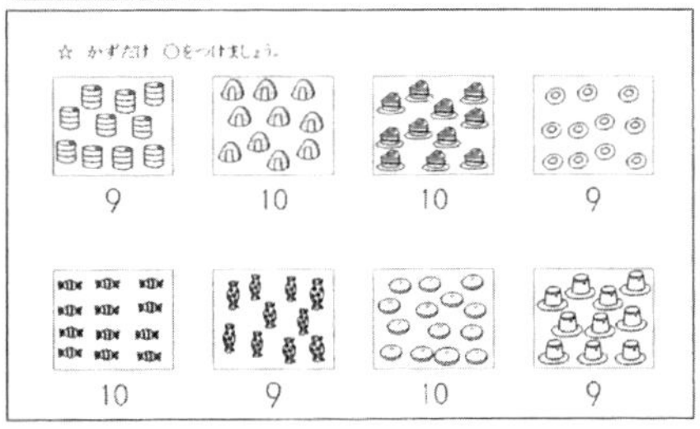

ワークシート 63 ②

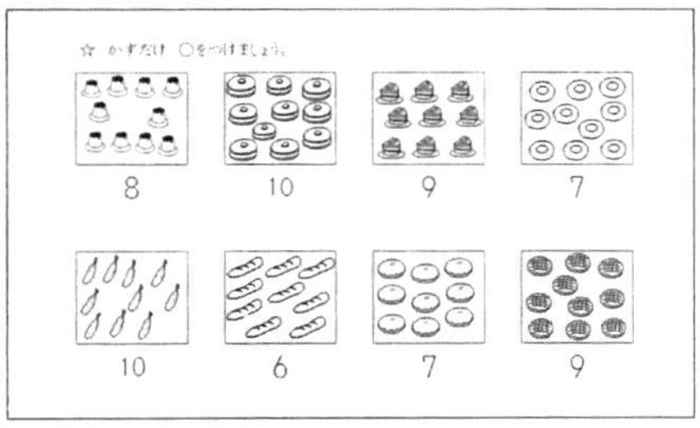

ワークシート 64

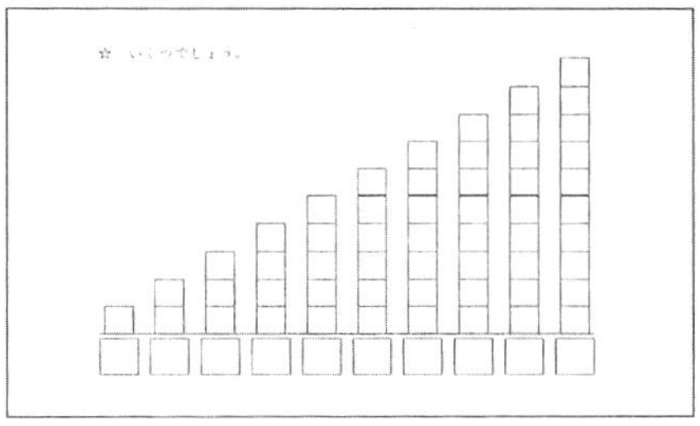

ワークシート 65

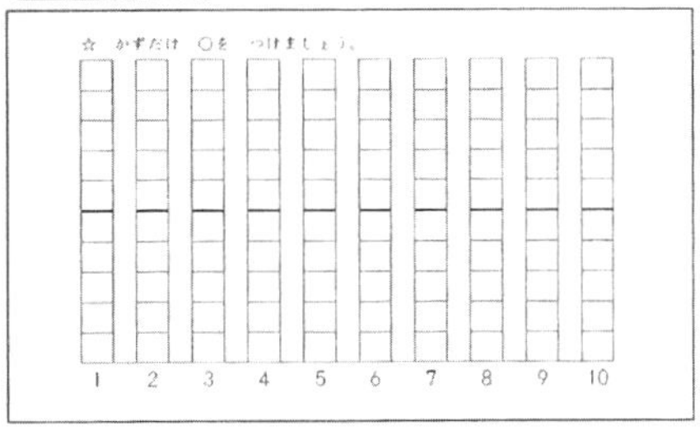

ワークシート 66

ワークシート 67

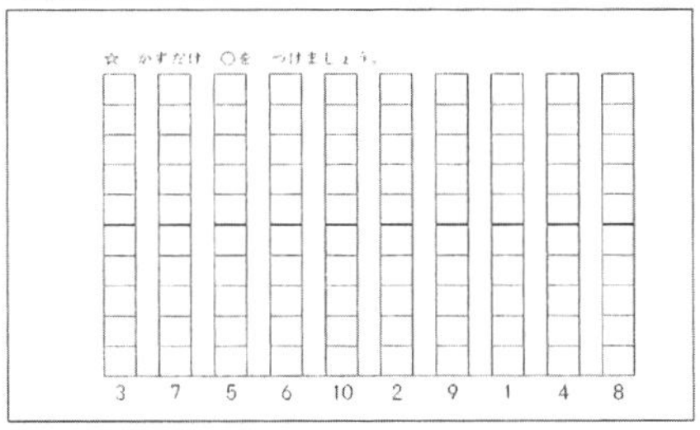

ワークシート 68 ①

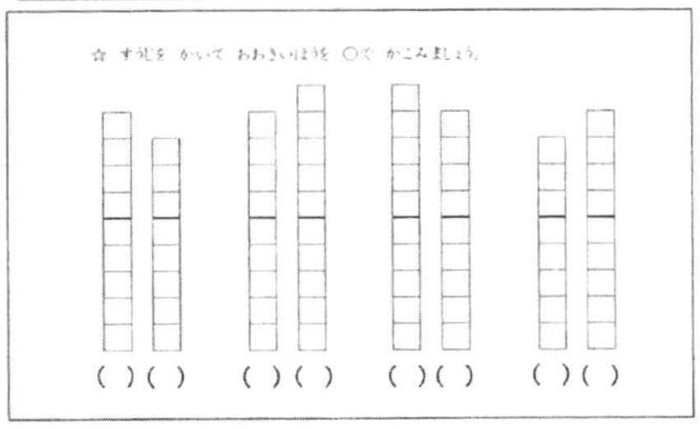

ワークシート 68 ②

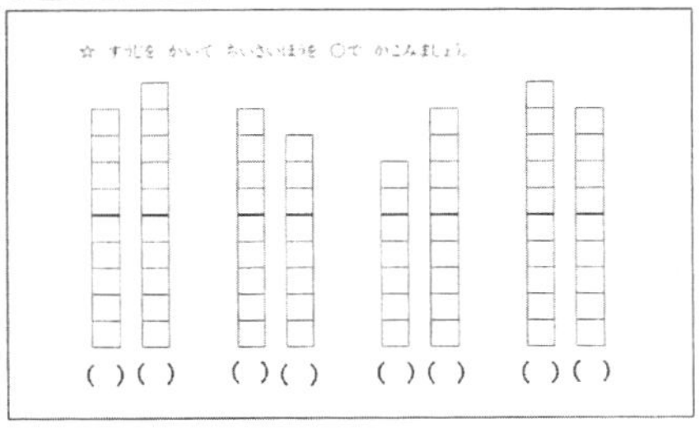

ワークシート 69 ①

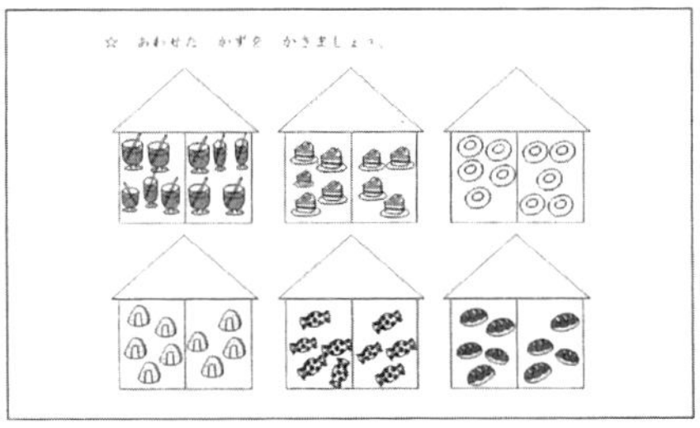

ワークシート 69 ②

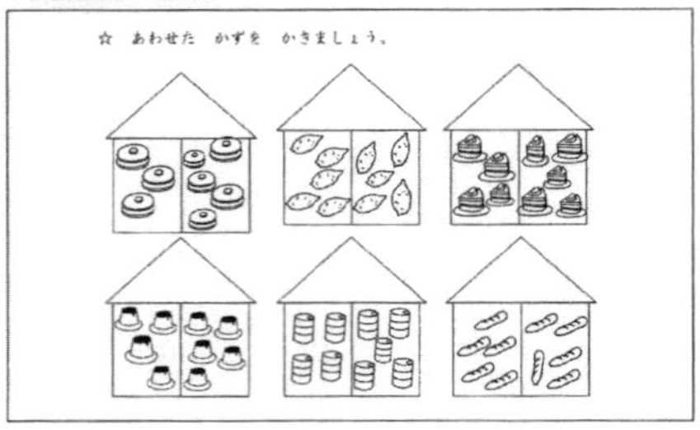

ワークシート 69 ③

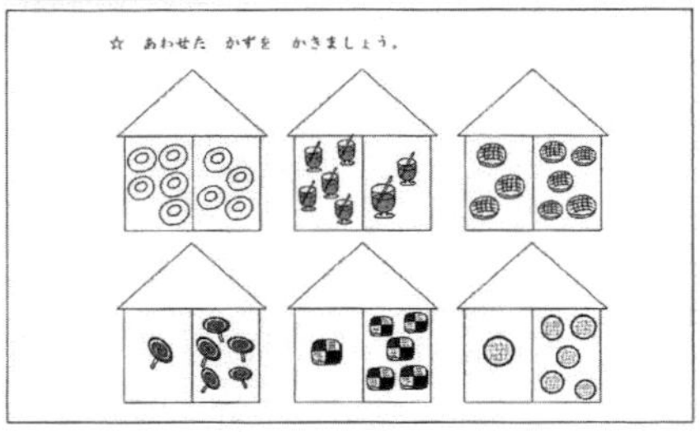

ワークシート 70 ①

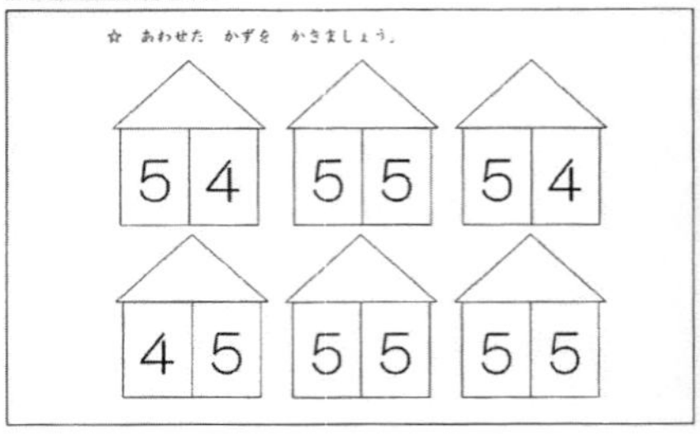

ワークシート 70 ②

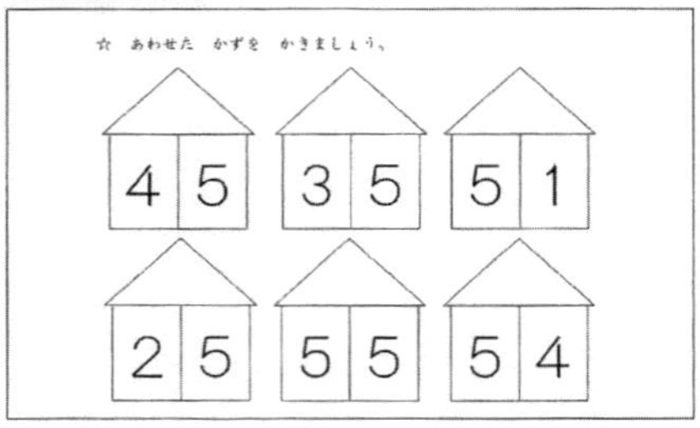

ワークシート 70 ③

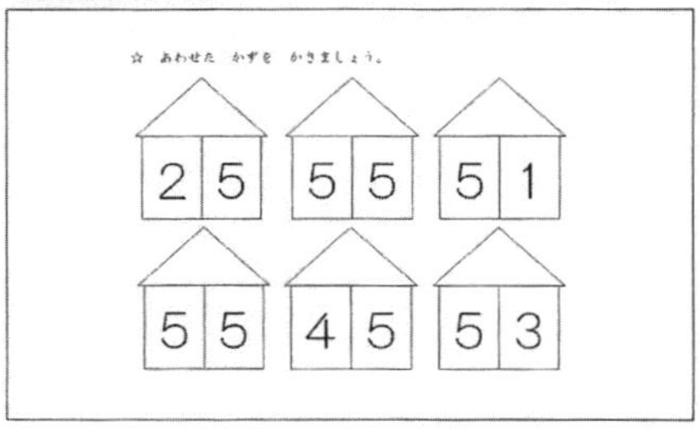

☆ あわせた かずを かきましょう。
2 5
5 5
5 1
5 5
4 5
5 3

ワークシート 71 ①

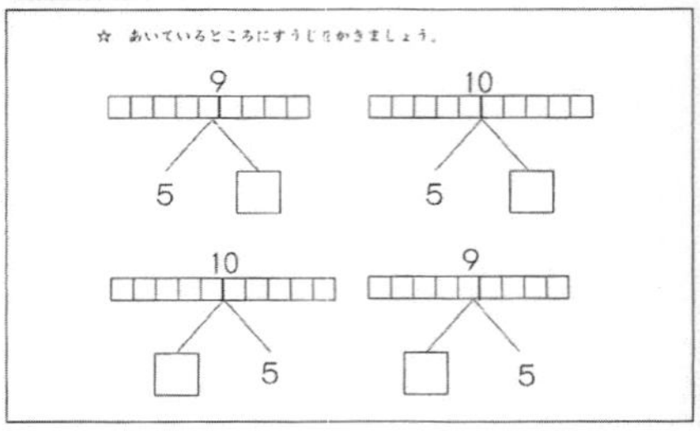

ワークシート 71 ②

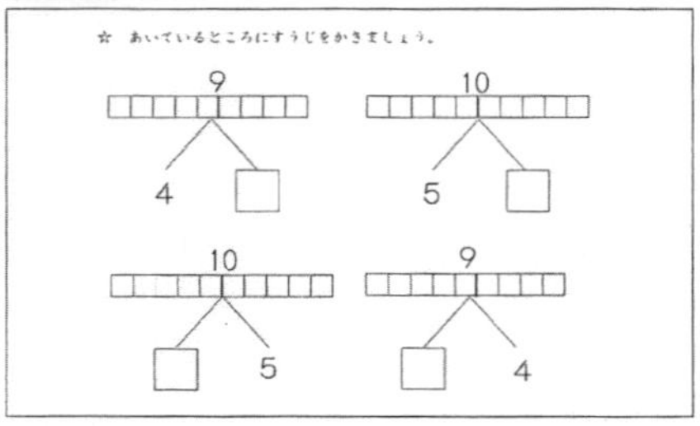

ワークシート 72 ①

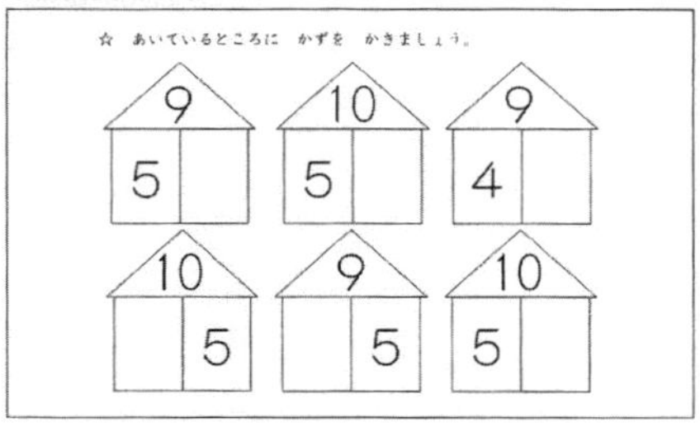

☆ あいているところに かずを かきましょう。
9
5
10
5
9
4
10
5
9
5
10
5

ワークシート 72 ②

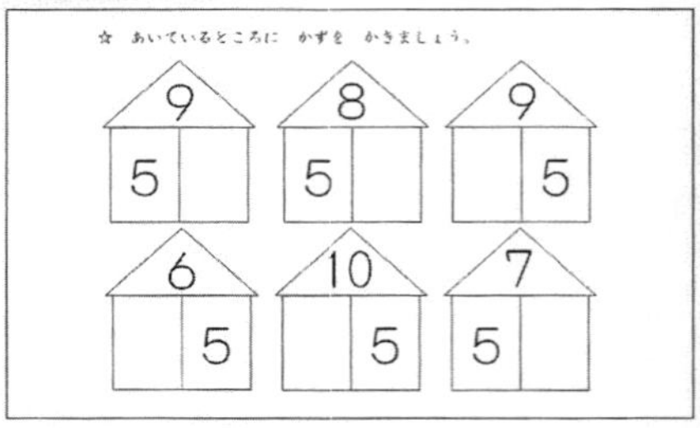

ワークシート 72 ③

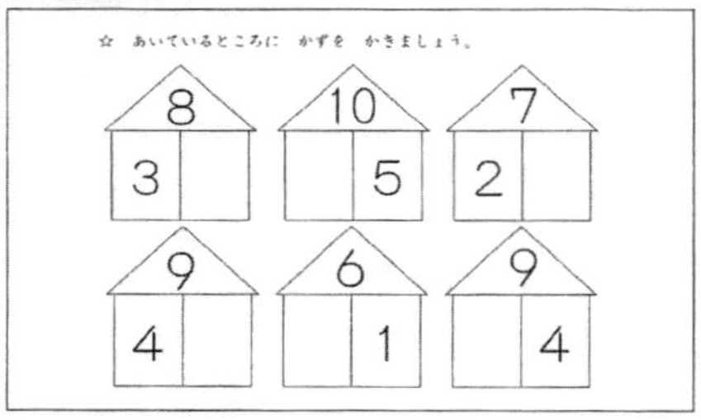

ワークシート 73

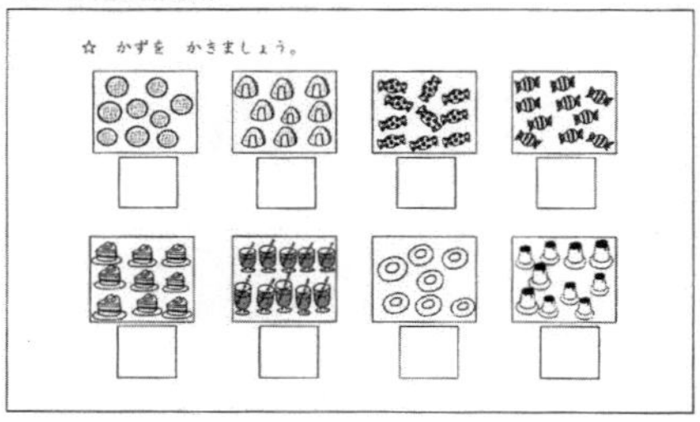

ワークシート 74 ①

☆ あいている ところに すうじを いれましょう。
1 と □ で 10
2 と □ で 10
3 と □ で 10
4 と □ で 10
5 と □ で 10
6 と □ で 10
7 と □ で 10
8 と □ で 10
9 と □ で 10
10 と □ で 10

ワークシート 74 ②

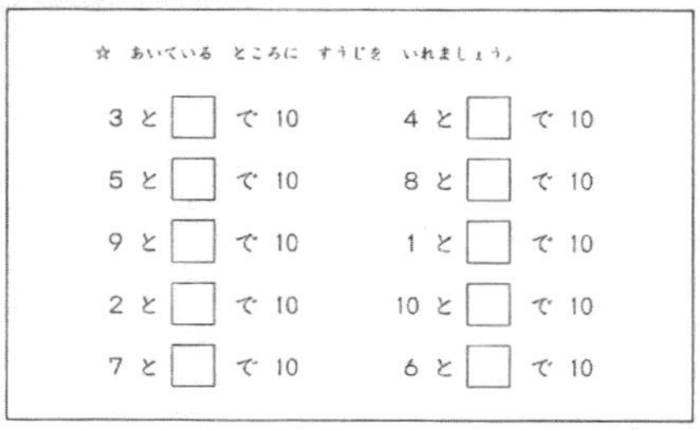

ワークシート 75 ①

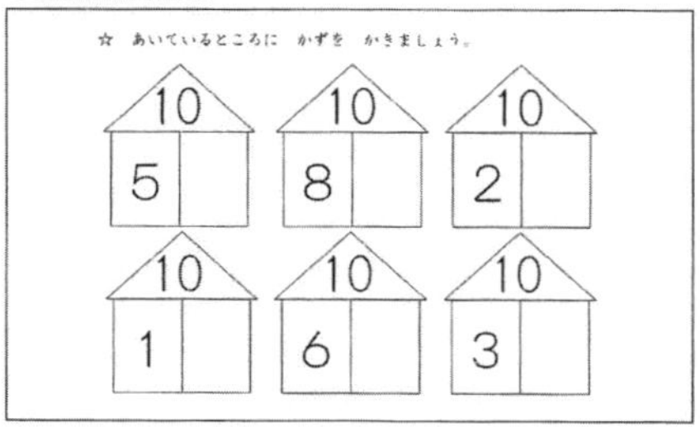

ワークシート 75 ②

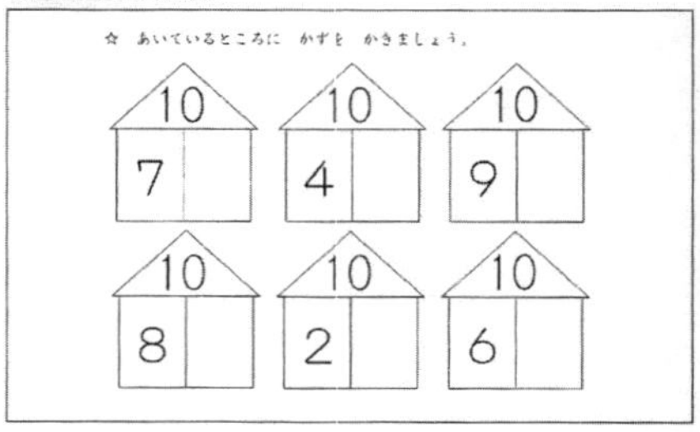

ワークシート 75 ③

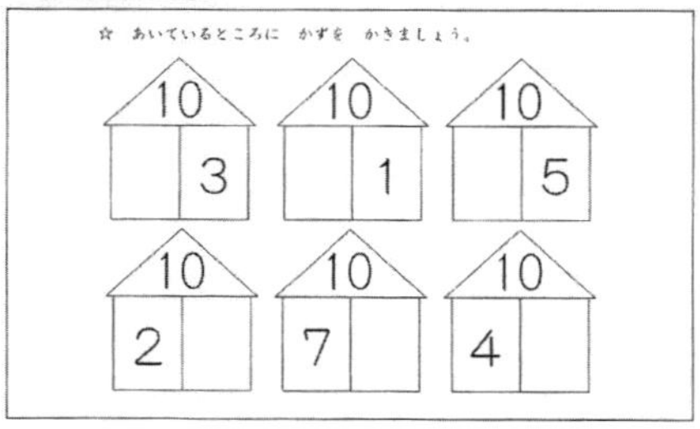

ワークシート 75 ④

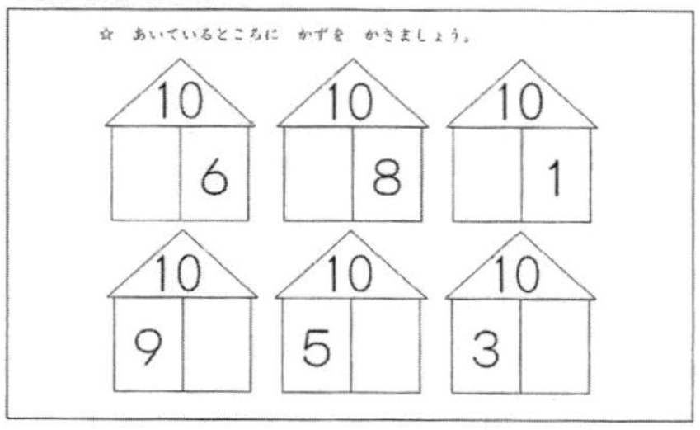

かずの学習

2部

1〜10までの数の理解

動物の模型を使った数え学習

2部の構成

2部は、動物の模型を学習素材にして、「どうぶつひろばをつくろう」という活動を設定し、全体で学習を進める指導を紹介しています。

この活動は、具体物を絵カードやタイルカード等の半具体物、言葉・数字に置き換えながら1～10の数を数える活動です。

数を具体物から抽象化していくことで数概念を深められるようにしています。1～10の指導を6段階で構成し、数の習得に応じて一人一人に活動を取り上げられるようにしています。

1段階　「1」「2」「3」の数を1ずつ数える

2段階　「1」「2」「3」の数をまとまりで数える

3段階　「4」「5」の数を数える(1)

4段階　「4」「5」の数を数える(2)

5段階　「6」「7」「8」「9」「10」の数を数える(1)

6段階　「6」「7」「8」「9」「10」の数を数える(2)

各段階の構成

「1」「2」「3」の数を1ずつ数えるは、指導段階を示しています。

★ねらいは、この段階の指導のねらいです。

★準備するものは、この段階で用いる教材と教具です。

★活動の場の設定は、子どもが自分なりに取り組めるように活動の場を構成しているものです。

★指導の展開の ❶ は、どうぶつひろばづくりの目当てをもたせる活動です。

❷ は、具体物を数えたり絵カードに置き換えて数えたりしながら数を表していく活動です。

はじめに、一人一人が取り組む一連の活動の流れを説明しています。次の(1)(2)(3)(4)は、一人一人の子どもに期待する活動の姿です。

❸ は、❷ で取り組んだ活動をまとめて完成させた「どうぶつひろば」です。

2部では、動物の模型を学習素材として取り上げ、子どもたちが「どうぶつひろばをつくろう」の展開にしていますが、下の絵カード等で、子どもに興味ある学習素材を取り上げて、「フルーツランドをつくろう」「くるまランドをつくろう」「フラワーパークをつくろう」等の題材として取り組ませることもできます。

「フルーツランドをつくろう」の学習素材

「くるまランドをつくろう」の学習素材

「フラワーパークをつくろう」の学習素材

「１」「２」「３」の数を１ずつ数える

★ ねらい

○ 左から順に、動物の模型をタイル箱に入れたり、動物の模型に動物の絵カードを対応させながら「いち、に、さん」と数唱して数を数える。

○ １～３の動物の模型や動物の絵カードの数を数字で表す。

★ 準備するもの

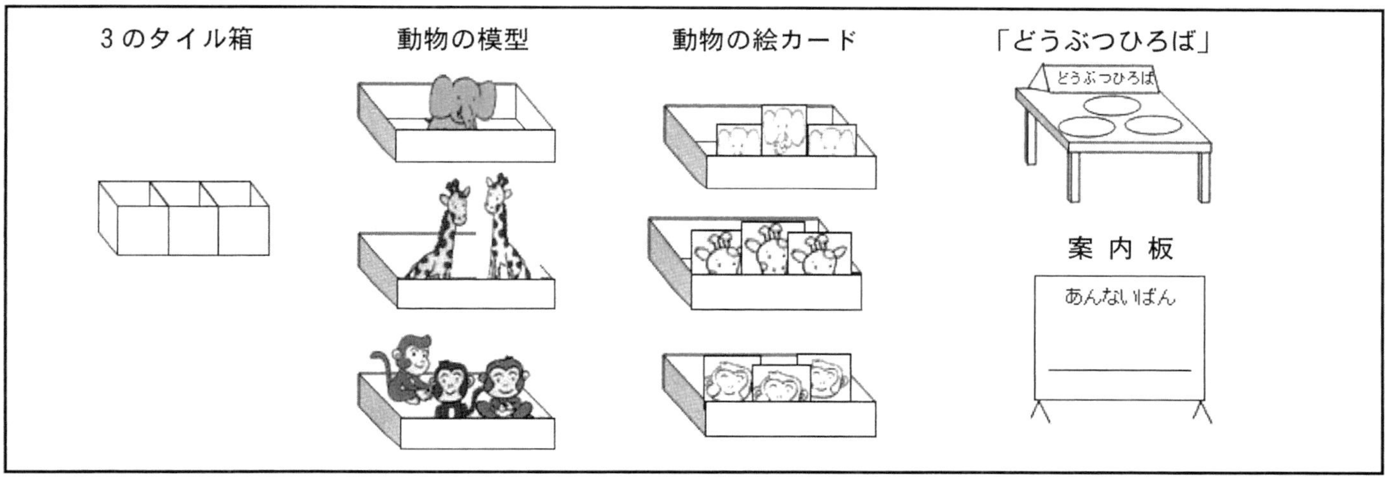

★ 活動の場の設定

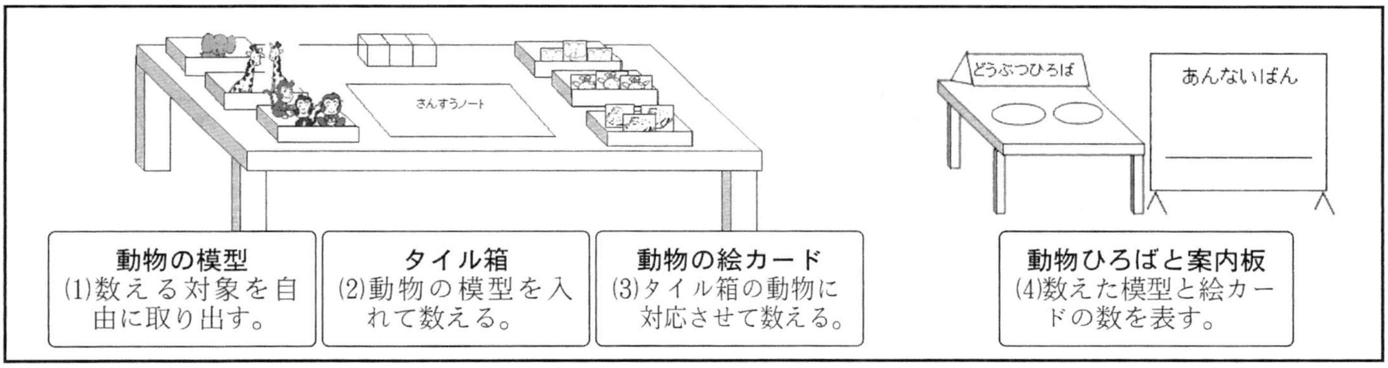

★ 指導の展開

1 学習素材に慣れ親しみながら「どうぶつひろば」づくりの、目当てをもつ活動

(1) 「どうぶつひろば」に置いた動物の模型、タイル箱、絵カードなどで次のような活動をして、数対象に自由にかかわる。

○ タイル箱に動物の模型を左から入れる。

○ タイル箱に絵カードを左からはる。

○ 絵カードを縦に並べる。

○ 動物の模型を数える。

○ 数字カードを読む。

(2) 「どうぶつひろば」づくり活動への見通しをもつ。

○ 動物の模型を並べて数を数字カードで表す。

○ 動物の模型に絵カードを対応させる。

○ 絵カードを縦に並べ、数を数字カードで表す。

2 動物の模型から動物の絵カードに１対１対応で置き換えながら数えていく。
①〜④の流れで活動を繰り返し行う。

① ３のタイル箱を取る。 ※ ３つに区切られたタイル箱で、３までの数を数えることを見通させる。	② 動物の模型の入った箱を取り出し、動物の模型をタイル箱に左から順に数唱しながら入れる。 ※ 数対象（模型の動物）を自由に選ばせる。模型の動物をタイル箱に直接対応させる。	③ タイル箱に入った動物の模型に動物の絵カードを対応させながら数唱する。 ※ 具体物に半具体物を数えながら間接対応させ、同等をつくらせる。	④ 動物の模型や動物の絵カードを「どうぶつひろば」に置いて、数を表す数字カードを置く。 ※ 同等の動物の模型と絵カードは同じ数字カードで数を表すことをとらえさせる。

(1) 動物の模型が１入った箱を取り出した場合の活動

① ３のタイル箱を取る。	② ぞうの箱を取り出し、「いち」と言いながらタイル箱に入れる。	③ ぞうの絵カードを「いち」と言いながらぞうの模型に対応させる。	④ 模型と絵を「どうぶつひろば」に置いて、１の数字カードを置く。

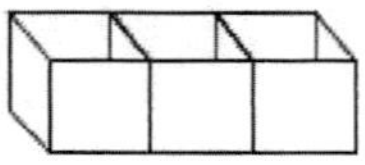
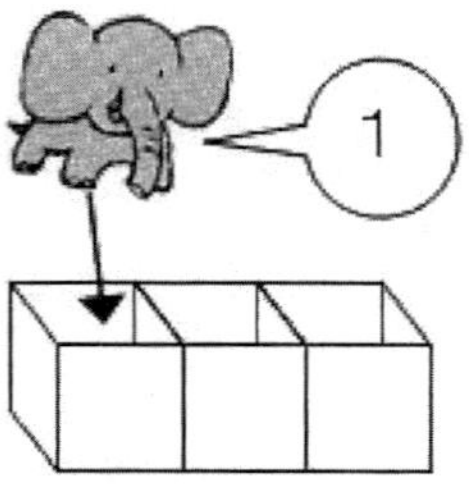

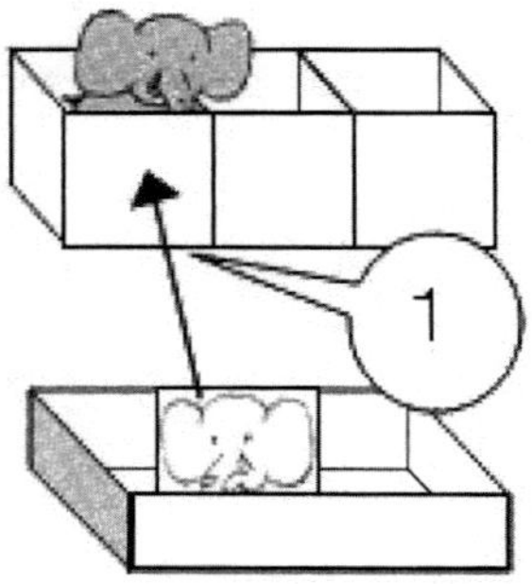

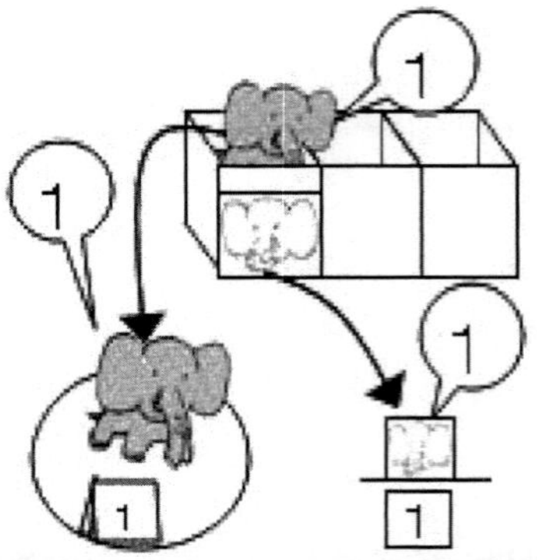

(2) 動物の模型が２入った箱を取り出した場合の活動

① ３のタイル箱を取る。	② きりんの箱を取り出し、「いち、に」と言いながらタイル箱に入れる。	③ きりんの絵カードを「いち、に」と言いながらきりんの模型に対応させる。	④ 模型と絵を「どうぶつひろば」に置いて、２の数字カードを置く。

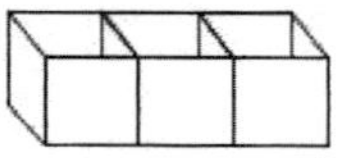

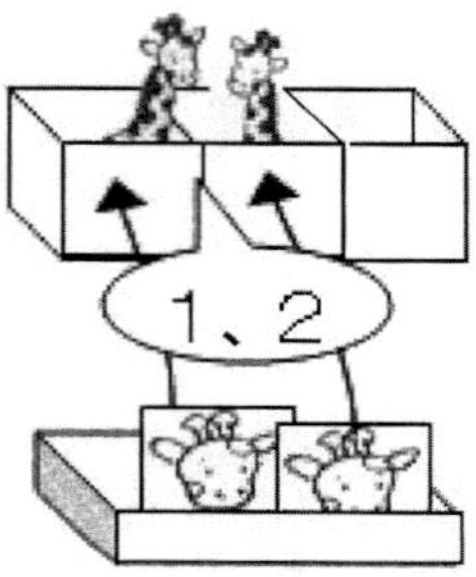

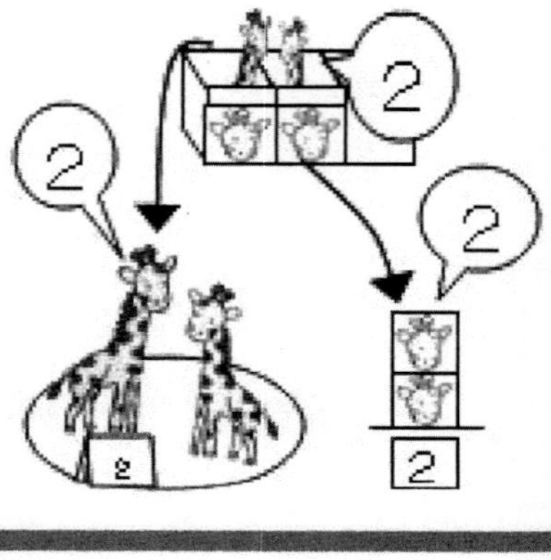

(3)　動物の模型が３入った箱を取り出した場合の活動

①　３のタイル箱を取る。

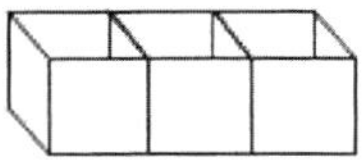

②　さるの箱を取り出し、「いち、に、さん」と言いながらタイル箱に入れる。

③　さるの絵カードを「いち、に、さん」と言いながらさるの模型に対応させる。

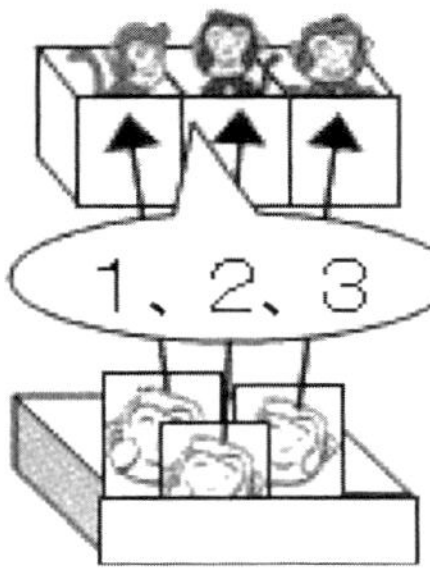

④　模型と絵を「どうぶつひろば」に置いて、３の数字カードを置く。

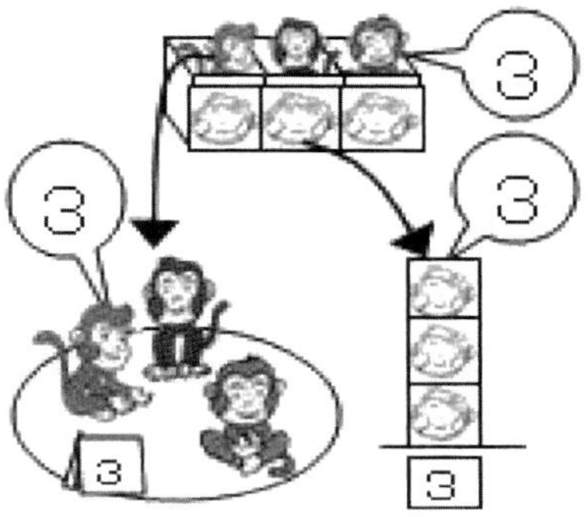

3　動物の模型や絵カードを置いて数を表しながら、「どうぶつひろば」をつくっていく。

完成した「どうぶつひろば」

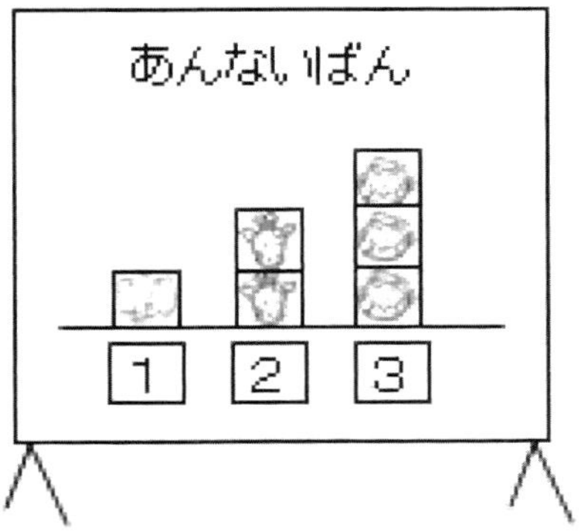

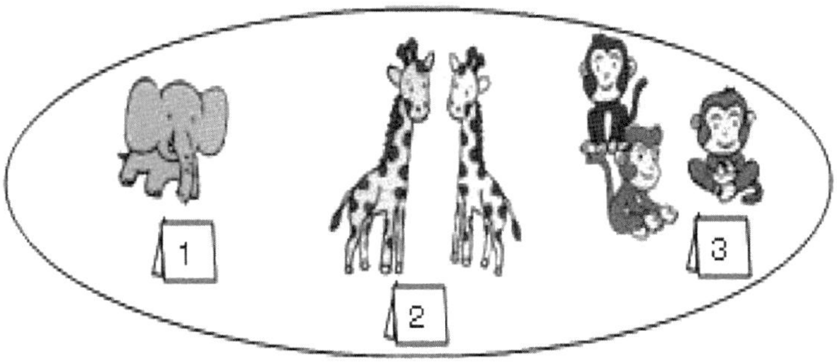

「１」「２」「３」の数をまとまりで数える

★ ねらい

○　動物の模型の見て数え、同等の数のタイル箱に入れたり、動物の模型と同等の絵カードを対応させながら、「いち」「に」「さん」と全部の数を表す。

○　１～３の動物の模型や動物の絵カードの数を数字で表す。

★ 準備するもの

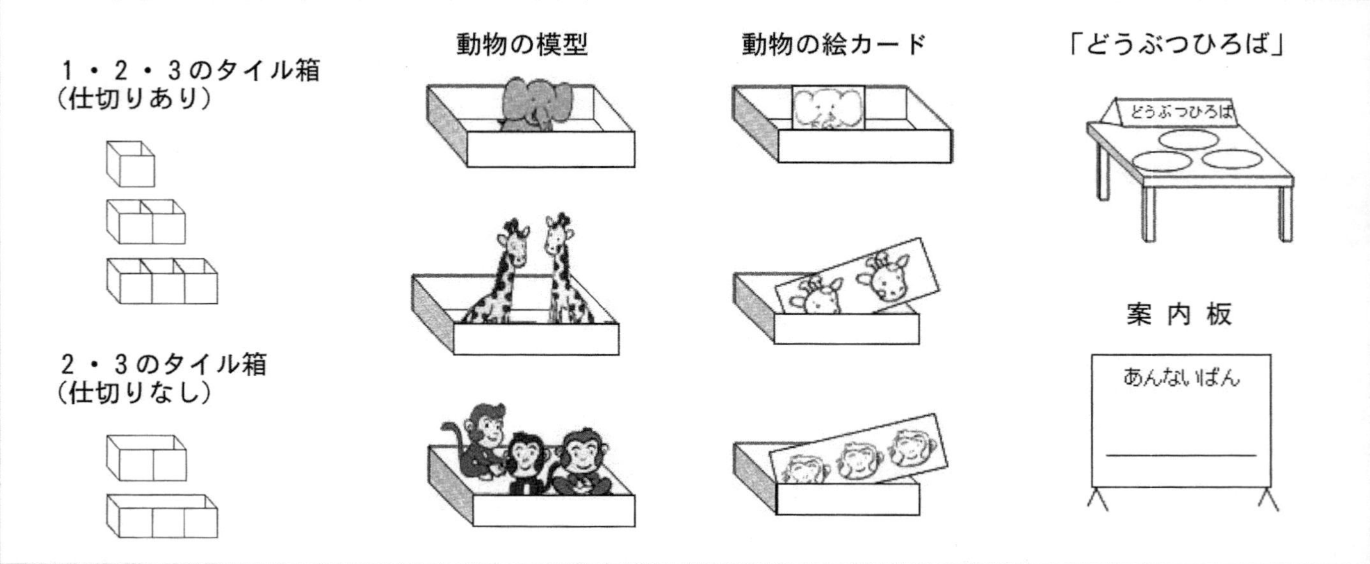

★ 活動の場の設定

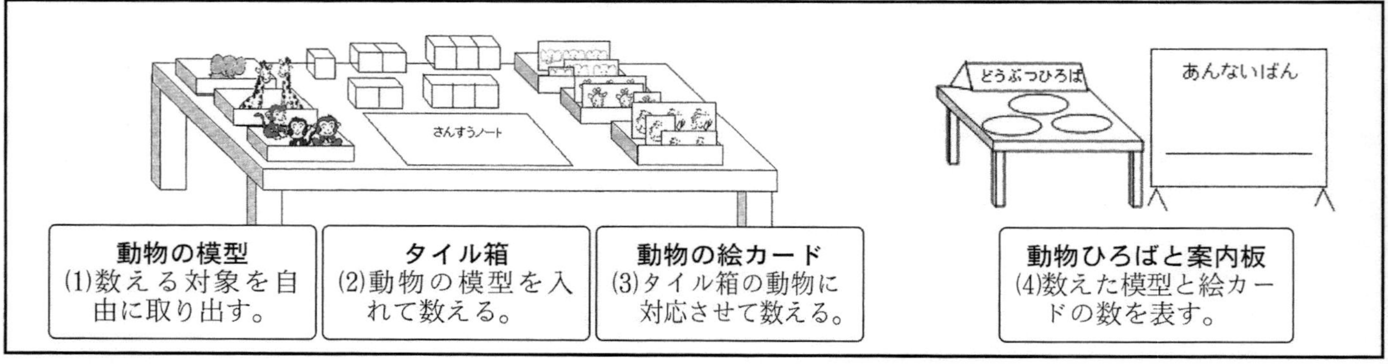

★ 指導の展開

1　「１」「２」「３」をまとまりで数えて、「どうぶつひろば」づくりをする目当てをもつ活動

(1)　「１」「２」「３」の数をまとまりで数えることを確認する。

○　動物の模型をまとまりで見取り、「１」「２」「３」と全体の数を表現する。

○　動物の模型と同等のタイル箱を見取り、取り出す。

○　タイル箱に合致する同等の動物の模型をタイル箱に入れる。

○　動物の模型やタイル箱、動物の絵カードを同等のまとまりで対応させる。

2 動物の模型・タイル箱・動物の絵カードの同等を対応させながらで数えていく。

①〜④の流れで活動を繰り返し行う。

①　1・2・3の動物のの模型入った箱を自由に取り出す。	②　動物の模型数を見て数え、合致する数のタイル箱に入れる。	③　タイル箱に入った動物の模型に動物の絵カードを対応させながら数唱する。 ※　具体物と半具体物をまとまりで対応させる。	④　動物の模型や動物の絵カードを「どうぶつひろば」に置いて、数を表す数字カードを置く。 ※　具体物とタイルカードの同数をとらえさせる。

(1)　動物の模型が1入った箱を取り出した場合の活動

①　ぞうの箱を取り出し、全体の数を見て、「いち」と表現する。 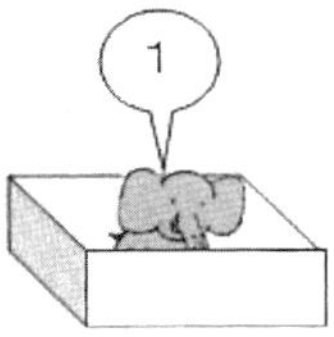	②　1のタイル箱を取り出してぞうの模型を入れる。 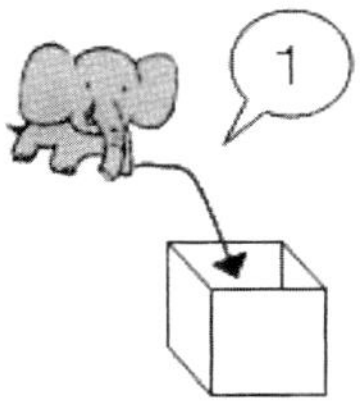	③　ぞうの模型とタイル箱を見て「いち」と言いながら1のぞうの絵カードを取り出し、タイル箱に対応させる。 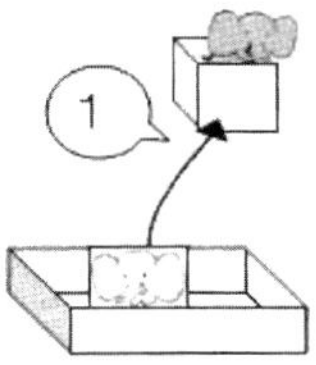	④　ぞうの模型とぞうの絵を「どうぶつひろば」に置いて、1の数字カードを置く。 

(2)　動物の模型が2入った箱を取り出した場合の活動

①　きりんの箱を取り出し、全体の数を見て、「に」と表現する。 	②　2のタイル箱を取り出してきりんの模型2体を入れる。  まとまりで見取れるようになったら、区切りのない箱を出す。 	③　きりんとタイル箱を見て「に」と言いながら2のきりんの絵カードを取り出し、タイル箱に対応させる。  まとまりで見取れるようになったら、区切りのない箱を出す。 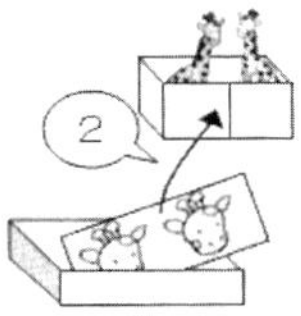	④　きりんの模型ときりんの絵を「どうぶつひろば」に置いて2の数字カードを置く。 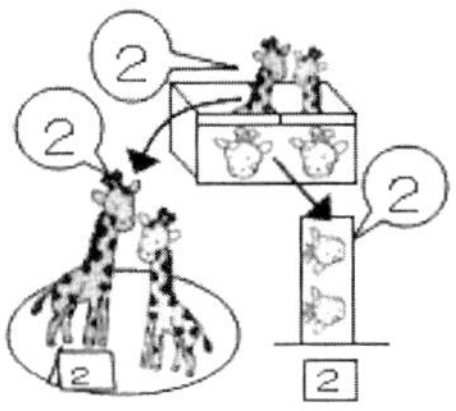 まとまりで見取れるようになったら、区切りのない箱を出す。 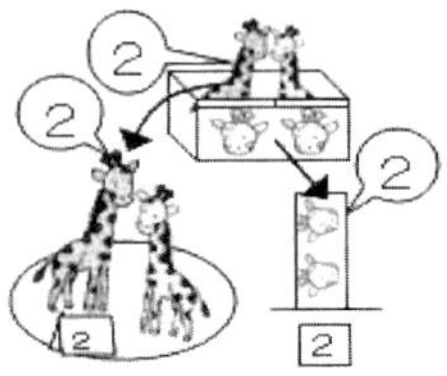

(3) 動物の模型が３入った箱を取り出した場合の活動

① さるの箱を取り出し、全体の数を見て、「さん」と表現する。

② ３のタイル箱を取り出してさるの模型３体を入れる。

まとまりで見取れるようになったら、区切りのない箱を出す。

③ さるとタイル箱を見て「さん」と言いながら３のさるの絵カードを取り出し、タイル箱に対応させる。

まとまりで見取れるようになったら、区切りのない箱を出す。

④ さるの模型とさるの絵を「どうぶつひろば」に置いて、３の数字カードを置く。

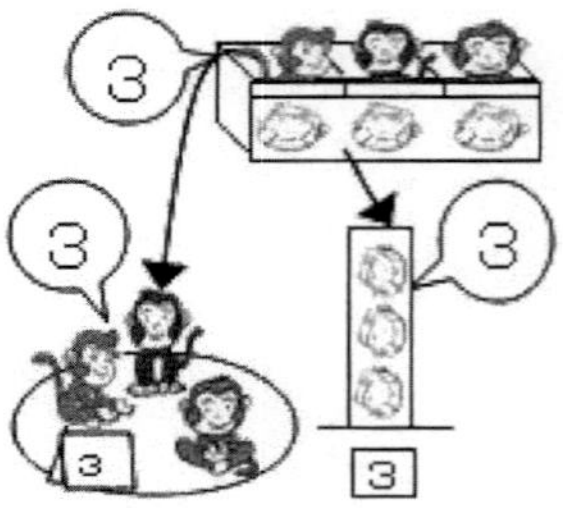

まとまりで見取れるようになったら、区切りのない箱を出す。

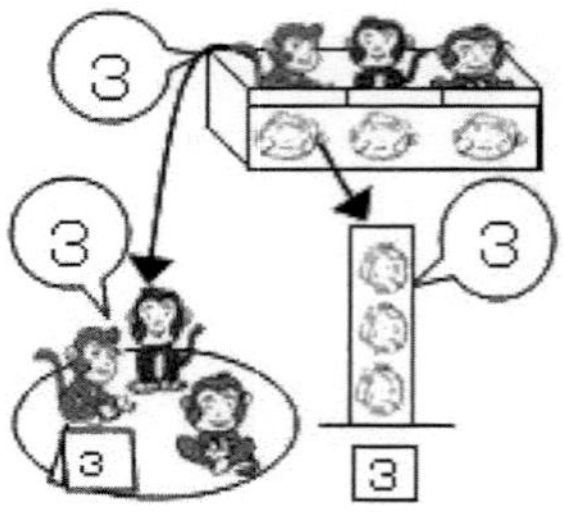

3 動物の模型や絵カードをおいて数を表しながら、「どうぶつひろば」の動物を増やしていく。

完成した 「どうぶつひろば」

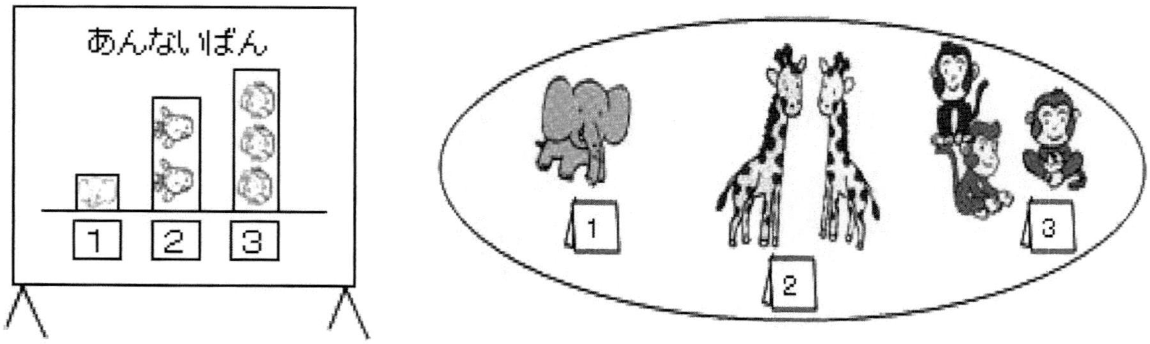

「4」「5」の数を数える(1)

★ ねらい

○　4・5の具体物を3をまとまりにしてとらえ、残りの数を「よん、ご」と数え足す。
○　4・5の動物の模型や動物の絵カードの数を数字で表す。
○　動物の模型、動物の絵カード、数字の同等を合わせる。

★ 準備するもの

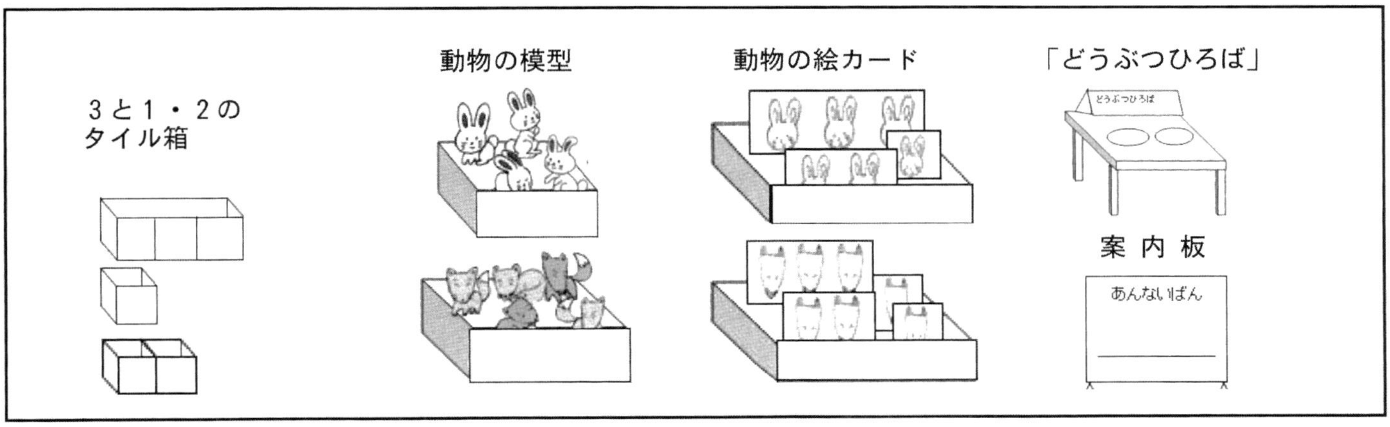

★ 活動の場の設定

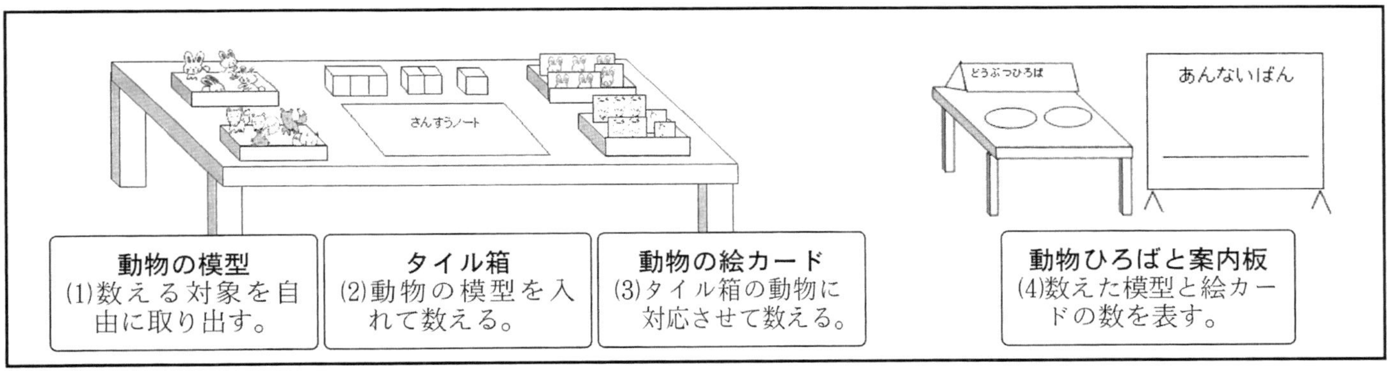

★ 指導の展開

1　3を目で見取り、残りを数え足して4・5を数える「どうぶつひろば」づくりへの目当てをもつ活動

(1)　動物の模型や動物の絵カード、タイルカードの3を目で見取り、残りを数え足して4・5を数える。
(2)　動物の模型や動物の絵カード、タイルカードの4・5の同等の数を合わせる。

2　動物の模型・タイル箱、動物の絵カードを数えたり、同等をつくったりしながら「どうぶつひろば」をつくる。

①～④の流れで活動を繰り返し行う。

①　4、5でセットになった動物の模型を取り出す。	②　4、5でセットになった動物の模型から、3のまとまりを取り出し、3のタイル箱に入れる。残りの数を1、2のタイル箱に入れ、「さん、し」「さん、し、ご」と数える。	③　タイル箱に入った動物の模型の3のまとまりと残りの1、2の数に絵カードを対応させながら、「さん、し」「さん、し、ご」と数える。	④　具体物をランダムに並べて4と5の数を表したり、絵カードを数階段にし、4と5の数を表す。

(1)　動物の模型が4入った箱を取り出した場合の活動

①　うさぎの模型が4体入った箱を取り出す。 	②　うさぎの模型を3のまとまりで取り出し、「さん」と言って3のタイル箱に入れる。残りのうさぎを1のタイル箱に入れて「よん」と数を表す。 	③　うさぎの模型が3体入ったタイル箱に3の絵カードを合わせて「さん」と言う。残りの1のタイル箱に1の絵カードを対応させて「よん」と数を表す。 	④　うさぎの模型とうさぎの絵を「さん、よん」と数えながら「どうぶつひろば」に置いて4の数字カードを置く。 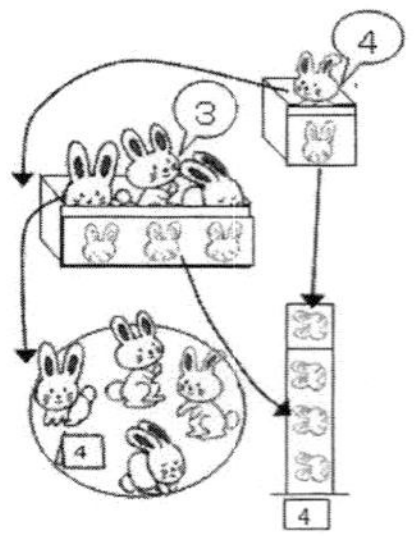

(2)　動物の模型が5入った箱を取り出した場合の活動

①　きつねの模型が5体入った箱を取り出す。 	②　きつねの模型を3のまとまりで取り出し、「さん」と言って3のタイル箱に入れる。残りのきつねを1のタイル箱に入れて「よん、ご」と数を表す。 	③　きつねの模型が3体入ったタイル箱に3の絵カードを合わせて「さん」と言う。残りの1のタイル箱に1の絵カードを対応させて「よん、ご」と数を表す。 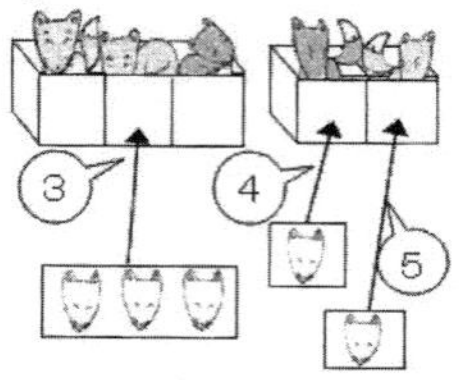	④　きつねの模型ときつねの絵を「さん、よん、ご」と数えながら「どうぶつひろば」に置いて5の数字カードを置く。 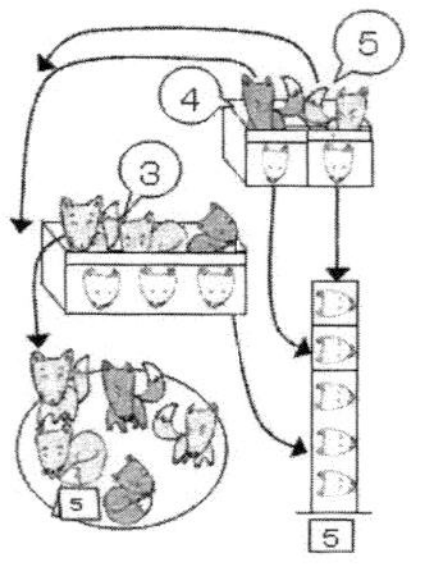

3　動物の模型や絵カードを置いて数を表しながら、「どうぶつひろば」の動物を増やしていく。

完成した　「どうぶつひろば」

「４」「５」の数を数える(2)

★ ねらい

○　３をまとまりにして３と数え、残りの１・２の数を合わせて、「３と1で４」「３と２で５」と４・５を数える。
○　４・５の動物の模型や動物の絵カードの数を数字で表す。
○　模型の動物、動物の絵カード、数字の同等を合わせる。

★ 準備するもの

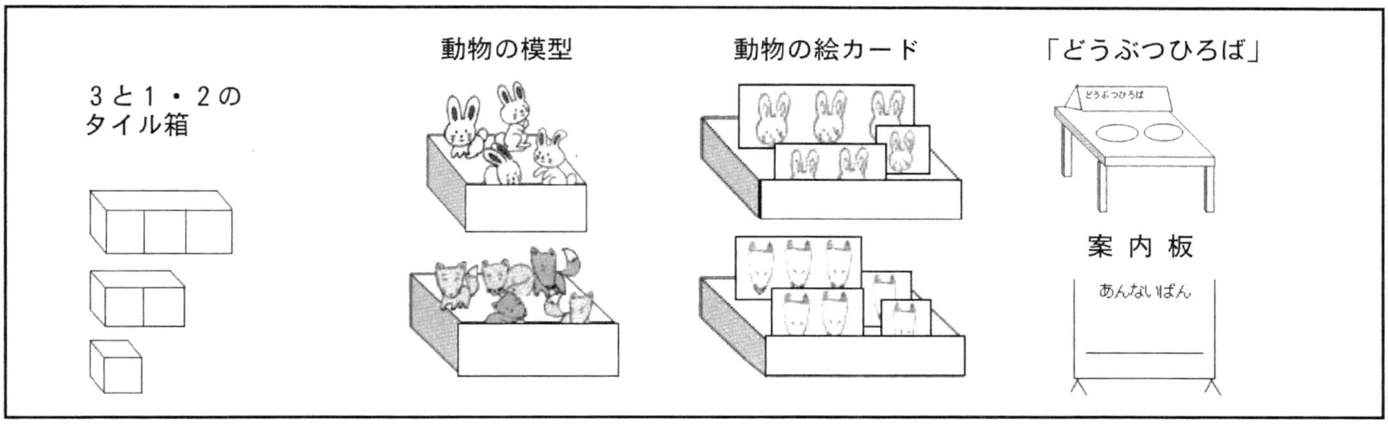

★ 活動の場の設定

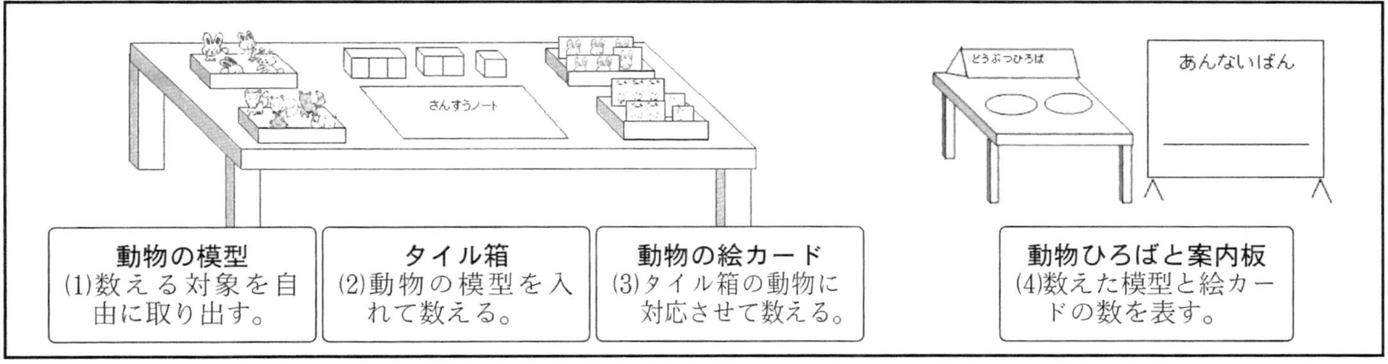

★ 指導の展開

1　３を目で見取り、残りを数え足して４・５を数える「どうぶつひろば」づくりへの目当てをもつ活動

(1)　動物の模型や動物の絵カード、タイルカードの３を目で見取り、残りの数を合わせて４・５を数える。

2　動物の模型・タイル箱、動物の絵カードを数えたり、同等をつくったりしながら「どうぶつひろば」をつくる。

①～④の流れで活動を繰り返し行う。

①　4・5でセットになった動物の模型を取り出す。	②　箱の中の動物から3のまとまりを取り出し、3のタイル箱に入れ、残りの数を合致する1か2のタイル箱に入れ、「3と1で4」「3と2で5」と数える。	③　タイル箱に入った動物の模型の3のまとまりと残りの1・2の数に絵カードを対応させながら、「3と1で4」「3と2で5」と数える。	④　具体物をランダムに並べて4と5の数を表したり、絵カードを数階段にし、4と5の数を表す。

(1)　動物の模型が4入った箱を取り出した場合の活動

①　うさぎの模型が4体入った箱を取り出す。

②　うさぎの模型を3のまとまりで取り出して3のタイル箱に入れる。残りの1体の数を1のタイル箱に入れ、「3と1で4」と数える。

③　うさぎの模型が3体入ったタイル箱に3の絵カードを合わせて「さん」と言う。残りの1の数に絵カードを対応させながら、「3と1で4」と数える。

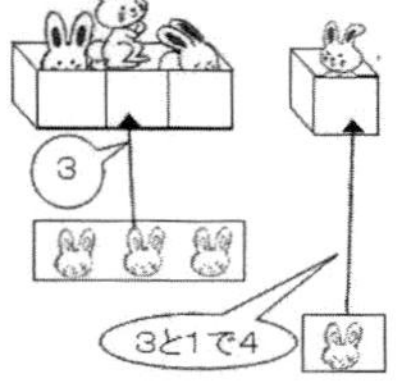

④　うさぎの模型と絵を「3と1で4」と数えながら、「どうぶつひろば」に置いて、4の数字カードを置く。

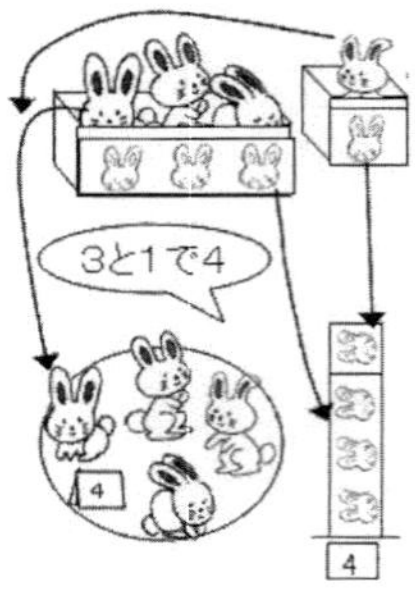

(2)　動物の模型が5入った箱を取り出した場合の活動

①　きつねの模型が5体入った箱を取り出す。

②　きつねの模型を3のまとまりで取り出して3のタイル箱に入れ、残りの2体を2のタイル箱に入れ、「3と2で5」と数える。

③　きつねの模型が3体入ったタイル箱に3の絵カードを合わせて「さん」と言う。残りの2の数に2の絵カードを対応させながら、「3と2で5」と数える。

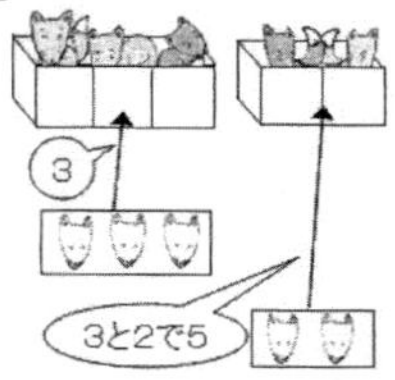

④　きつねの模型と絵を「3と2で5」と数えながら、「どうぶつひろば」に置いて、5の数字カードを置く。

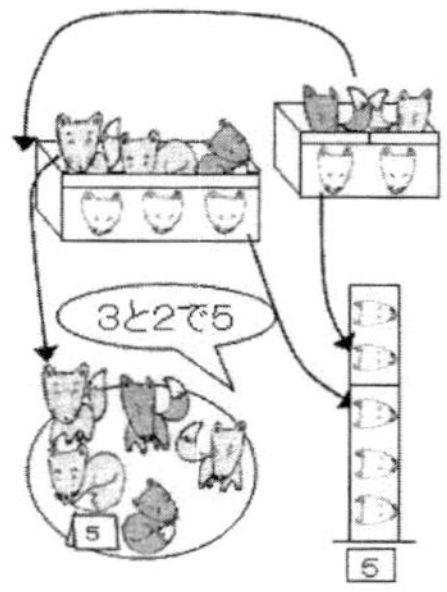

3　動物の模型や絵カードを置いて数を表しながら、「どうぶつひろば」の動物を増やしていく。

完成した「どうぶつひろば」

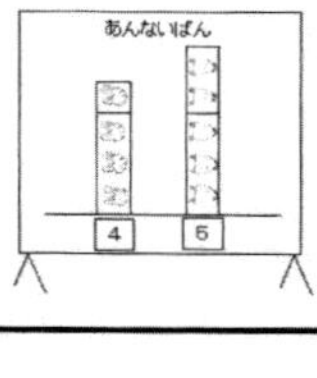

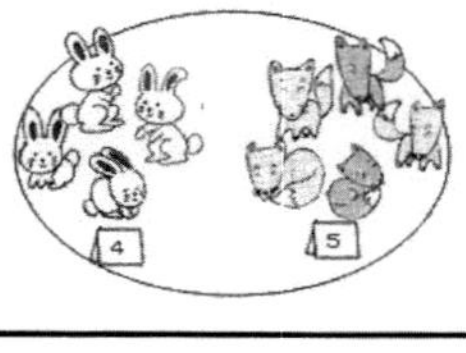

「６」「７」「８」「９」「10」の数を数える(1)

★ ねらい

○　６・７・８・９・10の具体物を５をまとまりにしてとらえ、残りの数を「ろく、しち、はち、く、じゅう」と数え足す。
○　６・７・８・９・10の動物の模型や動物の絵カードの数を数字で表す。
○　模型の動物、動物の絵カード、数字の同等を合わせる。

★ 準備するもの

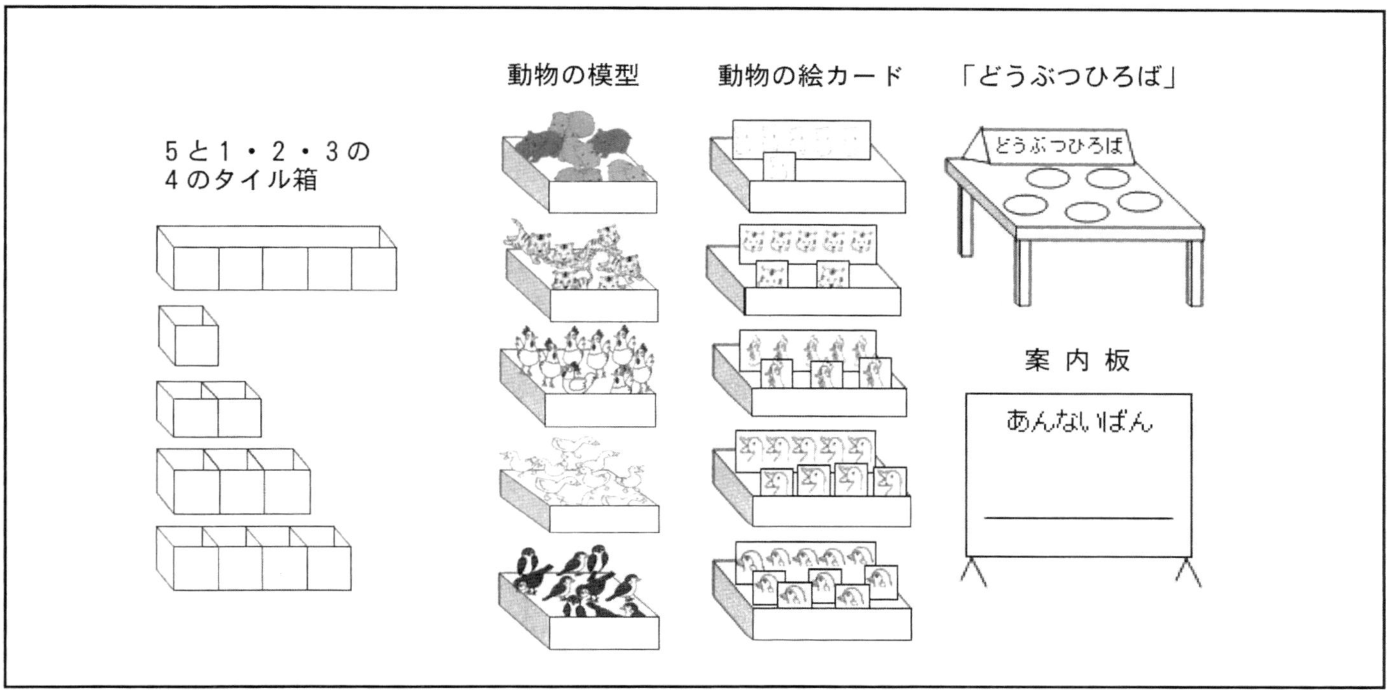

★ 活動の場の設定

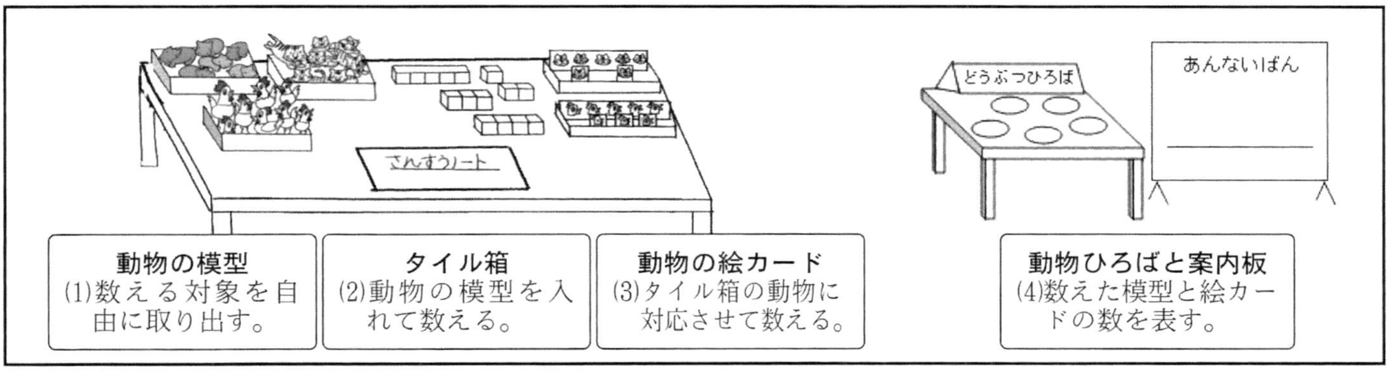

★ 指導の展開

1　５を目で見取り、残りを数え足して６・７・８・９・10を数える「どうぶつひろば」づくりへの目当てをもつ活動

(1)　動物の模型や動物の絵カード、タイルカードの５を目で見取り、残りを数え足して６・７・８・９・10を数える。
(2)　動物の模型や動物の絵カード、タイルカードの６・７・８・９・10の同等等の数を合わせる。

2 動物の模型・タイル箱、動物の絵カードを数えたり、同等をつくったりしながら「どうぶつひろば」をつくる。

①〜④の流れで活動を繰り返し行う。

① 6・7・8・9・10でセットになった動物の模型を取り出す。	② 6・7・8・9・10の動物の模型から、5のまとまりを取り出し、5のタイル箱に入れる。残りの数を1のタイル箱に入れ、「ろく、しち、はち、く、じゅう」と数えていく。	③ タイル箱に入った動物の模型の5のまとまりと残りの1の数に絵カードを対応させながら、「ろく、しち、はち、く、じゅう」と数える。	④ 具体物をランダムに並べて6・7・8・9・10の数を表したり絵カードを数階段にし、6・7・8・9・10の数を表す。

(1) 動物の模型が6入った箱を取り出した場合の活動

① かばの模型が6体入った箱を取り出す。 	② かばの模型を5のまとまりで取り出し、「ご」と言って5のタイル箱に入れる。残りのかばの模型を1のタイル箱に入れて「ろく」と数を表す。 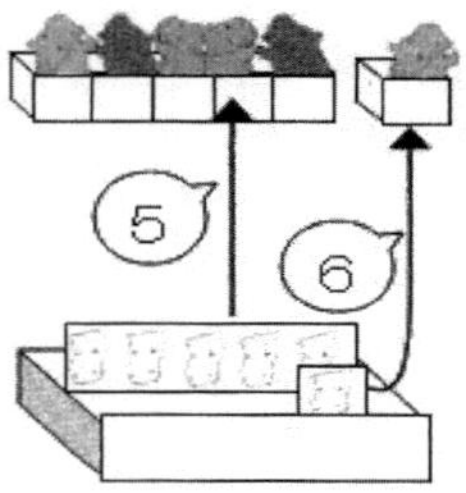	③ かばの模型が5体入ったタイル箱に5の絵カードを合わせて「ご」と言う。残りの1のタイル箱に1の絵カードを対応させて「ろく」と数を表す。 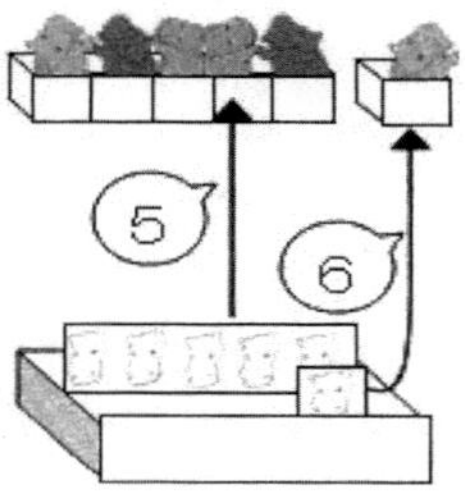	④ 模型とかばの絵を「ご、ろく」と数えながら、「どうぶつひろば」に置いて6の数字カードを置く。 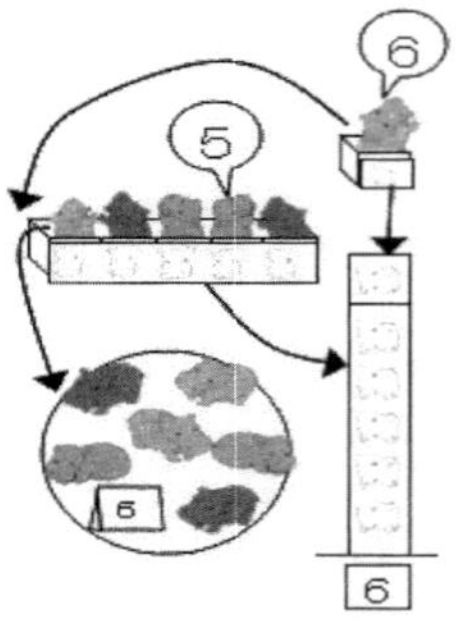

(2) 動物の模型が7入った箱を取り出した場合の活動

① とらの模型が7体入った箱を取り出す。 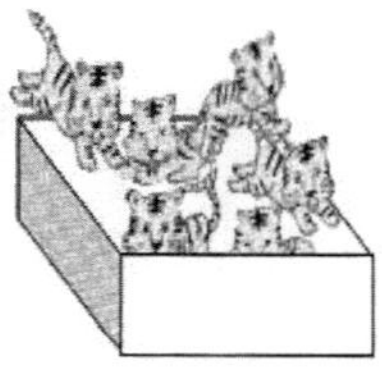	② とらの模型を5のまとまりで取り出し、「ご」と言って5のタイル箱に入れる。残りのとらを1のタイル箱に入れて「ろく、しち」と数を表す。 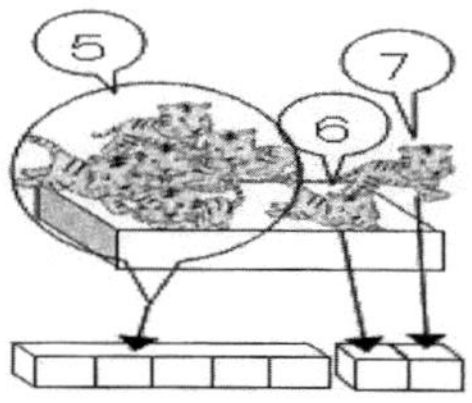	③ とらの模型が5体入ったタイル箱に5の絵カードを合わせて「ご」と言う。残りの1のタイル箱に1の絵カードを対応させて「ろく、しち」と数を表す。 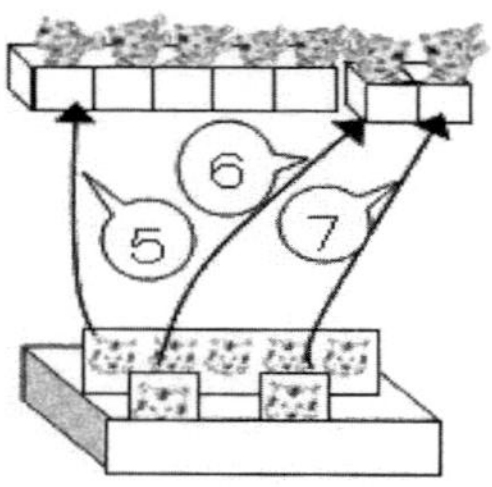	④ とらの模型ととらの絵を「ご、ろく、しち」と数えながら「どうぶつひろば」に置いて、7の数字カードを置く。 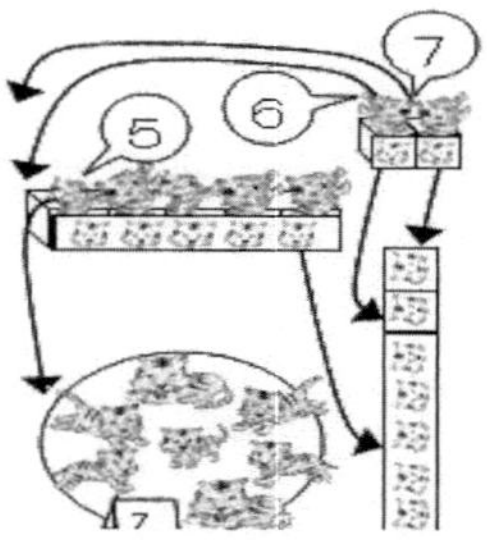

(3) 動物の模型が８入った箱を取り出した場合の活動

① にわとりの模型が８体入った箱を取り出す。

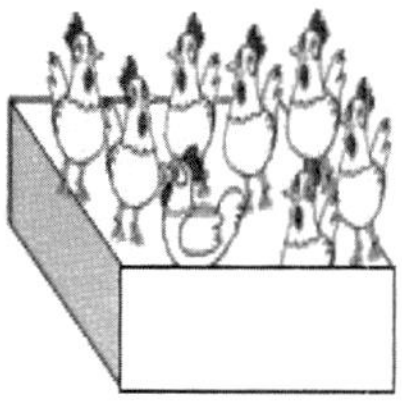

② にわとりの模型を５のまとまりで取り出し、「ご」と言って５のタイル箱に入れる。残りのにわとりの模型を１のタイル箱に入れて「ろく、しち、はち」と数を表す。

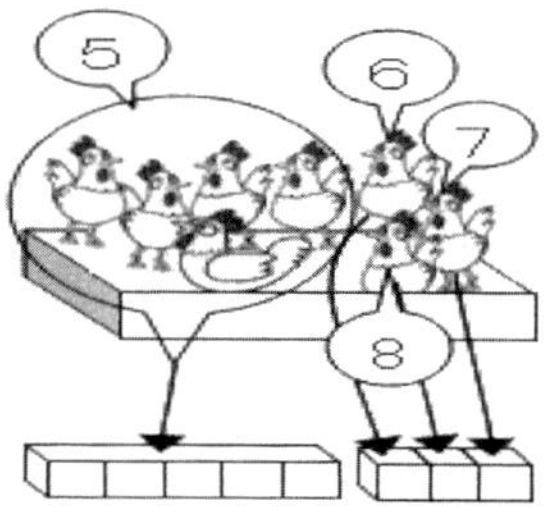

③ にわとりの模型が５体入ったタイル箱に５の絵カードを合わせて「ご」と言う。残りの１のタイル箱に１の絵カードを対応させて「ろく、しち、はち」と数を表す。

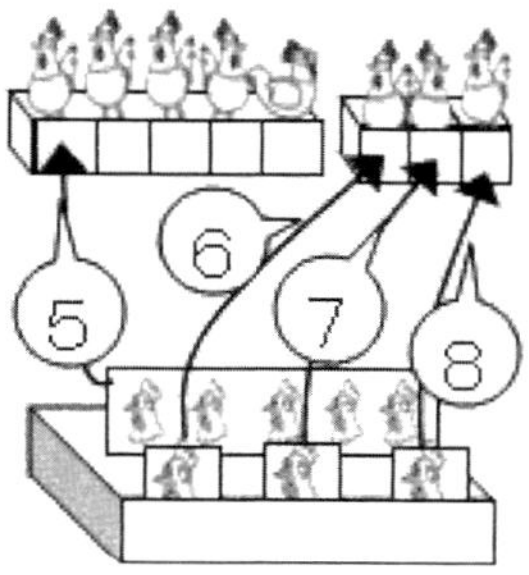

④ 模型とにわとりの絵を「ご、ろく、しち、はち」と数えながら「どうぶつひろば」に置いて、８の数カードを置く。

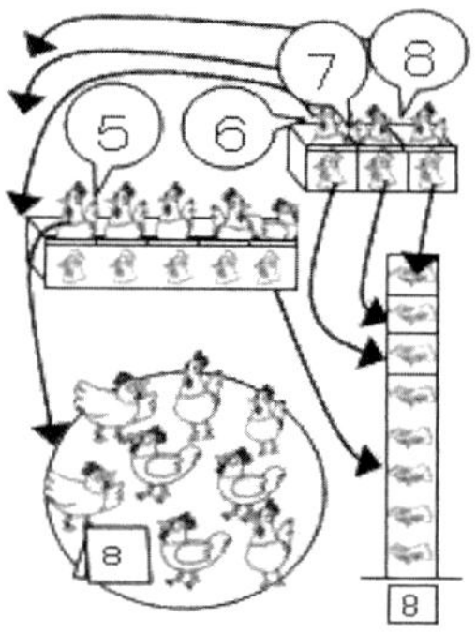

(4) 動物の模型が９入った箱を取り出した場合の活動

① あひるの模型が９体入った箱を取り出す。

② あひるの模型を５のまとまりで取り出し、「ご」と言って５のタイル箱に入れる。残りのあひるの模型を１のタイル箱に入れて「ろく、しち、はち、く」と数を表す。

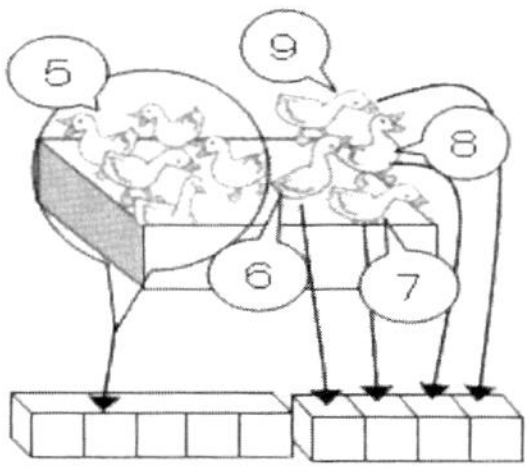

③ あひるの模型が５体入ったタイル箱に５の絵カードを合わせて「ご」と言う。残りの１のタイル箱に１の絵カードを対応させて「ろく、しち、はち、く」と数を表す。

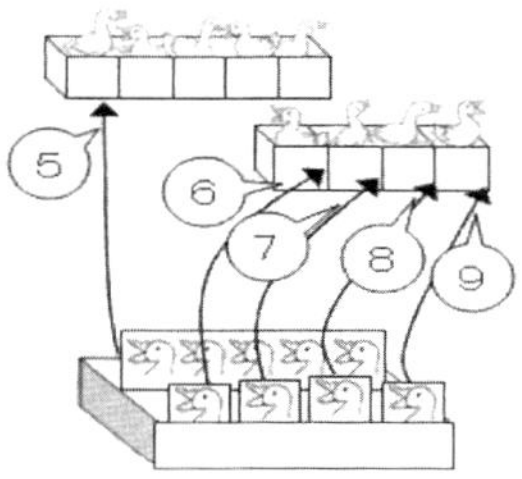

④ 模型とあひるの絵を「ご、ろく、し ち、はち、く」と数えながら「どぶつひろば」に置いて、９の数カードを置く。

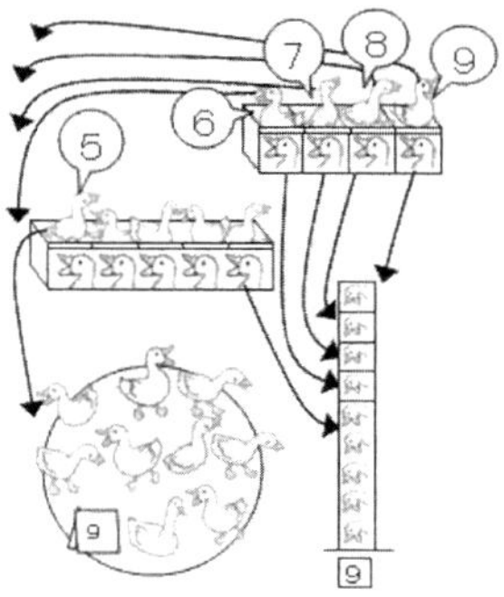

(5) 動物の模型が10入った箱を取り出した場合の活動

① すずめの模型が10体入った箱を取り出す。

② すずめの模型を５のまとまりで取り出し、「ご」と言って５のタイル箱に入れる。残りのすずめの模型を１のタイル箱に入れて「ろく、しち、はち、く、じゅう」と数を表す。

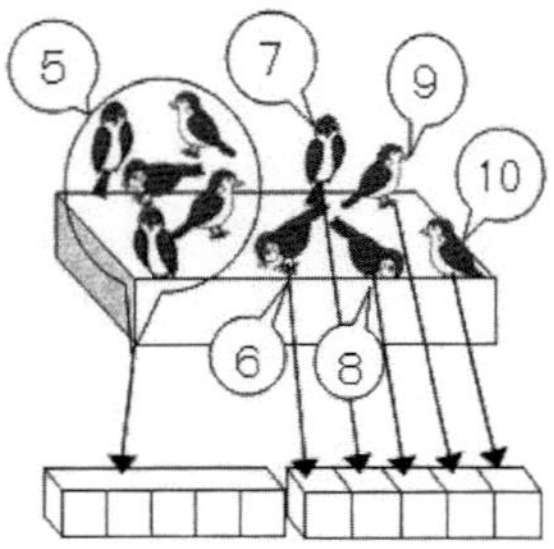

③ すずめの模型が５体入ったタイル箱に５の絵カードを合わせて「ご」と言う。残りの１のタイル箱に１の絵カードを対応させて「ろく、しち、はち、く、じゅう」と数を表す。

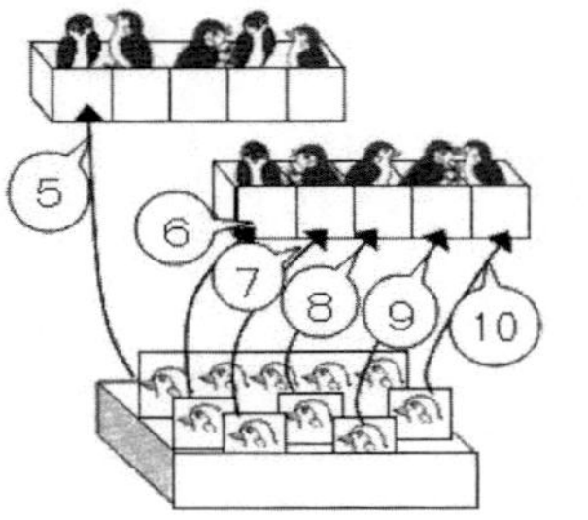

④ 模型とすずめの絵を「ご、ろく、しち、はち、く、じゅう」と数えながら「どうぶつひろば」に置いて、10の数カードを置く。

3 動物の模型や絵カードを置いて数を表しながら、「どうぶつひろば」の動物を増やしていく。

完成した 「どうぶつひろば」

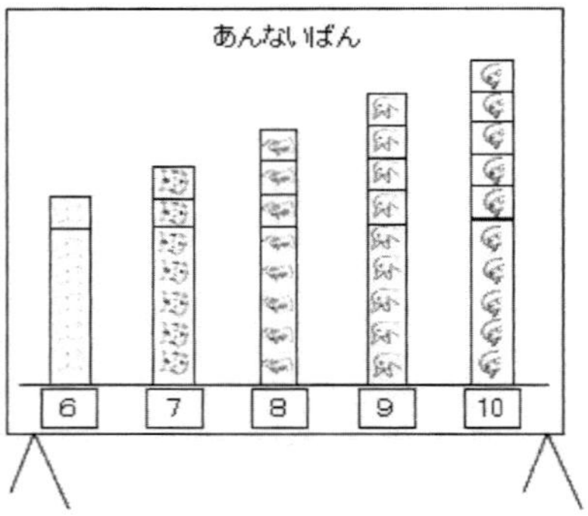

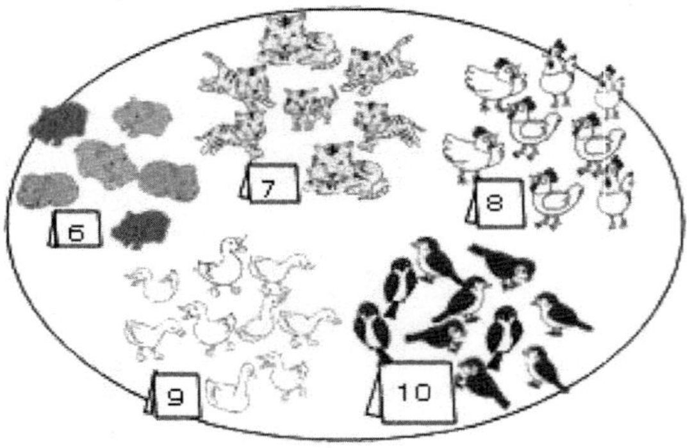

「６」「７」「８」「９」「10」の数を数える(2)

★ ねらい

○　５をまとまりにして５と数え、残りの１・２・３・４・５の数を合わせて、「５と１で６」「５と２で７」「５と３で８」「５と４で９」「５と５で10」と６、７、８、９、10を数える。
○　６、７、８、９、10の動物の模型や動物の絵カードの数を数字で表す。
○　模型の動物、動物の絵カード、数字の同等を合わせる。

★ 準備するもの

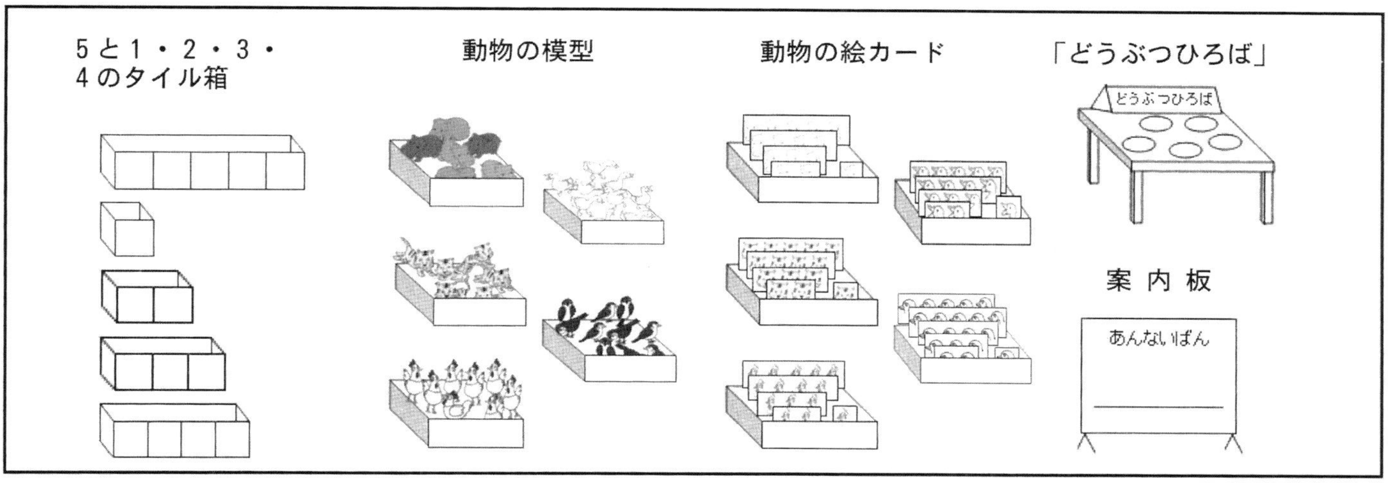

★ 活動の場の設定

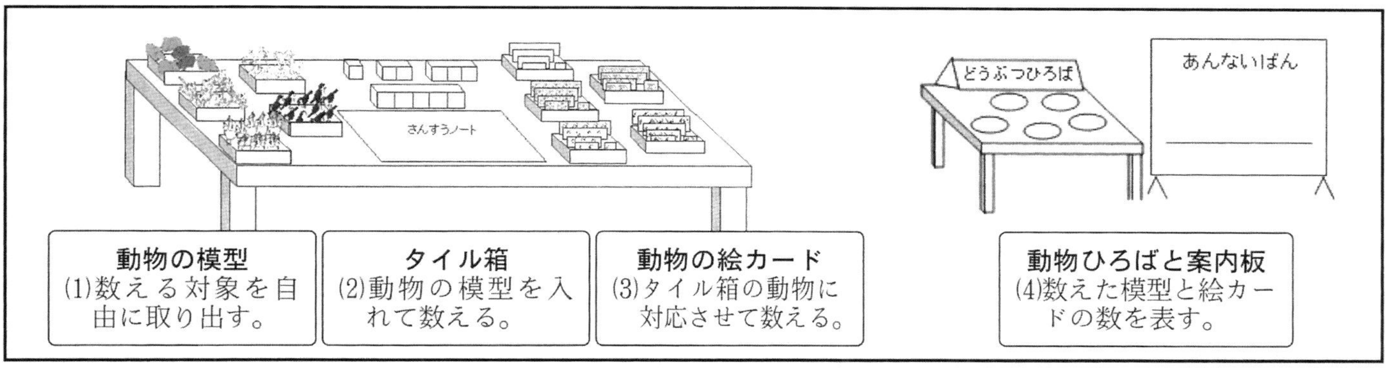

★ 指導の展開

1　５を目で見取り、残りの数を合わせて６・７・８・９・10を数える「どうぶつひろば」づくりへの目当てをもつ活動

(1)　動物の模型や動物の絵カード、タイルカードの５を目で見取り、残りの数を合わせて６・７・８・９・10を数える。

2　動物の模型・タイル箱、動物の絵カードを数えたり、同等をつくったりしながら「どうぶつひろば」をつくる。

①〜④の流れで活動を繰り返し行う。

①　６、７、８、９、10の大きさの動物の模型を取り出す。	②　箱の中の動物から５のまとまりを取り出し、５のタイル箱に入れ、残りの数を合致する１か２、３、４、５のタイル箱に入れ、「５と１で６」「５と２で７」「５と３で８」「５と４で９」「５と５で10」と数える。	③　タイル箱に入った動物の模型の５のまとまりと残りの１・２・３・４の数に絵カードを対応させながら、「５と１で６」「５と２で７」「５と３で８」「５と４で９」「５と５で10」と数える。	④　６、７、８、９、10の具体物をランダムに並べて数を表したり、絵カードを数階段にし、数を表す。

(1)　動物の模型が６入った箱を取り出した場合の活動

①　かばの模型が６体入った箱を取り出す。 ※　数対象（動物の模型）を自由に選ばせる。 	②　かばの模型を５のまとまりで取り出して５のタイル箱に入れる。残りの１体を１のタイル箱に入れ、「５と１で６」と数える。 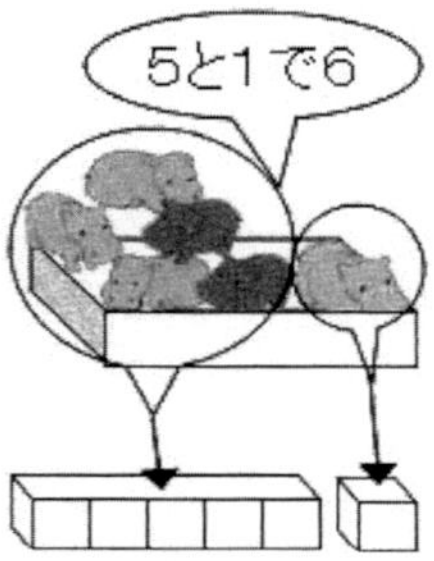 	③　かばの模型が５体入ったタイル箱に５の絵カードを合わせて「ご」と言う。残りの１体に絵カードを対応させながら、「５と１で６」と数える。 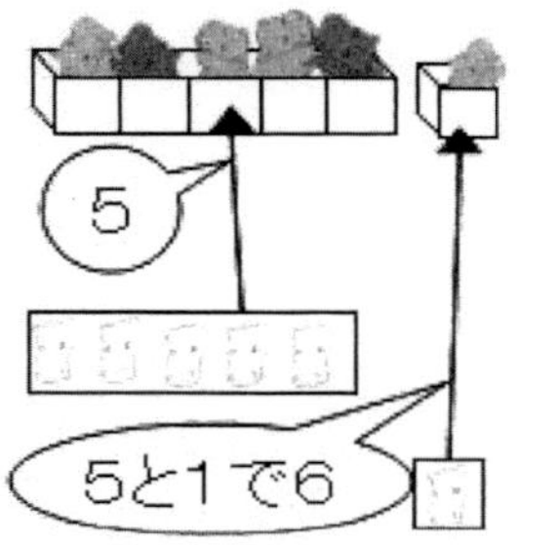 	④　かばの模型と絵を「５と１で６」と数えながら「どうぶつひろば」に置いて６の数字カードを置く。 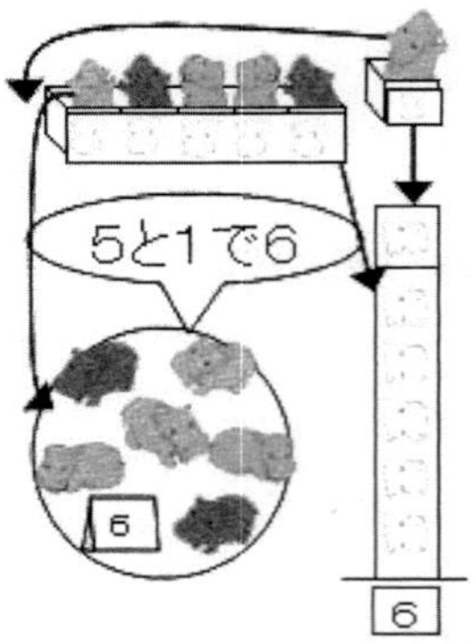

(2)　動物の模型が７入った箱を取り出した場合の活動

①　とらの模型が７体入った箱を取り出す。 ※　数対象（動物の模型）を自由に選ばせる。 	②　とらの模型を５のまとまりで取り出して５のタイル箱に入れる。残りの２体を２のタイル箱に入れ、「５と２で７」と数える。 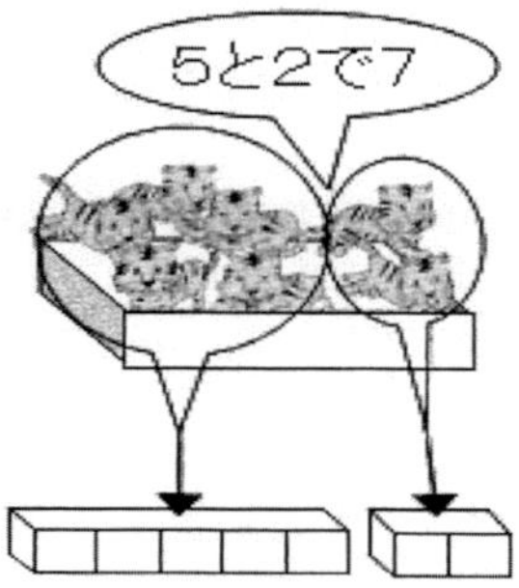 	③　とらの模型が５体入ったタイル箱に５の絵カードを合わせて「ご」と言う。残りの２のタイル箱に絵カードを対応させながら「５と２で７」と数える。 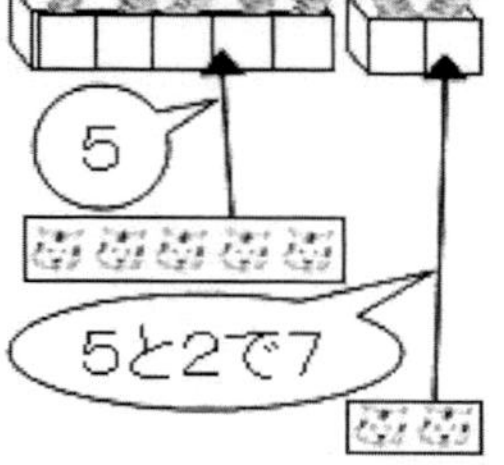 	④　とらの模型と絵を「５と２で７」と数えながら「どうぶつひろば」に置いて、７の数字カードを置く。 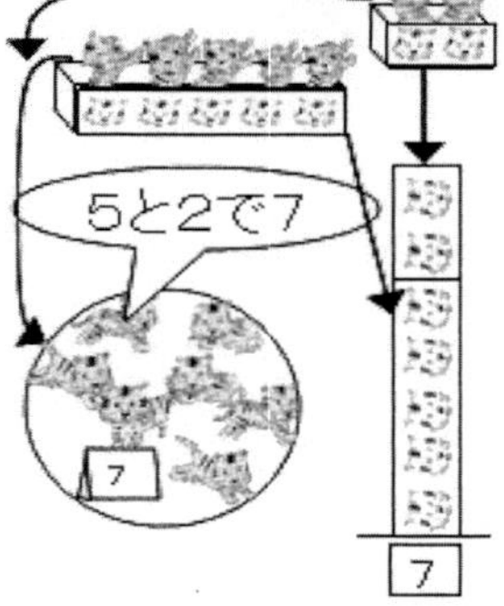

(3) 動物の模型が８入った箱を取り出した場合の活動

① にわとりの模型が８体入った箱を取り出す。
※ 数対象（動物の模型）を自由に選ばせる。

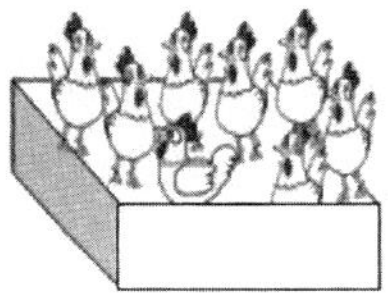

② にわとりの模型を５のまとまりで取り出して、５のタイル箱に入れる。残りの３体を３のタイル箱に入れ、「５と３で８」と数える。

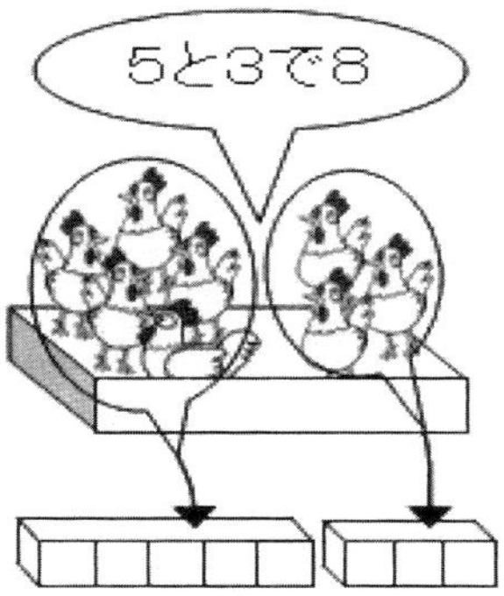

③ にわとりの模型が５体入ったタイル箱に５の絵カードを合わせて「ご」と言う。残りの３の数に絵カードを対応させながら、「５と３で８」と数える。

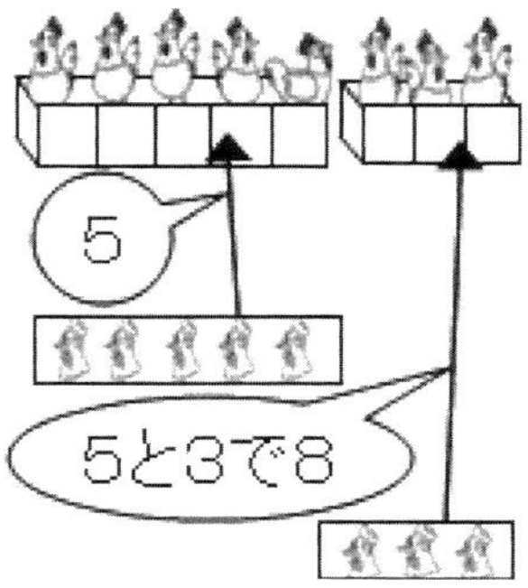

④ にわとりの模型と絵を「５と３で８」と数えながら「どうぶつひろば」に置いて、８の数字カードを置く。

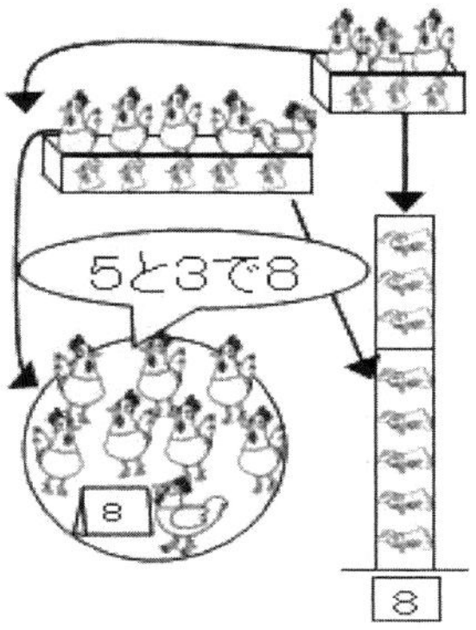

(4) 動物の模型が９入った箱を取り出した場合の活動

① あひるの模型が９体入った箱を取り出す。
※ 数対象（動物の模型）を自由に選ばせる。

② あひるの模型を５のまとまりで取り出して５のタイル箱に入れる。残りの４体を４のタイル箱に入れ、「５と４で９」と数える。

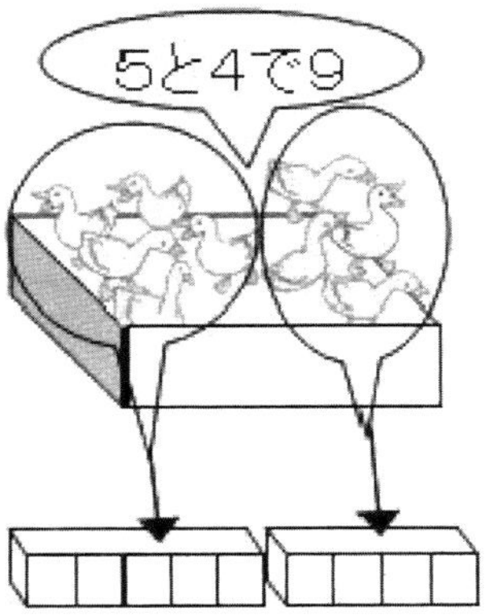

③ あひるの模型が５体入ったタイル箱に５の絵カードを合わせて「ご」と言う。残りの４の数に絵カードを対応させながら、「５と４で９」と数える。

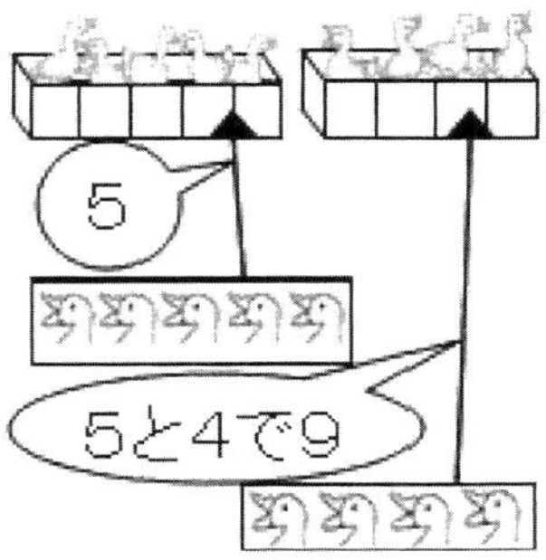

④ あひるの模型と絵を「５と４で９」と数えながら「どうぶつひろば」に置いて、９の数字カードを置く。

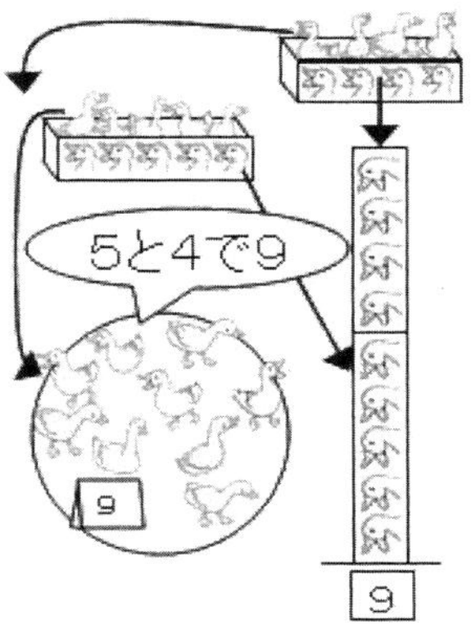

(5) 動物の模型が10入った箱を取り出した場合の活動

① すずめの模型が10体入った箱を取り出す。 ※ 数対象（動物の模型）を自由に選ばせる。	② すずめの模型を５のまとまりで取り出して５のタイル箱に入れる。残りの５体を５のタイル箱に入れ、「５と５で10」と数える。	③ すずめの模型が５体入ったタイル箱に５の絵カードを合わせて「ご」と言う。残りの５の数に絵カードを対応させながら、「５と５で10」と数える。	④ すずめの模型と絵を「５と５で10」と数えながら「どうぶつひろば」に置いて、10の数字カードを置く。

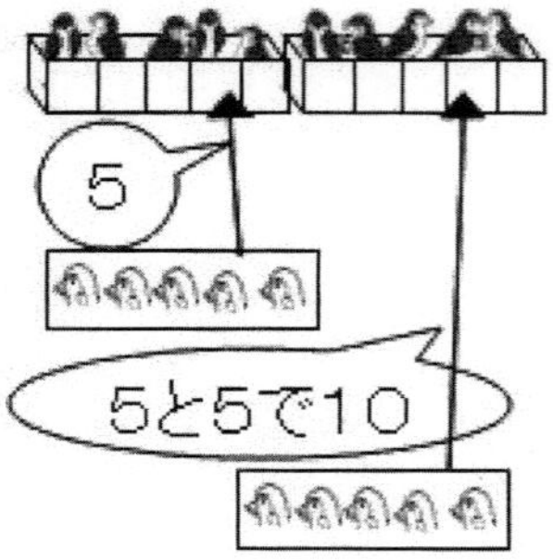

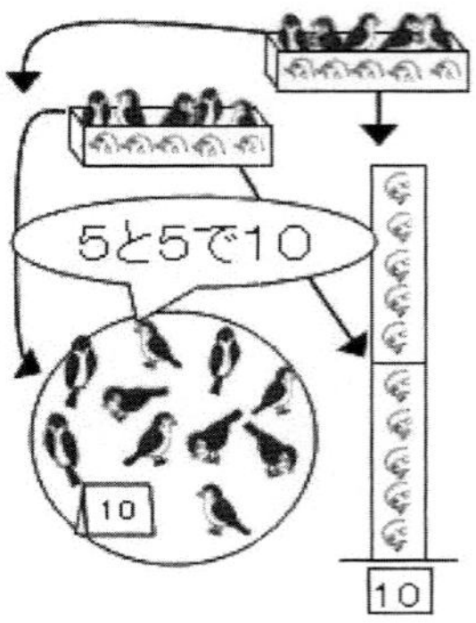

3 動物の模型や絵カードを置いて数を表しながら、「どうぶつひろば」の動物を増やしていく。

完成した 「どうぶつひろば」

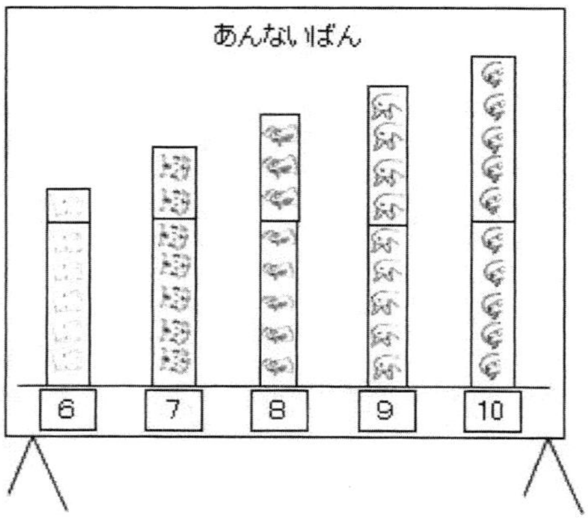

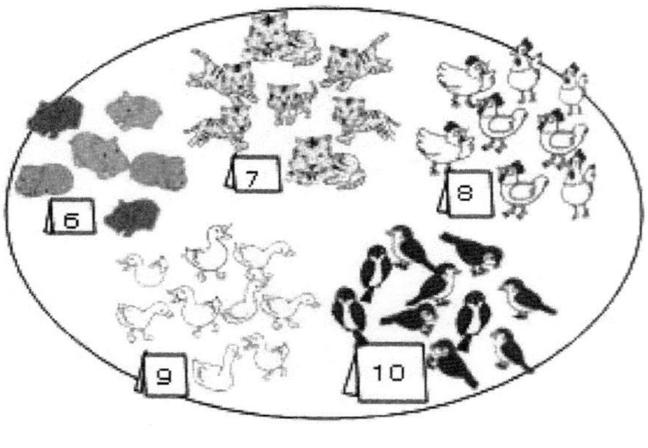

著作　　福岡特別支援教育研究会

代表　　江藤　モモヨ

編集委員（平成21年8月現在）

江藤モモヨ（福岡市教育委員会嘱託職員）

大村玲子（福岡市立吉塚小学校教諭）

加藤かずみ（福岡市立当仁小学校教諭）

横田京子（福岡市立壱岐東小学校教諭）

渡部祐子（福岡市立草ヶ江小学校教諭）

イラスト　　大村玲子

事務局

〒819-1334

福岡県糸島郡志摩町岐志１５０１−６

TEL０９２−３２８−１２４４

すぐに使える学習シリーズ
特別支援教育のための
かずの学習 第1集
1〜10までの数の理解

平成21年9月15日　初版発行
平成23年1月11日　第2刷
平成24年3月7日　第3刷
平成26年1月30日　第4刷
平成28年4月15日　第5刷
令和元年10月7日　オンデマンド版第1刷
令和5年1月15日　オンデマンド版第2刷

■著　作　福岡特別支援教育研究会
■発行人　加藤　勝博
■発行所　株式会社　ジアース　教育新社
〒101-0054　東京都千代田区神田錦町1－23　宗保第2ビル
Tel 03-5282-7183　Fax 03-5282-7892
E-mail　info@kyoikushinsha.co.jp
URL　http://www.kyoikushinsha.co.jp/

表紙デザイン：アトムスタジオ（小笠原 准子）
本文デザイン：小林 峰子

定価はカバーに表示してあります。
乱丁・落丁はお取り替えいたします。（禁無断転載）

ISBN978-4-86371-118-1